TRANZLATY

La lingua è per tutti

ভাষা সবার জন্য

# Il richiamo della foresta

## দ্য কল অফ দ্য ওয়াইল্ড

## Jack London
## জ্যাক লন্ডন

Italiano / বাংলা

## Nel primitivo
## আদিম যুগে

**Buck non leggeva i giornali.**

বাক খবরের কাগজ পড়ত না।

**Se avesse letto i giornali avrebbe saputo che i guai si stavano avvicinando.**

যদি সে খবরের কাগজ পড়ত, তাহলে সে জানতে পারত যে সমস্যা তৈরি হচ্ছে।

**Non erano guai solo per lui, ma per tutti i cani da caccia.**

শুধু নিজের জন্য নয়, প্রতিটি জোয়ারের কুকুরের জন্যই সমস্যা ছিল।

**Ogni cane con muscoli forti e pelo lungo e caldo sarebbe stato nei guai.**

পেশীবহুল শক্তিশালী এবং উষ্ণ, লম্বা চুলের প্রতিটি কুকুরই সমস্যায় পড়তে যাচ্ছিল।

**Da Puget Bay a San Diego nessun cane poteva sfuggire a ciò che stava per accadere.**

পুগেট বে থেকে সান দিয়েগো পর্যন্ত কোন কুকুরই এড়াতে পারেনি যা আসন্ন ছিল।

**Gli uomini, brancolando nell'oscurità artica, avevano trovato un metallo giallo.**

আর্কটিকের অন্ধকারে হাতড়তে থাকা মানুষগুলো একটা হলুদ ধাতু খুঁজে পেয়েছিল।

**Le compagnie di navigazione a vapore e di trasporto erano alla ricerca della scoperta.**

স্টিমশিপ এবং পরিবহন কোম্পানিগুলি আবিষ্কারের পিছনে ছুটছিল।

**Migliaia di uomini si riversarono nel Nord.**

হাজার হাজার পুরুষ নর্থল্যান্ডে ছুটে আসছিল।

**Questi uomini volevano dei cani, e i cani che volevano erano cani pesanti.**

এই লোকেরা কুকুর চেয়েছিল, এবং তারা যে কুকুরগুলো চেয়েছিল সেগুলো ছিল ভারী কুকুর।

Cani dotati di muscoli forti per lavorare duro.

শক্ত পেশী বিশিষ্ট কুকুর যাদের পরিশ্রম করতে হয়।

Cani con il pelo folto che li protegge dal gelo.

তুষারপাত থেকে রক্ষা করার জন্য পশমী কোট পরা কুকুর।


Buck viveva in una grande casa nella soleggiata Santa Clara Valley.

বাক রোদে পোড়া সান্তা ক্লারা ভ্যালির একটি বড় বাড়িতে থাকতেন।

La casa del giudice Miller era chiamata così.

বিচারক মিলারের বাসা, তার বাড়ি বলা হয়েছিল।

La sua casa era nascosta tra gli alberi, lontana dalla strada.

তার বাড়ি রাস্তা থেকে কিছুটা দূরে, গাছের আড়ালে।

Si poteva intravedere l'ampia veranda che circondava la casa.

ঘরের চারপাশে বিস্তৃত বারান্দার এক ঝলক দেখা যেত।

Si accedeva alla casa tramite vialetti ghiaiosi.

নুড়িপাথরের ড্রাইভওয়ে দিয়ে বাড়িটি কাছে আসত।

I sentieri si snodavano attraverso ampi prati.

পথগুলো বিস্তৃত লনের মধ্য দিয়ে ঘুরে বেড়াচ্ছে।

In alto si intrecciavano i rami degli alti pioppi.

মাথার উপরে লম্বা পপলারের ডালপালা পরস্পর সংযুক্ত ছিল।

Nella parte posteriore della casa le cose erano ancora più spaziose.

বাড়ির পিছনের দিকে জিনিসপত্র আরও প্রশস্ত ছিল।

C'erano grandi scuderie, dove una dozzina di stallieri chiacchieravano

সেখানে ছিল দারুন সব আস্তাবল, যেখানে এক ডজন বর গল্প করছিল

C'erano file di cottage per i servi ricoperti di vite

সেখানে সারি সারি দ্রাক্ষালতা পরিহিত চাকরদের কুটির ছিল

**E c'era una serie infinita e ordinata di latrine**

আর সেখানে ছিল অফুরন্ত এবং সুশৃঙ্খল বহির্ভাগের সমাহার

**Lunghi pergolati d'uva, pascoli verdi, frutteti e campi di bacche.**

লম্বা আঙ্গুরের গাছ, সবুজ চারণভূমি, বাগান এবং বেরি গাছের ক্ষেত।

**Poi c'era l'impianto di pompaggio per il pozzo artesiano.**

তারপর ছিল আর্টেসিয়ান কূপের জন্য পাম্পিং প্ল্যান্ট।

**E c'era la grande cisterna di cemento piena d'acqua.**

আর সেখানে ছিল জল ভর্তি বড় সিমেন্টের ট্যাঙ্ক।

**Qui i ragazzi del giudice Miller hanno fatto il loro tuffo mattutino.**

এখানে বিচারক মিলারের ছেলেরা তাদের সকালের ঝাঁপিয়ে পড়েছিল।

**E lì si rinfrescavano anche nel caldo pomeriggio.**

আর গরমের বিকেলেও তারা সেখানে ঠান্ডা হয়ে গেল।

**E su questo grande dominio, Buck era colui che lo governava tutto.**

আর এই বিশাল অঞ্চলের উপর, বাকই ছিলেন পুরোটাই শাসন করতেন।

**Buck nacque su questa terra e visse qui tutti i suoi quattro anni.**

বাক এই জমিতেই জন্মগ্রহণ করেছিলেন এবং তার চার বছর ধরে এখানেই কাটিয়েছেন।

**C'erano effettivamente altri cani, ma non avevano molta importanza.**

আসলে অন্যান্য কুকুরও ছিল, কিন্তু সেগুলো আসলে গুরুত্বপূর্ণ ছিল না।

**In un posto vasto come questo ci si aspettava la presenza di altri cani.**

এই জায়গার মতো বিশাল জায়গায় অন্যান্য কুকুরের থাকার কথা ছিল।

Questi cani andavano e venivano oppure vivevano nei canili affollati.

এই কুকুরগুলো আসত আর যেত, অথবা ব্যস্ত ক্যানেলের ভেতরেই থাকত।

Alcuni cani vivevano nascosti in casa, come Toots e Ysabel.

কিছু কুকুর ঘরে লুকিয়ে থাকত, যেমন টুটস এবং ইসাবেল লুকিয়ে থাকত।

Toots era un carlino giapponese, Ysabel una cagnolina messicana senza pelo.

টুটস ছিল একটি জাপানি পাগ, ইসাবেল ছিল একটি মেক্সিকান লোমহীন কুকুর।

Queste strane creature raramente uscivano di casa.

এই অদ্ভুত প্রাণীগুলো খুব কমই ঘরের বাইরে পা রাখত।

Non toccarono terra né annusarono l'aria esterna.

তারা মাটি স্পর্শ করেনি, বাইরের খোলা বাতাসের গন্ধও নেয়নি।

C'erano anche i fox terrier, almeno una ventina.

সেখানে শিয়াল টেরিয়ারও ছিল, সংখ্যায় কমপক্ষে বিশটি।

Questi terrier abbaiavano ferocemente a Toots e Ysabel in casa.

এই টেরিয়াররা ঘরের ভেতরে টুটস এবং ইসাবেলের দিকে প্রচণ্ডভাবে ঘেউ ঘেউ করত।

Toots e Ysabel rimasero dietro le finestre, al sicuro da ogni pericolo.

টুটস এবং ইসাবেল জানালার পিছনে থেকেছিল, ক্ষতি থেকে নিরাপদে।

Erano sorvegliati da domestiche armate di scope e stracci.

তাদের পাহারা দিত গৃহকর্মীরা ঝাড়ু এবং মোছার যন্ত্র দিয়ে।

Ma Buck non era un cane da casa e nemmeno da canile.

কিন্তু বাক কোনও গৃহপালিত কুকুর ছিল না, এবং সে কোনও ক্যানেল-কুকুরও ছিল না।

L'intera proprietà apparteneva a Buck come suo legittimo regno.

সম্পূর্ণ সম্পত্তি বাকের অধিকারভুক্ত ছিল তার অধিকারভুক্ত রাজ্য হিসেবে।

Buck nuotava nella vasca o andava a caccia con i figli del giudice.

বাক ট্যাঙ্কে সাঁতার কাটত অথবা বিচারকের ছেলেদের সাথে শিকারে যেত।

Camminava con Mollie e Alice nelle prime ore del mattino o tardi.

সে ভোরবেলা বা শেষের দিকে মলি এবং অ্যালিসের সাথে হাঁটত।

Nelle notti fredde si sdraiava davanti al fuoco della biblioteca insieme al giudice.

ঠান্ডা রাতে সে বিচারকের সাথে লাইব্রেরির আগুনের সামনে শুয়ে থাকত।

Buck accompagnava i nipoti del giudice sulla sua robusta schiena.

বাক তার শক্ত পিঠে করে বিচারকের নাতিদের চড়াতেন।

Si rotolava nell'erba insieme ai ragazzi, sorvegliandoli da vicino.

সে ছেলেদের সাথে ঘাসে গড়াগড়ি দিচ্ছিল, তাদের কড়া পাহারা দিচ্ছিল।

Si avventurarono fino alla fontana e addirittura oltre i campi di bacche.

তারা ঝর্ণার দিকে এগিয়ে গেল, এমনকি বেরি ক্ষেত পেরিয়েও গেল।

Tra i fox terrier, Buck camminava sempre con orgoglio regale.

ফক্স টেরিয়ারদের মধ্যে, বাক সবসময় রাজকীয় গর্বের সাথে হাঁটত।

**Ignorò Toots e Ysabel, trattandoli come se fossero aria.**

সে টুটস এবং ইসাবেলকে উপেক্ষা করেছিল, তাদের সাথে এমন আচরণ করেছিল যেন তারা বাতাস।

**Buck governava tutte le creature viventi sulla terra del giudice Miller.**

বিচারক মিলারের জমিতে বাক সমস্ত জীবন্ত প্রাণীর উপর রাজত্ব করতেন।

**Dominava gli animali, gli insetti, gli uccelli e perfino gli esseri umani.**

তিনি পশু, পোকামাকড়, পাখি, এমনকি মানুষের উপরও রাজত্ব করতেন।

**Il padre di Buck, Elmo, era un enorme e fedele San Bernardo.**

বাকের বাবা এলমো ছিলেন একজন বিশাল এবং অনুগত সেন্ট বার্নার্ড।

**Elmo non si allontanò mai dal Giudice e lo servì fedelmente.**

এলমো কখনও বিচারকের পক্ষ ত্যাগ করেননি, এবং বিশ্বস্ততার সাথে তাঁর সেবা করেছেন।

**Buck sembrava pronto a seguire il nobile esempio del padre.**

বাক তার বাবার মহৎ উদাহরণ অনুসরণ করতে প্রস্তুত বলে মনে হচ্ছিল।

**Buck non era altrettanto grande: pesava sessanta chili.**

বকটি খুব একটা বড় ছিল না, ওজন ছিল একশ চল্লিশ পাউন্ড।

**Sua madre, Shep, era una splendida cagnolina da pastore scozzese.**

তার মা শেপ ছিলেন একজন ভালো স্কচ শেফার্ড কুকুর।

**Ma nonostante il suo peso, Buck camminava con una presenza regale.**

কিন্তু সেই ওজনের মধ্যেও, বাক রাজকীয় উপস্থিতি নিয়ে হাঁটতেন।

**Ciò derivava dal buon cibo e dal rispetto che riceveva sempre.**

এটা এসেছে ভালো খাবার এবং তিনি সবসময় যে সম্মান পেতেন তার ফলে।

Per quattro anni Buck aveva vissuto come un nobile viziato.
চার বছর ধরে, বাক একজন নষ্ট অভিজাত ব্যক্তির মতো জীবনযাপন করেছিলেন।

Era orgoglioso di sé stesso e perfino un po' egocentrico.
সে নিজেকে নিয়ে গর্বিত ছিল, এমনকি কিছুটা অহংকারীও ছিল।

Quel tipo di orgoglio era comune tra i signori delle campagne remote.
দূরবর্তী গ্রামের প্রভুদের মধ্যে এই ধরণের অহংকার সাধারণ ছিল।

Ma Buck si salvò dal diventare un cane domestico viziato.
কিন্তু বাক নিজেকে আদরের গৃহ–কুকুর হওয়া থেকে বাঁচিয়েছিলেন।

Rimase snello e forte grazie alla caccia e all'esercizio fisico.
শিকার এবং ব্যায়ামের মাধ্যমে তিনি রোগা এবং শক্তিশালী ছিলেন।

Amava profondamente l'acqua, come chi si bagna nei laghi freddi.
তিনি জলকে গভীরভাবে ভালোবাসতেন, ঠিক যেমন ঠান্ডা হ্রদে স্নান করা মানুষ।

Questo amore per l'acqua mantenne Buck forte e molto sano.
পানির প্রতি এই ভালোবাসা বাককে শক্তিশালী এবং খুব সুস্থ রেখেছিল।

Questo era il cane che Buck era diventato nell'autunno del 1897.
১৮৯৭ সালের শরৎকালে বাক এই কুকুরটিতে পরিণত হয়েছিল।

Quando lo sciopero del Klondike spinse gli uomini verso il gelido Nord.
যখন ক্লোনডাইক আক্রমণ মানুষকে হিমায়িত উত্তরে টেনে নিয়ে গেল।

Da ogni parte del mondo la gente accorse in massa verso la fredda terra.

সারা পৃথিবী থেকে মানুষ ঠান্ডা জমিতে ছুটে এল।

Buck, tuttavia, non leggeva i giornali e non capiva le notizie.

তবে, বাক সংবাদপত্র পড়েননি, খবরও বুঝতেন না।

Non sapeva che Manuel fosse una persona cattiva con cui stare.

সে জানত না যে ম্যানুয়েল আশেপাশে থাকা খারাপ মানুষ।

Manuel, che aiutava in giardino, aveva un grosso problema.

বাগানে সাহায্যকারী ম্যানুয়েলের একটা গভীর সমস্যা ছিল।

Manuel era dipendente dal gioco d'azzardo alla lotteria cinese.

ম্যানুয়েল চাইনিজ লটারিতে জুয়া খেলার প্রতি আসক্ত ছিল।

Credeva fermamente anche in un sistema fisso per vincere.

তিনি জয়ের জন্য একটি নির্দিষ্ট ব্যবস্থায় দৃঢ়ভাবে বিশ্বাস করতেন।

Questa convinzione rese il suo fallimento certo e inevitabile.

এই বিশ্বাস তার ব্যর্থতাকে নিশ্চিত এবং অনিবার্য করে তুলেছিল।

Per giocare con un sistema erano necessari soldi, soldi che a Manuel mancavano.

একটি সিস্টেম খেলতে অর্থের প্রয়োজন হয়, যা ম্যানুয়েলের ছিল না।

Il suo stipendio bastava a malapena a sostenere la moglie e i numerosi figli.

তার বেতন দিয়ে তার স্ত্রী এবং অনেক সন্তানের ভরণপোষণ খুব একটা হতো না।

La notte in cui Manuel tradì Buck, tutto era normale.

যে রাতে ম্যানুয়েল বাকের সাথে বিশ্বাসঘাতকতা করেছিল, সেই রাতে সবকিছু স্বাভাবিক ছিল।

Il giudice si trovava a una riunione dell'Associazione dei coltivatori di uva passa.

বিচারক কিশমিশ চাষীদের সমিতির একটি সভায় ছিলেন।

**A quel tempo i figli del giudice erano impegnati a fondare un club sportivo.**

বিচারকের ছেলেরা তখন একটি অ্যাথলেটিক ক্লাব গঠনে ব্যস্ত ছিল।

**Nessuno vide Manuel e Buck uscire dal frutteto.**

কেউ ম্যানুয়েল আর বাককে বাগানের মধ্য দিয়ে যেতে দেখেনি।

**Buck pensava che questa fosse solo una semplice passeggiata notturna.**

বাক ভেবেছিল এই হাঁটাটা কেবল রাতের বেলার একটা সাধারণ হাঁটা।

**Incontrarono un solo uomo alla stazione della bandiera, a College Park.**

কলেজ পার্কের ফ্ল্যাগ স্টেশনে তাদের দেখা হয়েছিল মাত্র একজনের সাথে।

**Quell'uomo parlò con Manuel e si scambiarono i soldi.**

সেই লোকটি ম্যানুয়েলের সাথে কথা বলল, এবং তারা টাকা বিনিময় করল।

**"Imballa la merce prima di consegnarla", suggerì.**

"মাল পৌঁছে দেওয়ার আগে সেগুলো গুছিয়ে নাও," সে পরামর্শ দিল।

**La voce dell'uomo era roca e impaziente mentre parlava.**

কথা বলার সময় লোকটির কন্ঠস্বর ছিল রুক্ষ এবং অধৈর্য।

**Manuel legò con cura una corda spessa attorno al collo di Buck.**

ম্যানুয়েল সাবধানে বাকের গলায় একটি মোটা দড়ি বেঁধে দিল।

**"Se giri la corda, lo strangolerai di brutto"**

"দড়িটা পেঁচিয়ে দাও, আর তুমি তাকে অনেকবার শ্বাসরোধ করে ফেলবে"

**Lo straniero emise un grugnito, dimostrando di aver capito bene.**

অপরিচিত ব্যক্তিটি ঘেউ ঘেউ করে বলল, সে ভালো করেই বুঝতে পেরেছে।

Quel giorno Buck accettò la corda con calma e silenziosa dignità.

সেদিন বাক শান্ত ও মর্যাদার সাথে দড়িটি গ্রহণ করেছিলেন।

Era un atto insolito, ma Buck si fidava degli uomini che conosceva.

এটা একটা অস্বাভাবিক কাজ ছিল, কিন্তু বাক তার পরিচিত লোকদের বিশ্বাস করতেন।

Credeva che la loro saggezza andasse ben oltre il suo pensiero.

তিনি বিশ্বাস করতেন যে তাদের জ্ঞান তার নিজস্ব চিন্তাভাবনার চেয়ে অনেক বেশি।

Ma poi la corda venne consegnata nelle mani dello straniero.

কিন্তু তারপর দড়িটি অপরিচিত ব্যক্তির হাতে তুলে দেওয়া হল।

Buck emise un ringhio basso che suonava come un avvertimento e una minaccia silenziosa.

বাক একটা মৃদু গর্জন করলো যা নীরব হুমকির সাথে সতর্ক করে দিল।

Era orgoglioso e autoritario e intendeva mostrare il suo disappunto.

সে গর্বিত এবং আদেশপ্রিয় ছিল, এবং তার অসন্তুষ্টি প্রকাশ করার ইচ্ছা ছিল।

Buck credeva che il suo avvertimento sarebbe stato interpretato come un ordine.

বাক বিশ্বাস করতেন যে তার সতর্কীকরণকে একটি আদেশ হিসেবে ধরা হবে।

Con suo grande stupore, la corda si strinse rapidamente attorno al suo grosso collo.

সে অবাক হয়ে গেল, তার মোটা গলায় দড়িটা খুব দ্রুত শক্ত হয়ে গেল।

Gli mancò l'aria e cominciò a lottare in preda a una rabbia improvvisa.

তার বাতাস বন্ধ হয়ে গেল এবং সে হঠাৎ রেগে যুদ্ধ করতে শুরু করল।

Si lanciò verso l'uomo, che si lanciò rapidamente contro Buck a mezz'aria.

সে লোকটির দিকে ঝাঁপিয়ে পড়ল, যে দ্রুত মাঝ আকাশে বাকের সাথে দেখা করল।

L'uomo afferrò Buck per la gola e lo fece ruotare abilmente in aria.

লোকটি বাকের গলা ধরে দক্ষতার সাথে তাকে বাতাসে মুচড়ে ধরল।

Buck venne scaraventato a terra con violenza, atterrando sulla schiena.

বাককে জোরে ধাক্কা দেওয়া হয়েছিল, তার পিঠে ভর দিয়ে সোজা হয়ে পড়েছিল।

La corda ora lo strangolava crudelmente mentre lui scalciava selvaggiamente.

দড়িটি এখন তাকে নিষ্ঠুরভাবে শ্বাসরোধ করে ফেলল, আর সে বেপরোয়াভাবে লাথি মারল।

La sua lingua cadde fuori, il suo petto si sollevò, ma non riprese fiato.

তার জিভ বেরিয়ে গেল, বুক কেঁপে উঠল, কিন্তু নিঃশ্বাস ফেলল না।

Non era mai stato trattato con tanta violenza in vita sua.

জীবনে কখনও তার সাথে এমন সহিংস আচরণ করা হয়নি।

Non era mai stato così profondamente invaso da una rabbia così profonda.

তিনি আগে কখনও এত গভীর ক্রোধে আচ্ছন্ন হননি।

Ma il potere di Buck svanì e i suoi occhi diventarono vitrei.

কিন্তু বাকের শক্তি ম্লান হয়ে গেল, এবং তার চোখ কাঁচের মতো হয়ে গেল।

Svenne proprio mentre un treno veniva fermato lì vicino.

কাছাকাছি একটি ট্রেন থামার সাথে সাথে সে অজ্ঞান হয়ে গেল।

Poi i due uomini lo caricarono velocemente nel vagone bagagli.

তারপর দুজন লোক তাকে দ্রুত লাগেজ গাড়িতে ফেলে দিল।

La cosa successiva che Buck sentì fu dolore alla lingua gonfia.

বাকের পরবর্তী অনুভূতি হলো তার ফোলা জিহ্বায় ব্যথা।

Si muoveva su un carro traballante, solo vagamente cosciente.

সে কাঁপতে থাকা গাড়িতে করে চলছিল, কেবল অস্পষ্টভাবে তার জ্ঞান ছিল।

Il fischio acuto di un treno rivelò a Buck la sua posizione.

ট্রেনের বাঁশির তীব্র চিৎকার বাককে তার অবস্থান জানিয়ে দিল।

Aveva spesso cavalcato con il Giudice e conosceva quella sensazione.

সে প্রায়ই বিচারকের সাথে গাড়িতে চড়েছে এবং তার অনুভূতিটা সে জানত।

Fu un'esperienza unica viaggiare di nuovo in un vagone bagagli.

আবারও লাগেজ গাড়িতে ভ্রমণের এক অনন্য ধাক্কা।

Buck aprì gli occhi e il suo sguardo ardeva di rabbia.

বাক চোখ খুলল, আর তার দৃষ্টি রাগে জ্বলে উঠল।

Questa era l'ira di un re orgoglioso detronizzato.

এটি ছিল একজন গর্বিত রাজার ক্রোধ যাকে তার সিংহাসন থেকে সরিয়ে নেওয়া হয়েছিল।

Un uomo allungò la mano per afferrarlo, ma Buck colpì per primo.

একজন লোক তাকে ধরতে এগিয়ে গেল, কিন্তু বাক প্রথমে আঘাত করল।

Affondò i denti nella mano dell'uomo e la strinse forte.

সে লোকটির হাতে দাঁত ঢুকিয়ে শক্ত করে ধরে রাখল।

Non mi lasciò andare finché non svenne per la seconda volta.

দ্বিতীয়বার ব্ল্যাক আউট না হওয়া পর্যন্ত সে যেতে দেয়নি।

"Sì, ha degli attacchi", borbottò l'uomo al facchino.

"হ্যাঁ, ফিট হয়ে গেছে," লোকটি ব্যাগেজম্যানকে বিড়বিড় করে বলল।

Il facchino aveva sentito la colluttazione e si era avvicinato.

লাগেজওয়ালা লড়াইয়ের শব্দ শুনতে পেয়ে কাছে এসেছিল।

"Lo porto a Frisco per conto del capo", spiegò l'uomo.

"আমি তাকে 'বসের জন্য ফ্রিস্কো'-তে নিয়ে যাচ্ছি," লোকটি ব্যাখ্যা করল।

"C'è un bravo dottore per cani che dice di poterli curare."

"সেখানে একজন ভালো কুকুর-ডাক্তার আছেন যিনি বলেন যে তিনি তাদের সারিয়ে তুলতে পারবেন।"

Più tardi quella notte l'uomo raccontò la sua versione completa.

পরে সেই রাতেই লোকটি তার নিজের পুরো বিবরণ দিল।

Parlava da un capannone dietro un saloon sul molo.

তিনি ডকের একটি সেলুনের পিছনের একটি শেড থেকে কথা বলছিলেন।

"Mi hanno dato solo cinquanta dollari", si lamentò con il gestore del saloon.

"আমাকে কেবল পঞ্চাশ ডলার দেওয়া হয়েছিল," সে সেলুনের লোকটির কাছে অভিযোগ করল।

"Non lo rifarei, nemmeno per mille dollari in contanti."

"আমি আর এটা করব না, এমনকি এক হাজার টাকার বিনিময়েও না।"

La sua mano destra era strettamente avvolta in un panno insanguinato.

তার ডান হাতটি রক্তাক্ত কাপড়ে শক্ত করে জড়িয়ে ছিল।

La gamba dei suoi pantaloni era completamente strappata dal ginocchio al piede.

তার প্যান্টের পা হাঁটু থেকে পা পর্যন্ত ছিঁড়ে গেছে।

"Quanto è stato pagato l'altro tizio?" chiese il gestore del saloon.

"অন্য মগটির বেতন কত ছিল?" সেলুনের লোকটি জিজ্ঞাসা করল।

«Cento», rispose l'uomo, «non ne accetterebbe uno in meno».

"একশ," লোকটি উত্তর দিল, "সে এক পয়সাও কম নেবে না।"

"Questo fa centocinquanta", disse il gestore del saloon.

"এটা দেড়শোতে পৌঁছায়," সেলুনের লোকটি বলল।

"E lui li merita tutti, altrimenti non sono meglio di uno stupido."

"আর সে সবকিছুর যোগ্য, নইলে আমি একজন বোকা লোকের চেয়ে ভালো নই।"

L'uomo aprì gli involucri per esaminarsi la mano.

লোকটি তার হাত পরীক্ষা করার জন্য মোড়কটি খুলল।

La mano era gravemente graffiata e ricoperta di croste di sangue secco.

হাতটি মারাত্মকভাবে ছিঁড়ে গিয়েছিল এবং শুকনো রক্তে ভেসে গিয়েছিল।

"Se non mi viene l'idrofobia..." cominciò a dire.

"যদি আমি হাইড্রোফোবিয়া না পাই..." সে বলতে শুরু করল।

"Sarà perché sei nato per impiccarti", giunse una risata.

"এটা হবে কারণ তুমি ঝুলন্ত অবস্থায় জন্মেছ," হাসি ভেসে এলো।

"Aiutami prima di partire", gli chiesero.

"যাওয়ার আগে আমাকে সাহায্য করো," তাকে জিজ্ঞাসা করা হয়েছিল।

Buck era stordito dal dolore alla lingua e alla gola.

জিহ্বা আর গলার ব্যথায় বাক অজ্ঞান হয়ে পড়েছিল।

Era mezzo strangolato e riusciva a malapena a stare in piedi.
সে অর্ধেক শ্বাসরোধে আটকা পড়েছিল, এবং সোজা হয়ে দাঁড়াতে পারছিল না।
Ciononostante, Buck cercò di affrontare gli uomini che lo avevano ferito così duramente.
তবুও, বাক সেই লোকদের মুখোমুখি হওয়ার চেষ্টা করেছিল যারা তাকে এত কষ্ট দিয়েছিল।
Ma lo gettarono a terra e lo strangolarono ancora una volta.
কিন্তু তারা তাকে ফেলে দিল এবং আবারও শ্বাসরোধ করে ফেলল।
Solo allora riuscirono a segargli il pesante collare di ottone.
কেবল তখনই তারা তার ভারী পিতলের কলারটি দেখতে পেল।
Tolsero la corda e lo spinsero in una cassa.
তারা দড়িটি খুলে তাকে একটা বাক্সে ঠেলে দিল।
La cassa era piccola e aveva la forma di una gabbia di ferro grezza.
বাক্সটি ছোট ছিল এবং একটি রুক্ষ লোহার খাঁচার মতো আকৃতির ছিল।
Buck rimase lì per tutta la notte, pieno di rabbia e di orgoglio ferito.
বাক সারা রাত সেখানেই শুয়ে রইল, রাগে ভরা আর আহত অহংকারে।
Non riusciva nemmeno a capire cosa gli stesse succedendo.
সে বুঝতেই পারছিল না যে তার সাথে কী ঘটছে।
Perché quegli strani uomini lo tenevano in quella piccola cassa?
এই অদ্ভুত লোকেরা কেন তাকে এই ছোট্ট বাক্সে আটকে রেখেছিল?
Cosa volevano da lui e perché questa crudele prigionia?
তারা তার কাছ থেকে কী চেয়েছিল, আর কেন এই নিষ্ঠুর বন্দিদশা?

Sentì una pressione oscura e la sensazione che il disastro si avvicinasse.

সে একটা অন্ধকার চাপ অনুভব করল; একটা বিপর্যয়ের অনুভূতি ঘনিয়ে আসছে।

Era una paura vaga, ma si impadronì pesantemente del suo spirito.

এটা একটা অস্পষ্ট ভয় ছিল, কিন্তু এটা তার আত্মার উপর প্রবলভাবে প্রভাব ফেলল।

Diverse volte sobbalzò quando la porta del capanno sbatteva.

বেশ কয়েকবার শেডের দরজা খটখট শব্দে সে লাফিয়ে উঠেছিল।

Si aspettava che il giudice o i ragazzi apparissero e lo salvassero.

সে আশা করেছিল বিচারক অথবা ছেলেরা এসে তাকে উদ্ধার করবে।

Ma ogni volta solo la faccia grassa del gestore del saloon faceva capolino all'interno.

কিন্তু প্রতিবার ভেতরে কেবল সেলুন-কিপারের মোটা মুখটি উঁকি দিচ্ছিল।

Il volto dell'uomo era illuminato dalla debole luce di una candela di sego.

লোকটির মুখটা একটা লম্বা মোমবাতির মৃদু আলোয় আলোকিত হয়ে উঠল।

Ogni volta, il latrato gioioso di Buck si trasformava in un ringhio basso e arrabbiato.

প্রতিবারই, বাকের আনন্দের ঘেউ ঘেউ শব্দ একটা নিচু, রাগান্বিত গর্জনে পরিবর্তিত হত।

Il gestore del saloon lo ha lasciato solo per la notte nella cassa

সেলুনের রক্ষক তাকে রাতের জন্য ক্রেটে একা রেখে গেল।

Ma quando si svegliò la mattina seguente, altri uomini stavano arrivando.

কিন্তু সকালে যখন সে ঘুম থেকে উঠল, তখন আরও লোক আসছিল।

Arrivarono quattro uomini e, con cautela, sollevarono la cassa senza dire una parola.

চারজন লোক এসে কোন কথা না বলে সাবধানতার সাথে ক্রেটটি তুলে নিল।

Buck capì subito in quale situazione si trovava.

বাক তৎক্ষণাৎ বুঝতে পারল যে সে কোন পরিস্থিতিতে পড়েছে।

Erano ulteriori tormentatori che doveva combattere e temere.

তারা আরও যন্ত্রণাদায়ক ছিল যার সাথে তাকে লড়াই করতে হয়েছিল এবং ভয় পেতে হয়েছিল।

Questi uomini apparivano malvagi, trasandati e molto mal curati.

এই লোকগুলো দেখতে দুষ্ট, জীর্ণ, এবং খুব খারাপভাবে সাজানো।

Buck ringhiò e si lanciò contro di loro con furia attraverso le sbarre.

বাক চিৎকার করে বলল এবং বারের ভেতর দিয়ে তাদের উপর প্রচণ্ডভাবে ঝাঁপিয়ে পড়ল।

Si limitarono a ridere e a colpirlo con lunghi bastoni di legno.

তারা কেবল হেসেছিল এবং লম্বা কাঠের লাঠি দিয়ে তাকে আঘাত করেছিল।

Buck morse i bastoncini, poi capì che era quello che gli piaceva.

বাক লাঠিতে কামড় দিল, তারপর বুঝতে পারল যে এটাই তাদের পছন্দ।

Così si sdraiò in silenzio, imbronciato e acceso da una rabbia silenziosa.

তাই সে চুপচাপ শুয়ে পড়ল, বিষণ্ণ এবং শান্ত রাগে জ্বলন্ত।

Caricarono la cassa su un carro e se ne andarono con lui.
তারা ক্রেটটি একটি ওয়াগনে তুলে তাকে নিয়ে চলে গেল।

La cassa, con Buck chiuso dentro, cambiò spesso proprietario.
বাকটি, যার ভেতরে বাক তালাবদ্ধ ছিল, প্রায়শই হাত বদল করত।

Gli impiegati dell'ufficio espresso presero in mano la situazione e si occuparono di lui per un breve periodo.
এক্সপ্রেস অফিসের কেরানিরা দায়িত্ব নেন এবং সংক্ষিপ্তভাবে তাকে সামলান।

Poi un altro carro trasportò Buck attraverso la rumorosa città.
তারপর আরেকটি ওয়াগন বাককে কোলাহলপূর্ণ শহর জুড়ে নিয়ে গেল।

Un camion lo portò con sé scatole e pacchi su un traghetto.
একটি ট্রাক তাকে বাক্স এবং পার্সেল সহ একটি ফেরি নৌকায় তুলে নিয়ে যায়।

Dopo l'attraversamento, il camion lo scaricò presso un deposito ferroviario.
পার হওয়ার পর, ট্রাকটি তাকে রেল ডিপোতে নামিয়ে দেয়।

Alla fine Buck venne fatto salire a bordo di un vagone espresso in attesa.
অবশেষে, বাককে একটি অপেক্ষমাণ এক্সপ্রেস গাড়ির ভেতরে রাখা হল।

Per due giorni e due notti i treni trascinarono via il vagone espresso.
দুই দিন ও দুই রাত ধরে, ট্রেনগুলি এক্সপ্রেস গাড়িটিকে টেনে নিয়ে গিয়েছিল।

Buck non mangiò né bevve durante tutto il doloroso viaggio.
পুরো যন্ত্রণাদায়ক যাত্রায় বাক কিছু খায়নি, পানও করেনি।

Quando i messaggeri cercarono di avvicinarlo, lui ringhiò.
যখন এক্সপ্রেস বার্তাবাহকরা তার কাছে যাওয়ার চেষ্টা করল, তখন সে গর্জন করল।

Risposero prendendolo in giro e prendendolo in giro crudelmente.

তারা তাকে উপহাস করে এবং নিষ্ঠুরভাবে উত্যক্ত করে সাড়া দেয়।

Buck si gettò contro le sbarre, schiumando e tremando

বাক নিজেকে বারে ঝাঁপিয়ে পড়ল, ফেনা বেরোচ্ছিল এবং কাঁপছিল।

risero sonoramente e lo presero in giro come i bulli della scuola.

তারা জোরে হেসে উঠল, আর স্কুলের গুণ্ডাদের মতো তাকে ঠাট্টা–বিদ্রূপ করল।

Abbaiavano come cani finti e agitavano le braccia.

তারা নকল কুকুরের মতো ঘেউ ঘেউ করছিল এবং হাত নাড়ছিল।

Arrivarono persino a cantare come galli, solo per farlo arrabbiare ancora di più.

এমনকি তারা তাকে আরও বিরক্ত করার জন্য মোরগের মতো ডাকছিল।

Era un comportamento sciocco e Buck sapeva che era ridicolo.

এটা বোকামিপূর্ণ আচরণ ছিল, এবং বাক জানত এটা হাস্যকর।

Ma questo non fece altro che accrescere il suo senso di indignazione e vergogna.

কিন্তু এতে তার ক্ষোভ এবং লজ্জা আরও তীব্র হয়ে উঠল।

Durante il viaggio la fame non lo disturbò molto.

ভ্রমণের সময় ক্ষুধা তাকে খুব একটা বিরক্ত করেনি।

Ma la sete portava con sé dolori acuti e sofferenze insopportabili.

কিন্তু তৃষ্ণা তীব্র যন্ত্রণা এবং অসহ্য যন্ত্রণা বয়ে আনল।

La sua gola secca e infiammata e la lingua bruciavano per il calore.

তার শুষ্ক, প্রদাহিত গলা এবং জিহ্বা উত্তাপে পুড়ে যাচ্ছিল।

Questo dolore alimentava la febbre che cresceva nel suo corpo orgoglioso.

এই যন্ত্রণা তার গর্বিত শরীরে জ্বরের মাত্রা বাড়িয়ে দিয়েছিল।

Durante questa prova Buck fu grato per una sola cosa.

এই বিচারের সময় বাক একটি জিনিসের জন্য কৃতজ্ঞ ছিলেন।

Gli avevano tolto la corda dal grosso collo.

তার মোটা গলা থেকে দড়ি খুলে ফেলা হয়েছিল।

La corda aveva dato a quegli uomini un vantaggio ingiusto e crudele.

দড়িটি ঐ লোকগুলোকে অন্যায্য এবং নিষ্ঠুর সুবিধা দিয়েছিল।

Ora la corda non c'era più e Buck giurò che non sarebbe mai più tornata.

এখন দড়িটি চলে গেছে, এবং বাক শপথ করেছে যে এটি আর কখনও ফিরে আসবে না।

Decise che nessuna corda gli sarebbe mai più passata intorno al collo.

সে স্থির করল যে আর কখনও তার গলায় দড়ি থাকবে না।

Per due lunghi giorni e due lunghe notti soffrì senza cibo.

দীর্ঘ দুই দিন ও রাত ধরে, তিনি না খেয়ে কষ্ট পেয়েছিলেন।

E in quelle ore, accumulò dentro di sé una rabbia enorme.

আর সেই ঘন্টাগুলিতে, সে ভেতরে ভেতরে এক বিরাট ক্রোধ তৈরি করে।

I suoi occhi diventarono iniettati di sangue e selvaggi per la rabbia costante.

ক্রমাগত রাগে তার চোখ রক্তাক্ত এবং বন্য হয়ে উঠল।

Non era più Buck, ma un demone con le fauci che schioccavano.

সে আর বাক ছিল না, বরং চোয়াল ফাটানো এক রাক্ষস ছিল।

Nemmeno il Giudice avrebbe potuto riconoscere questa folle creatura.

এমনকি বিচারকও এই পাগলা প্রাণীটিকে চিনতেন না।

I messaggeri espressi tirarono un sospiro di sollievo quando giunsero a Seattle

সিয়াটলে পৌঁছানোর পর এক্সপ্রেস বার্তাবাহকরা স্বস্তির নিঃশ্বাস ফেললেন।

Quattro uomini sollevarono la cassa e la portarono in un cortile sul retro.

চারজন লোক বাক্সটি তুলে পিছনের উঠোনে নিয়ে এলো।

Il cortile era piccolo, circondato da mura alte e solide.

উঠোনটি ছোট ছিল, উঁচু এবং শক্ত দেয়াল দিয়ে ঘেরা।

Un uomo corpulento uscì dalla stanza con una scollatura larga e una camicia rossa.

ঝুলে পড়া লাল সোয়েটার শার্ট পরা একজন মোটা লোক বেরিয়ে এলেন।

Firmò il registro delle consegne con una calligrafia spessa e decisa.

সে মোটা এবং সাহসী হাতে ডেলিভারি বইতে স্বাক্ষর করল।

Buck intuì subito che quell'uomo era il suo prossimo aguzzino.

বাক তৎক্ষণাৎ বুঝতে পারল যে এই লোকটিই তার পরবর্তী যন্ত্রণাদায়ক।

Si lanciò violentemente contro le sbarre, con gli occhi rossi di rabbia.

সে বারগুলিতে জোরে ঝাঁপিয়ে পড়ল, চোখ রাগে লাল হয়ে গেল।

L'uomo si limitò a sorridere amaramente e andò a prendere un'ascia.

লোকটি শুধু মৃদু হেসে একটা কুঠার আনতে গেল।

Teneva anche una mazza nella sua grossa e forte mano destra.

সে তার মোটা এবং শক্তিশালী ডান হাতে একটি লাঠিও নিয়ে এসেছিল।

"Lo porterai fuori adesso?" chiese l'autista preoccupato.

"তুমি এখনই ওকে বাইরে নিয়ে যাবে?" ড্রাইভার চিন্তিত হয়ে জিজ্ঞাসা করল।

"Certo", disse l'uomo, infilando l'ascia nella cassa come se fosse una leva.

"অবশ্যই," লোকটি বলল, লিভারের মতো কুঠারটি ক্রেটে আটকে দিল।

I quattro uomini si dileguarono all'istante, saltando sul muro del cortile.

চারজন লোক তৎক্ষণাৎ ছত্রভঙ্গ হয়ে উঠোনের দেয়ালে লাফিয়ে উঠল।

Dai loro punti sicuri in alto, aspettavano di ammirare lo spettacolo.

উপরে তাদের নিরাপদ স্থান থেকে, তারা দৃশ্যটি দেখার জন্য অপেক্ষা করছিল।

Buck si lanciò contro il legno scheggiato, mordendolo e scuotendolo violentemente.

বাক ছিঁড়ে যাওয়া কাঠের উপর ঝাঁপিয়ে পড়ল, কামড় দিল এবং প্রচণ্ডভাবে কাঁপতে লাগল।

Ogni volta che l'ascia colpiva la gabbia, Buck era lì pronto ad attaccarla.

প্রতিবার যখনই কুঠারটি খাঁচায় আঘাত করত), তখনই বাক সেখানে আক্রমণ করার জন্য উপস্থিত থাকত।

Ringhiò e schioccò le dita in preda a una rabbia selvaggia, desideroso di essere liberato.

সে গর্জন করে উঠল এবং হিংস্র ক্রোধে চিৎকার করে উঠল, মুক্তি পেতে আগ্রহী।

L'uomo all'esterno era calmo e fermo, concentrato sul suo compito.

বাইরের লোকটি শান্ত এবং অবিচল ছিল, তার কাজে নিবেদিতপ্রাণ ছিল।

**"Bene allora, diavolo dagli occhi rossi", disse quando il buco fu grande.**

"ঠিক আছে, তুমি লাল চোখের শয়তান," গর্তটি বড় হয়ে গেলে সে বলল।

**Lasciò cadere l'ascia e prese la mazza nella mano destra.**

সে কুঠারটা ফেলে ডান হাতে লাঠিটা নিল।

**Buck sembrava davvero un diavolo: aveva gli occhi iniettati di sangue e fiammeggianti.**

বাক সত্যিই একজন শয়তানের মতো দেখতে ছিল; চোখ দুটো রক্তাক্ত এবং জ্বলন্ত।

**Il suo pelo si rizzò, la schiuma gli salì alla bocca e gli occhi brillarono.**

তার কোটটা ফুসকুড়ি দিয়ে ঢাকা, মুখে ফেনা জমে উঠল, চোখ দুটো চকচক করছিল।

**Lui tese i muscoli e si lanciò dritto verso il maglione rosso.**

সে তার পেশী শক্ত করে সোজা লাল সোয়েটারের দিকে ঝাঁপিয়ে পড়ল।

**Centoquaranta libbre di furia si riversarono sull'uomo calmo.**

একশ চল্লিশ পাউন্ড ক্রোধ শান্ত লোকটির উপর উড়ে গেল।

**Un attimo prima che le sue fauci si chiudessero, un colpo terribile lo colpì.**

তার চোয়াল বন্ধ হওয়ার ঠিক আগে, এক ভয়াবহ আঘাত তার উপর এসে পড়ল।

**I suoi denti si schioccarono insieme solo sull'aria**

বাতাস ছাড়া আর কিছুই না পেয়ে তার দাঁতগুলো একসাথে ছিঁড়ে গেল।

**una scossa di dolore gli risuonò nel corpo**

তার শরীরে একটা যন্ত্রণার স্রোত বয়ে গেল

**Si capovolse a mezz'aria e cadde sulla schiena e su un fianco.**

সে মাঝ আকাশে উল্টে গেল এবং পিঠে ও পাশে পড়ে গেল।

Non aveva mai sentito prima un colpo di mazza e non riusciva a sostenerlo.

সে আগে কখনও ক্লাবের আঘাত অনুভব করেনি এবং তা বুঝতেও পারেনি।

Con un ringhio acuto, in parte abbaio, in parte urlo, saltò di nuovo.

একটা চিৎকার, কিছুটা ঘেউ ঘেউ, কিছুটা চিৎকারের সাথে, সে আবার লাফিয়ে উঠল।

Un altro colpo violento lo colpì e lo scaraventò a terra.

আরেকটি নির্মম আঘাত তাকে আঘাত করে মাটিতে আছড়ে পড়ে।

Questa volta Buck capì: era la pesante clava dell'uomo.

এবার বাক বুঝতে পারল—এটা লোকটির ভারী লাঠি।

Ma la rabbia lo accecò e non pensò minimamente di ritirarsi.

কিন্তু রাগ তাকে অন্ধ করে দিয়েছিল, এবং তার পিছু হটার কোন চিন্তাই ছিল না।

Dodici volte si lanciò e dodici volte cadde.

বারোবার সে নিজেকে ছুড়ে ফেলেছে, এবং বারোবার পড়ে গেছে।

La mazza di legno lo colpiva ogni volta con una forza spietata e schiacciante.

কাঠের লাঠিটা প্রতিবারই তাকে নির্মম, চূর্ণ-বিচূর্ণ শক্তিতে ভেঙে ফেলত।

Dopo un colpo violento, si rialzò barcollando, stordito e lento.

এক প্রচণ্ড আঘাতের পর, সে স্তব্ধ হয়ে দাঁড়িয়ে পড়ল, ধীর গতিতে।

Il sangue gli colava dalla bocca, dal naso e perfino dalle orecchie.

তার মুখ, নাক, এমনকি কান দিয়েও রক্ত ঝরছিল।

Il suo mantello, un tempo bellissimo, era imbrattato di schiuma insanguinata.

তার একসময়ের সুন্দর কোটটি রক্তাক্ত ফেনায় মাখামাখি হয়ে গিয়েছিল।

Poi l'uomo si fece avanti e gli sferrò un violento colpo al naso.

তারপর লোকটি এগিয়ে এসে নাকে একটা জঘন্য আঘাত করল।

L'agonia fu più acuta di qualsiasi cosa Buck avesse mai provato.

যন্ত্রণাটা বাকের আগে কখনও যা অনুভব করেনি তার চেয়েও তীব্র ছিল।

Con un ruggito più da bestia che da cane, balzò di nuovo all'attacco.

কুকুরের চেয়েও বেশি পশুর গর্জন নিয়ে, সে আবার আক্রমণ করার জন্য লাফিয়ে উঠল।

Ma l'uomo gli afferrò la mascella inferiore e la torse all'indietro.

কিন্তু লোকটি তার নিচের চোয়াল ধরে পিছনের দিকে মুচড়ে দিল।

Buck si girò a testa in giù e cadde di nuovo violentemente al suolo.

বাক আবার জোরে ধাক্কা মারল, মাথাটা গোড়ালির উপর দিয়ে উল্টে গেল।

Un'ultima volta, Buck si lanciò verso di lui, ormai a malapena in grado di reggersi in piedi.

শেষবারের মতো, বাক তার দিকে আক্রমণ করল, এখন সে সবেমাত্র দাঁড়াতে পারছে না।

L'uomo colpì con sapiente tempismo, sferrando il colpo finale.

লোকটি দক্ষ সময়োপযোগী আঘাত করে শেষ আঘাতটি করল।

Buck crollò a terra, privo di sensi e immobile.

বাক অজ্ঞান এবং অস্থিরভাবে একটা স্তূপের মধ্যে পড়ে গেল।

"Non è uno stupido ad addestrare i cani, ecco cosa dico io", urlò un uomo.

"কুকুর ভাঙার ব্যাপারে সে মোটেও পিছপা নয়, আমি তাই বলছি," একজন লোক চিৎকার করে বলল।

"Druther può spezzare la volontà di un segugio in qualsiasi giorno della settimana."

"ড্রাথার সপ্তাহের যেকোনো দিন কুকুরের ইচ্ছা ভাঙতে পারে।"

"E due volte di domenica!" aggiunse l'autista.

"আর রবিবারে দুবার!" ড্রাইভার যোগ করল।

Salì sul carro e tirò le redini per partire.

সে ওয়াগনে উঠে লাগাম ভেঙে চলে গেল।

Buck riprese lentamente il controllo della sua coscienza

বাক ধীরে ধীরে তার চেতনার উপর নিয়ন্ত্রণ ফিরে পেল।

ma il suo corpo era ancora troppo debole e rotto per muoversi.

কিন্তু তার শরীর তখনও এতটাই দুর্বল এবং ভেঙে পড়েছিল যে নড়াচড়া করতে পারছিল না।

Rimase lì dove era caduto, osservando l'uomo con il maglione rosso.

সে যেখানে পড়েছিল সেখানেই শুয়ে রইল, লাল-সোলে পড়া লোকটিকে দেখছিল।

"Risponde al nome di Buck", disse l'uomo, leggendo ad alta voce.

"সে বাকের নাম ধরে ডাকে," লোকটি জোরে জোরে পড়তে পড়তে বলল।

Citò la nota inviata con la cassa di Buck e i dettagli.

তিনি বাকের ক্রেটের সাথে পাঠানো নোট এবং বিস্তারিত তথ্য থেকে উদ্ধৃতি দিয়েছেন।

"Bene, Buck, ragazzo mio", continuò l'uomo con tono amichevole,

"আচ্ছা, বাক, আমার ছেলে," লোকটি বন্ধুত্বপূর্ণ সুরে বলল,
"Abbiamo avuto il nostro piccolo litigio, e ora tra noi è finita."
"আমাদের ছোট্ট ঝগড়া হয়েছে, আর এখন আমাদের মধ্যে সব শেষ।"

"Tu hai imparato qual è il tuo posto, e io ho imparato qual è il mio", ha aggiunto.
"তুমি তোমার জায়গাটা শিখেছো, আর আমি আমার জায়গাটা শিখেছি," তিনি আরও বলেন।

"Sii buono e tutto andrà bene e la vita sarà piacevole."
"ভালো থেকো, সব ঠিকঠাক হবে, আর জীবন আনন্দময় হবে।"

"Ma se sei cattivo, ti spaccherò a morte, capito?"
"কিন্তু খারাপ হও, আর আমি তোমার ভেতর থেকে সব জিনিসপত্র বের করে দেব, বুঝলে?"

Mentre parlava, allungò la mano e accarezzò la testa dolorante di Buck.
কথা বলতে বলতে সে হাত বাড়িয়ে বাকের ব্যথাগ্রস্ত মাথায় হাত বুলিয়ে দিল।

I capelli di Buck si rizzarono al tocco dell'uomo, ma lui non oppose resistenza.
লোকটির স্পর্শে বাকের চুল উঠে গেল, কিন্তু সে প্রতিরোধ করল না।

L'uomo gli portò dell'acqua e Buck la bevve a grandi sorsi.
লোকটি তাকে পানি এনে দিল, যা বাক খুব ঢোক ঢোক করে পান করল।

Poi arrivò la carne cruda, che Buck divorò pezzo per pezzo.
তারপর এলো কাঁচা মাংস, যা বাক টুকরো টুকরো করে খেয়ে ফেলল।

Sapeva di essere stato sconfitto, ma sapeva anche di non essere distrutto.
সে জানত যে তাকে মারধর করা হয়েছে, কিন্তু সে এটাও জানত যে সে ভেঙে পড়েনি।

Non aveva alcuna possibilità contro un uomo armato di manganello.

লাঠি হাতে সজ্জিত একজন ব্যক্তির বিরুদ্ধে তার কোন সুযোগ ছিল না।

Aveva imparato la verità e non dimenticò mai quella lezione.

তিনি সত্য শিখেছিলেন এবং সেই শিক্ষা তিনি কখনও ভোলেননি।

Quell'arma segnò l'inizio della legge nel nuovo mondo di Buck.

সেই অস্ত্রটিই ছিল বাকের নতুন জগতে আইনের সূচনা।

Fu l'inizio di un ordine duro e primitivo che non poteva negare.

এটি ছিল এক কঠোর, আদিম নিয়মের সূচনা যা তিনি অস্বীকার করতে পারেননি।

Accettò la verità: i suoi istinti selvaggi erano ormai risvegliati.

সে সত্য গ্রহণ করেছিল; তার বন্য প্রবৃত্তি এখন জেগে উঠেছে।

Il mondo era diventato più duro, ma Buck lo affrontò coraggiosamente.

পৃথিবী আরও কঠোর হয়ে উঠেছিল, কিন্তু বাক সাহসের সাথে তা মোকাবেলা করেছিলেন।

Affrontò la vita con una nuova cautela, astuzia e una forza silenziosa.

তিনি নতুন সতর্কতা, ধূর্ততা এবং নীরব শক্তির সাথে জীবনের মুখোমুখি হয়েছিলেন।

Arrivarono altri cani, legati con corde o gabbie, come era successo a Buck.

আরও কুকুর এলো, বাকের মতো দড়ি বা ক্রেটে বাঁধা।

Alcuni cani procedevano con calma, altri si infuriavano e combattevano come bestie feroci.

কিছু কুকুর শান্তভাবে এসেছিল, অন্যরা রেগে গিয়েছিল এবং বন্য পশুর মতো লড়াই করেছিল।

Tutti loro furono sottoposti al dominio dell'uomo con il maglione rosso.

তাদের সকলকে লাল-সোনালী মানুষটির শাসনের অধীনে আনা হয়েছিল।

Ogni volta Buck osservava e vedeva svolgersi la stessa lezione.

প্রতিবার, বাক একই শিক্ষা উন্মোচিত হতে দেখত এবং দেখত।

L'uomo con la clava era la legge: un padrone a cui obbedire.

ক্লাবের লোকটি ছিল আইনজ্ঞ; একজন প্রভু যাকে মান্য করতে হবে।

Non era necessario che gli piacesse, ma che gli si obbedisse.

তাকে পছন্দ করার প্রয়োজন ছিল না, কিন্তু তাকে মান্য করতে হত।

Buck non si è mai mostrato adulatore o scodinzolante come facevano i cani più deboli.

দুর্বল কুকুরগুলোর মতো বাক কখনোই ভয় দেখাত না বা নড়াচড়া করত না।

Vide dei cani che erano stati picchiati e che continuavano a leccare la mano dell'uomo.

সে এমন কুকুর দেখতে পেল যাদের পেটানো হয়েছিল এবং তারা এখনও লোকটির হাত চাটছিল।

Vide un cane che non obbediva né si sottometteva affatto.

সে একটা কুকুর দেখতে পেল যে মোটেও মান্য করতে চাইল না বা আত্মসমর্পণ করতে চাইল না।

Quel cane ha combattuto fino alla morte nella battaglia per il controllo.

সেই কুকুরটি নিয়ন্ত্রণের যুদ্ধে নিহত না হওয়া পর্যন্ত লড়াই করেছিল।

A volte degli sconosciuti venivano a trovare l'uomo con il maglione rosso.

মাঝে মাঝে অপরিচিত লোকেরা লাল-সোলে ঢাকা লোকটিকে দেখতে আসত।

Parlavano con toni strani, supplicando, contrattando e ridendo.

তারা অদ্ভুত সুরে কথা বলছিল, অনুনয় বিনয় করছিল, দর কষাকষি করছিল এবং হাসছিল।

Dopo aver scambiato i soldi, se ne andavano con uno o più cani.

যখন টাকা বিনিময় করা হত, তখন তারা এক বা একাধিক কুকুর নিয়ে চলে যেত।

Buck si chiese dove andassero questi cani, perché nessuno faceva mai ritorno.

বাক ভাবছিলো এই কুকুরগুলো কোথায় গেল, কারণ কেউ আর ফিরে আসেনি।

la paura dell'ignoto riempiva Buck ogni volta che un uomo sconosciuto si avvicinava

যখনই কোন অপরিচিত লোক আসতো, তখনই অজানা ভয়ে ভরা বাক

era contento ogni volta che veniva preso un altro cane, al posto suo.

যখনই অন্য কুকুরকে ধরে নিয়ে যাওয়া হত, তখনই সে খুশি হত, নিজের চেয়েও বেশি।

Ma alla fine arrivò il turno di Buck con l'arrivo di uno strano uomo.

কিন্তু অবশেষে, বাকের পালা এলো এক অদ্ভুত লোকের আগমনের সাথে।

Era piccolo, nervoso e parlava un inglese stentato e imprecava.

সে ছোট ছিল, চালাক ছিল, ভাঙা ভাঙা ইংরেজিতে কথা বলত এবং অভিশাপ দিত।

"Sacredam!" urlò quando vide il corpo di Buck.

"পবিত্র!" বাকের ফ্রেমের দিকে চোখ পড়তেই সে চিৎকার করে উঠল।

"Che cane maledetto e prepotente! Eh? Quanto costa?" chiese ad alta voce.

"ওটা একটা জঘন্য বখাটে কুকুর! এহ? কত?" সে জোরে জিজ্ঞেস করল।

"Trecento, ed è un regalo a quel prezzo",
"তিনশো, আর সেই দামে সে একটা উপহার,"

"Dato che sono soldi del governo, non dovresti lamentarti, Perrault."
"যেহেতু এটা সরকারি টাকা, তোমার অভিযোগ করা উচিত নয়, পেরোল।"

Perrault sorrise pensando all'accordo che aveva appena concluso con quell'uomo.
লোকটির সাথে তার করা চুক্তি দেখে পেরাল্ট হেসে উঠল।

Il prezzo dei cani è salito alle stelle a causa della domanda improvvisa.
হঠাৎ চাহিদার কারণে কুকুরের দাম বেড়ে গিয়েছিল।

Trecento dollari non erano ingiusti per una bestia così bella.
এত সুন্দর একটা জন্তুর জন্য তিনশো ডলার অন্যায় ছিল না।

Il governo canadese non perderebbe nulla dall'accordo
এই চুক্তিতে কানাডিয়ান সরকার কিছুই হারাবে না।

Né i loro comunicati ufficiali avrebbero subito ritardi nel trasporto.
তাদের অফিসিয়াল প্রেরণগুলিও ট্রানজিটে বিলম্বিত হবে না।

Perrault conosceva bene i cani e capì che Buck era una rarità.
পেরোল কুকুরদের ভালো করেই চিনতেন, এবং বুঝতে পারতেন বাক বিরল কিছু।

"Uno su dieci diecimila", pensò, mentre studiava la corporatura di Buck.
"দশ দশ হাজারে একজন," সে ভাবল, বাকের গঠন অধ্যয়ন করতে করতে।

Buck vide il denaro cambiare di mano, ma non mostrò alcuna sorpresa.
বাক টাকা হাতবদল হতে দেখল, কিন্তু অবাক হল না।

Poco dopo lui e Curly, un gentile Terranova, furono portati via.

শীঘ্রই তাকে এবং নিউফাউন্ডল্যান্ডের ভদ্রলোক কার্লিকে দূরে নিয়ে যাওয়া হল।

Seguirono l'omino dal cortile della casa con il maglione rosso.

তারা লাল সোয়েটারের উঠোন থেকে ছোট্ট লোকটিকে অনুসরণ করল।

Quella fu l'ultima volta che Buck vide l'uomo con la mazza di legno.

কাঠের লাঠিওয়ালা লোকটিকে সেটাই শেষবার বাক দেখেছিল।

Dal ponte del Narwhal guardò Seattle svanire in lontananza.

নারহুলের ডেক থেকে সে সিয়াটলকে দূর থেকে বিবর্ণ হতে দেখল।

Fu anche l'ultima volta che vide le calde terre del Sud.

এটিই ছিল শেষবারের মতো উষ্ণ সাউথল্যান্ড দেখা।

Perrault li portò sottocoperta e li lasciò con François.

পেরোল্ট ওদের ডেকের নিচে নিয়ে গেলেন, আর ফ্রাঁসোয়াদের কাছে রেখে গেলেন।

François era un gigante con la faccia nera e le mani ruvide e callose.

ফ্রাঁসোয়া ছিলেন একজন কালো মুখের দৈত্য, যার হাত রুক্ষ, রুক্ষ।

Era un uomo dalla carnagione scura e dalla carnagione scura, un meticcio franco-canadese.

সে ছিল কালো এবং কালো রঙের; একজন অর্ধ-বংশজাত ফরাসি-কানাডিয়ান।

Per Buck, quegli uomini erano come non li aveva mai visti prima.

বাকের কাছে, এই মানুষগুলো এমন এক ধরণের ছিল যা সে আগে কখনও দেখেনি।

Nei giorni a venire avrebbe avuto modo di conoscere molti di questi uomini.
সামনের দিনগুলিতে সে এরকম অনেক পুরুষের সাথে পরিচিত হবে।
Non cominciò ad affezionarsi a loro, ma finì per rispettarli.
তিনি তাদের প্রতি অনুরাগী হননি, কিন্তু তিনি তাদের সম্মান করতে শুরু করেছিলেন।
Erano giusti e saggi e non si lasciavano ingannare facilmente da nessun cane.
তারা ন্যায্য এবং জ্ঞানী ছিল, এবং কোনও কুকুরের দ্বারা সহজে বোকা বানাত না।
Giudicavano i cani con calma e punivano solo quando meritavano.
তারা কুকুরদের শান্তভাবে বিচার করত, এবং কেবল তখনই শাস্তি দিত যখন তাদের শাস্তি প্রাপ্য ছিল।
Sul ponte inferiore del Narwhal, Buck e Curly incontrarono due cani.
নারহুলের নিচের ডেকে, বাক এবং কার্লি দুটি কুকুরের সাথে দেখা করে।
Uno era un grosso cane bianco proveniente dalle lontane e gelide isole Spitzbergen.
একটি ছিল দূরবর্তী, বরফঘেরা স্পিটজবার্গেন থেকে আসা একটি বড় সাদা কুকুর।
In passato aveva navigato su una baleniera e si era unito a un gruppo di ricerca.
সে একবার এক তিমি শিকারীর সাথে নৌকা ভ্রমণ করেছিল এবং একটি জরিপ দলে যোগ দিয়েছিল।
Era amichevole, ma astuto, subdolo e subdolo.
তিনি ছিলেন বন্ধুসুলভ, ধূর্ত এবং চালাক ভঙ্গিতে।
Al loro primo pasto, rubò un pezzo di carne dalla padella di Buck.
তাদের প্রথম খাবারের সময়, সে বাকের তাওয়া থেকে এক টুকরো মাংস চুরি করেছিল।

Buck saltò per punirlo, ma la frusta di François colpì per prima.

বাক তাকে শাস্তি দিতে লাফিয়ে পড়ে, কিন্তু ফ্রাঁসোয়া চাবুক প্রথমে আঘাত করে।

Il ladro bianco urlò e Buck reclamò l'osso rubato.

সাদা চোর চিৎকার করে উঠল, আর বাক চুরি করা হাড়টা উদ্ধার করল।

Questa correttezza colpì Buck e François si guadagnò il suo rispetto.

সেই ন্যায্যতা বাককে মুগ্ধ করেছিল এবং ফ্রাঁসোয়া তার সম্মান অর্জন করেছিল।

L'altro cane non lo salutò e non volle nessuno in cambio.

অন্য কুকুরটি কোনও শুভেচ্ছা জানাল না, এবং বিনিময়ে কোনও শুভেচ্ছাও চাইল না।

Non rubava il cibo, né annusava con interesse i nuovi arrivati.

সে খাবার চুরি করত না, নতুন আগতদের দিকে আগ্রহের সাথে শুঁকে না।

Questo cane era cupo e silenzioso, cupo e lento nei movimenti.

এই কুকুরটি ছিল বিষণ্ণ এবং শান্ত, বিষণ্ণ এবং ধীর গতির।

Avvertì Curly di stargli lontano semplicemente lanciandole un'occhiata fulminante.

সে কার্লিকে কেবল তার দিকে তাকিয়ে দূরে থাকতে সতর্ক করল।

Il suo messaggio era chiaro: lasciatemi in pace o saranno guai.

তার বার্তা স্পষ্ট ছিল; আমাকে একা ছেড়ে দাও, নাহলে সমস্যা হবে।

Si chiamava Dave e non faceva quasi caso a ciò che lo circondava.

তার নাম ছিল ডেভ, এবং সে তার চারপাশের পরিবেশ খুব একটা খেয়াল করত না।

Dormiva spesso, mangiava tranquillamente e sbadigliava di tanto in tanto.

সে প্রায়ই ঘুমাতো, চুপচাপ খেতো, আর মাঝে মাঝে হাই তুলতো।

La nave ronzava costantemente con il rumore dell'elica sottostante.

নীচের প্রপেলারের আঘাতে জাহাজটি ক্রমাগত গুনগুন করছিল।

I giorni passarono senza grandi cambiamenti, ma il clima si fece più freddo.

দিনগুলো খুব একটা পরিবর্তন ছাড়াই কেটে গেল, কিন্তু আবহাওয়া আরও ঠান্ডা হয়ে গেল।

Buck se lo sentiva nelle ossa e notò che anche gli altri lo sentivano.

বাক তার হাড়ে হাড়ে তা অনুভব করতে পারল, এবং লক্ষ্য করল অন্যরাও তা অনুভব করেছে।

Poi una mattina l'elica si fermò e tutto rimase immobile.

তারপর একদিন সকালে, প্রোপেলারটি থেমে গেল এবং সবকিছু স্থির হয়ে গেল।

Un'energia percorse la nave: qualcosa era cambiato.

জাহাজের মধ্যে একটা শক্তি বয়ে গেল; কিছু একটা বদলে গেল।

François scese, li mise al guinzaglio e li portò su.

ফ্রাঁসোয়া নেমে এলেন, ওদেরকে ফিতে বেঁধে উপরে তুললেন।

Buck uscì e trovò il terreno morbido, bianco e freddo.

বাক বেরিয়ে এসে মাটি নরম, সাদা এবং ঠান্ডা দেখতে পেল।

Lui fece un balzo indietro allarmato e sbuffò in preda alla confusione più totale.

সে আতঙ্কিত হয়ে পিছনে লাফিয়ে উঠল এবং সম্পূর্ণ বিভ্রান্তিতে নাক ডাকল।

Una strana sostanza bianca cadeva dal cielo grigio.

ধূসর আকাশ থেকে অদ্ভুত সাদা জিনিস পড়ছিল।

Si scosse, ma i fiocchi bianchi continuavano a cadergli addosso.

সে নিজেকে ঝাঁকালো, কিন্তু সাদা দাগগুলো তার উপর পড়তেই থাকলো।

Annusò attentamente la sostanza bianca e ne leccò alcuni pezzetti ghiacciati.

সে সাদা জিনিসগুলো সাবধানে শুঁকে নিল এবং কয়েকটা বরফের টুকরো চেটে নিল।

La polvere bruciò come il fuoco e poi svanì subito dalla sua lingua.

পাউডারটি আগুনের মতো জ্বলে উঠল, তারপর তার জিভ থেকে অদৃশ্য হয়ে গেল।

Buck ci riprovò, sconcertato dallo strano freddo che svaniva.

অদ্ভুত অদৃশ্য হওয়া শীতলতা দেখে হতবাক হয়ে বাক আবার চেষ্টা করল।

Gli uomini intorno a lui risero e Buck si sentì in imbarazzo.

তার চারপাশের লোকেরা হেসে উঠল, আর বাক লজ্জা পেল।

Non sapeva perché, ma si vergognava della sua reazione.

সে জানত না কেন, কিন্তু তার প্রতিক্রিয়ায় সে লজ্জিত ছিল।

Era la sua prima esperienza con la neve e la cosa lo confuse.

তুষারপাতের সাথে এটি তার প্রথম অভিজ্ঞতা ছিল, এবং এটি তাকে বিভ্রান্ত করেছিল।

## La legge del bastone e della zanna
## ক্লাব এবং ফ্যাং এর আইন

Il primo giorno di Buck sulla spiaggia di Dyea è stato un terribile incubo.

ডাইয়া সৈকতে বাকের প্রথম দিনটা একটা ভয়াবহ দুঃস্বপ্নের মতো মনে হলো।

Ogni ora portava con sé nuovi shock e cambiamenti inaspettati per Buck.

প্রতিটি ঘন্টা বাকের জন্য নতুন ধাক্কা এবং অপ্রত্যাশিত পরিবর্তন নিয়ে আসত।

Era stato strappato alla civiltà e gettato nel caos più totale.

তাকে সভ্যতা থেকে টেনে নিয়ে বন্য বিশৃঙ্খলার মধ্যে ফেলে দেওয়া হয়েছিল।

Questa non era una vita soleggiata e pigra, fatta di noia e riposo.

এটা কোন রৌদ্রোজ্জ্বল, অলস জীবন ছিল না যেখানে একঘেয়েমি আর বিশ্রাম ছিল।

Non c'era pace, né riposo, né momento senza pericolo.

কোন শান্তি ছিল না, কোন বিশ্রাম ছিল না, এবং বিপদ ছাড়া কোন মুহূর্ত ছিল না।

La confusione regnava su tutto e il pericolo era sempre vicino.

বিভ্রান্তি সবকিছুকে শাসন করত, এবং বিপদ সবসময়ই কাছে ছিল।

Buck doveva stare attento perché quegli uomini e quei cani erano diversi.

বাককে সতর্ক থাকতে হয়েছিল কারণ এই মানুষগুলো এবং কুকুরগুলো আলাদা ছিল।

Non provenivano da città; erano selvaggi e spietati.

তারা শহরের ছিল না; তারা ছিল বন্য এবং করুণাহীন।

Questi uomini e questi cani conoscevano solo la legge del bastone e della zanna.

এই মানুষ আর কুকুরগুলো শুধু ক্লাব আর ফ্যাংয়ের আইন জানত।

Buck non aveva mai visto dei cani combattere come questi feroci husky.

বাক কখনও কুকুরদের এই বর্বর কুঁচকির মতো লড়াই করতে দেখেনি।

La sua prima esperienza gli insegnò una lezione che non avrebbe mai dimenticato.

তার প্রথম অভিজ্ঞতা তাকে এমন একটি শিক্ষা দিয়েছিল যা সে কখনও ভুলবে না।

Fu una fortuna che non fosse lui, altrimenti sarebbe morto anche lui.

সে ভাগ্যবান যে এটা সে ছিল না, নইলে সেও মারা যেত।

Curly era quello che soffriva, mentre Buck osservava e imparava.

বাক যখন দেখছিল এবং শিখছিল, তখন কার্লিই কষ্ট পেয়েছিল।

Si erano accampati vicino a un deposito costruito con tronchi.

তারা কাঠ দিয়ে তৈরি একটি দোকানের কাছে তাঁবু গেড়েছিল।

Curly cercò di essere amichevole con un grosso husky simile a un lupo.

কার্লি একটি বৃহৎ, নেকড়ে–সদৃশ ভুষির সাথে বন্ধুত্বপূর্ণ আচরণ করার চেষ্টা করেছিল।

L'husky era più piccolo di Curly, ma aveva un aspetto selvaggio e cattivo.

হাস্কিটি কার্লির চেয়ে ছোট ছিল, কিন্তু দেখতে বন্য এবং নীচু ছিল।

Senza preavviso, lui saltò su e le tagliò il viso.

কোনও সতর্কবার্তা না দিয়েই, সে লাফিয়ে তার মুখ কেটে ফেলল।

Con un solo movimento i suoi denti le tagliarono l'occhio fino alla mascella.

তার দাঁত এক নড়ে তার চোখ থেকে চোয়াল পর্যন্ত কেটে ফেলল।

Ecco come combattevano i lupi: colpivano velocemente e saltavano via.

নেকড়েরা এভাবেই লড়াই করত—দ্রুত আঘাত করত এবং লাফিয়ে পালিয়ে যেত।

Ma c'era molto di più da imparare da quell'unico attacco.

কিন্তু সেই আক্রমণ থেকে শেখার চেয়েও আরও অনেক কিছু ছিল।

Decine di husky si precipitarono dentro e formarono un cerchio silenzioso.

কয়েক ডজন হাস্কি ছুটে এসে নীরব বৃত্ত তৈরি করল।

Osservavano attentamente e si leccavano le labbra per la fame.

তারা খুব কাছ থেকে দেখল এবং ক্ষুধায় ঠোঁট চাটল।

Buck non capiva il loro silenzio né i loro occhi ansiosi.

বাক তাদের নীরবতা বা তাদের উৎসুক চোখ বুঝতে পারল না।

Curly si lanciò ad attaccare l'husky una seconda volta.

কার্লি দ্বিতীয়বারের মতো হাস্কিকে আক্রমণ করার জন্য ছুটে গেল।

Usò il suo petto per buttarla a terra con un movimento violento.

সে তার বুক ব্যবহার করে জোরে জোরে তাকে আছড়ে ফেলল।

Cadde su un fianco e non riuscì più a rialzarsi.

সে তার পাশে পড়ে গেল এবং আর উঠতে পারল না।

Era proprio quello che gli altri aspettavano da tempo.

অন্যরা এতদিন ধরে এটাই অপেক্ষা করছিল।

Gli husky le saltarono addosso, guaindo e ringhiando freneticamente.

হাস্কিরা তার উপর ঝাঁপিয়ে পড়ল, উন্মত্তভাবে চিৎকার করে উঠল।

Lei urlò mentre la seppellivano sotto una pila di cani.

কুকুরের স্তূপের নিচে তাকে কবর দেওয়ার সময় সে চিৎকার করে উঠল।

L'attacco fu così rapido che Buck rimase immobile per lo shock.

আক্রমণটি এত দ্রুত ছিল যে বাক ধাক্কায় জায়গায় থমকে গেল।

Vide Spitz tirare fuori la lingua in un modo che sembrava una risata.

সে দেখল স্পিটজ তার জিভ এমনভাবে বের করে ফেলছে যেন হাসির মতো লাগছে।

François afferrò un'ascia e corse dritto verso il gruppo di cani.

ফ্রাঁসোয়া একটা কুড়াল ধরে সোজা কুকুরের দলে ছুটে গেল।

Altri tre uomini hanno usato dei manganelli per allontanare gli husky.

আরও তিনজন লোক লাঠি ব্যবহার করে হাস্কিদের তাড়াতে সাহায্য করেছিল।

In soli due minuti la lotta finì e i cani se ne andarono.

মাত্র দুই মিনিটের মধ্যেই লড়াই শেষ হয়ে গেল এবং কুকুরগুলো চলে গেল।

Curly giaceva morta nella neve rossa calpestata, con il corpo fatto a pezzi.

লাল, পদদলিত তুষারের মধ্যে কোঁকড়া মেয়েটি মৃত অবস্থায় পড়ে ছিল, তার শরীর ছিন্নভিন্ন হয়ে গিয়েছিল।

Un uomo dalla pelle scura era in piedi davanti a lei, maledicendo la scena brutale.

একজন কালো চামড়ার লোক তার পাশে দাঁড়িয়ে নৃশংস দৃশ্যের প্রতি অভিশাপ দিচ্ছিল।

Il ricordo rimase con Buck e ossessionò i suoi sogni notturni.

স্মৃতিটা বাকের সাথেই থেকে যেত এবং রাতে তার স্বপ্নগুলোকে তাড়া করত।

**Ecco come funzionava: niente equità, niente seconda possibilità.**

এখানেও তাই ছিল; কোন ন্যায্যতা নেই, কোন দ্বিতীয় সুযোগ নেই।

**Una volta caduto un cane, gli altri lo uccidevano senza pietà.**

একবার একটি কুকুর পড়ে গেলে, অন্যরা বিনা দয়ায় হত্যা করত।

**Buck decise allora che non si sarebbe mai lasciato cadere.**

বাক তখন সিদ্ধান্ত নিলেন যে তিনি কখনও নিজেকে পতনের অনুমতি দেবেন না।

**Spitz tirò fuori di nuovo la lingua e rise guardando il sangue.**

স্পিটজ আবার জিভ বের করে রক্ত দেখে হেসে উঠল।

**Da quel momento in poi, Buck odiò Spitz con tutto il cuore.**

সেই মুহূর্ত থেকে, বাক স্পিটজকে তার সমস্ত হৃদয় দিয়ে ঘৃণা করতে লাগল।

**Prima che Buck potesse riprendersi dalla morte di Curly, accadde qualcosa di nuovo.**

কার্লির মৃত্যুর পর বাক সুস্থ হওয়ার আগেই, নতুন কিছু ঘটে গেল।

**François si avvicinò e legò qualcosa attorno al corpo di Buck.**

ফ্রাঁসোয়া এসে বাকের শরীরের চারপাশে কিছু একটা বেঁধে দিল।

**Era un'imbracatura simile a quelle usate per i cavalli al ranch.**

এটি ছিল খামারের ঘোড়ায় ব্যবহৃত জোতাগুলির মতোই একটি জোতা।

**Così come Buck aveva visto lavorare i cavalli, ora era costretto a lavorare anche lui.**

বাক যেমন ঘোড়াদের কাজ করতে দেখেছিল, এখন তাকেও কাজ করতে বাধ্য করা হয়েছে।

**Dovette trascinare François su una slitta nella foresta vicina.**

তাকে ফ্রাঁসোয়াকে স্লেজে করে কাছের জঙ্গলে টেনে আনতে হয়েছিল।

**Poi dovette trascinare indietro un pesante carico di legna da ardere.**

তারপর তাকে ভারী কাঠের বোঝা টেনে আনতে হয়েছিল।

**Buck era orgoglioso e gli faceva male essere trattato come un animale da lavoro.**

বাক গর্বিত ছিল, তাই তাকে কাজের পশুর মতো ব্যবহার করাটা তার জন্য কষ্টের ছিল।

**Ma era saggio e non cercò di combattere la nuova situazione.**

কিন্তু তিনি জ্ঞানী ছিলেন এবং নতুন পরিস্থিতির সাথে লড়াই করার চেষ্টা করেননি।

**Accettò la sua nuova vita e diede il massimo in ogni compito.**

সে তার নতুন জীবনকে গ্রহণ করেছিল এবং প্রতিটি কাজে তার সেরাটা দিয়েছিল।

**Tutto di quel lavoro gli risultava strano e sconosciuto.**

কাজের সবকিছুই তার কাছে অদ্ভুত এবং অপরিচিত ছিল।

**François era severo e pretendeva obbedienza senza indugio.**

ফ্রাঁসোয়া কঠোর ছিলেন এবং বিলম্ব না করে বাধ্যতা দাবি করতেন।

**La sua frusta garantiva che ogni comando venisse eseguito immediatamente.**

তার চাবুক নিশ্চিত করত যে প্রতিটি আদেশ একবারে পালন করা হচ্ছে।

**Dave era il timoniere, il cane più vicino alla slitta dietro Buck.**

ডেভ ছিল হুইলারের চালক, বাকের পিছনে স্লেজের সবচেয়ে কাছের কুকুর।

Se commetteva un errore, Dave mordeva Buck sulle zampe posteriori.

ডেভ ভুল করলে বাকের পিছনের পায়ে কামড় দেয়।

Spitz era il cane guida, abile ed esperto nel ruolo.

স্পিটজ ছিলেন প্রধান কুকুর, ভূমিকায় দক্ষ এবং অভিজ্ঞ।

Spitz non riusciva a raggiungere Buck facilmente, ma lo corresse comunque.

স্পিটজ বাকের কাছে সহজে পৌঁছাতে পারেননি, তবুও তাকে সংশোধন করেছিলেন।

Ringhiava aspramente o tirava la slitta in modi che insegnavano a Buck.

সে জোরে গর্জন করত অথবা স্লেজটা এমনভাবে টানত যেভাবে বাককে শেখাত।

Grazie a questo addestramento, Buck imparò più velocemente di quanto tutti si aspettassero.

এই প্রশিক্ষণের অধীনে, বাক তাদের প্রত্যাশার চেয়ে দ্রুত শিখেছে।

Lavorò duramente e imparò sia da François che dagli altri cani.

সে কঠোর পরিশ্রম করেছিল এবং ফ্রাঁসোয়া এবং অন্যান্য কুকুর উভয়ের কাছ থেকে শিখেছিল।

Quando tornarono, Buck conosceva già i comandi chiave.

যখন তারা ফিরে এলো, বাক ইতিমধ্যেই মূল কমান্ডগুলি জেনে গেছে।

Imparò a fermarsi al suono della parola "oh" di François.

সে ফ্রাঁসোয়াদের কাছ থেকে "হো" শব্দে থামতে শিখেছিল।

Imparò quando era il momento di tirare la slitta e correre.

সে শিখেছে কখন তাকে স্লেজ টেনে দৌড়াতে হবে।

Imparò a svoltare senza problemi nelle curve del sentiero.

সে পথের বাঁকগুলোতে ঝামেলা ছাড়াই চওড়া করে ঘুরতে শিখেছে।

Imparò anche a evitare Dave quando la slitta scendeva velocemente.

স্লেজটি দ্রুত নীচে নেমে গেলে সে ডেভকে এড়িয়ে চলতে শিখেছিল।

"Sono cani molto buoni", disse orgoglioso François a Perrault.

"ওরা খুব ভালো কুকুর," ফ্রাঁসোয়া গর্বের সাথে পেরেল্টকে বললেন।

"Quel Buck tira come un dannato, glielo insegno subito."

"ওই বাকটা খুব টানে – আমি ওকে যত তাড়াতাড়ি সম্ভব শিখিয়ে দেই।"


Più tardi quel giorno, Perrault tornò con altri due husky.

সেদিন পরে, পেরোল আরও দুটি ভুষি কুকুর নিয়ে ফিরে এলো।

Si chiamavano Billee e Joe ed erano fratelli.

তাদের নাম ছিল বিলি এবং জো, এবং তারা ভাই ছিল।

Provenivano dalla stessa madre, ma non erano affatto simili.

তারা একই মায়ের কাছ থেকে এসেছে, কিন্তু মোটেও এক রকম ছিল না।

Billee era un tipo dolce e molto amichevole con tutti.

বিলি ছিল মিষ্টি স্বভাবের এবং সবার সাথে খুব বন্ধুত্বপূর্ণ।

Joe era l'opposto: silenzioso, arrabbiato e sempre ringhiante.

জো ছিল বিপরীত—নীরব, রাগান্বিত, এবং সর্বদা গর্জনকারী।

Buck li salutò amichevolmente e si mantenne calmo con entrambi.

বাক তাদের বন্ধুত্বপূর্ণভাবে অভ্যর্থনা জানালেন এবং উভয়ের সাথেই শান্ত ছিলেন।

Dave non prestò loro attenzione e rimase in silenzio come al solito.

ডেভ তাদের দিকে কোন মনোযোগ দিল না এবং যথারীতি চুপ করে রইল।

Spitz attaccò prima Billee, poi Joe, per dimostrare la sua superiorità.

স্পিটজ তার আধিপত্য দেখানোর জন্য প্রথমে বিলিকে, তারপর জোকে আক্রমণ করেন।

Billee scodinzolava e cercava di essere amichevole con Spitz.
বিলি তার লেজ নাড়ালো এবং স্পিটজের সাথে বন্ধুত্বপূর্ণ আচরণ করার চেষ্টা করলো।

Quando questo non funzionò, cercò di scappare.
যখন তাতেও কাজ হলো না, তখন সে পালানোর চেষ্টা করলো।

Pianse tristemente quando Spitz lo morse forte sul fianco.
স্পিটজ যখন তাকে পাশে জোরে কামড় দিল, তখন সে দুঃখের সাথে কেঁদে উঠল।

Ma Joe era molto diverso e si rifiutava di farsi prendere in giro.
কিন্তু জো একেবারেই আলাদা ছিল এবং ধমক খেতে অস্বীকৃতি জানাত।

Ogni volta che Spitz si avvicinava, Joe si girava velocemente per affrontarlo.
স্পিটজ যখনই কাছে আসত, জো তার মুখোমুখি হওয়ার জন্য দ্রুত ঘুরত।

La sua pelliccia si drizzò, le sue labbra si arricciarono e i suoi denti schioccarono selvaggiamente.
তার পশম ঝাঁকুনি দিচ্ছিল, ঠোঁট কুঁচকে যাচ্ছিল, আর দাঁতগুলো ভীষণভাবে ছিঁড়ে যাচ্ছিল।

Gli occhi di Joe brillavano di paura e rabbia, sfidando Spitz a colpire.
জো'র চোখ দুটো ভয় আর ক্রোধে জ্বলজ্বল করছিল, স্পিটজকে আঘাত করার সাহস দেখাচ্ছিল।

Spitz abbandonò la lotta e si voltò, umiliato e arrabbiato.
স্পিটজ লড়াই ছেড়ে দিলেন এবং অপমানিত ও রাগান্বিত হয়ে মুখ ফিরিয়ে নিলেন।

Sfogò la sua frustrazione sul povero Billee e lo cacciò via.
সে বেচারা বিলির উপর তার বিরক্তি প্রকাশ করে তাকে তাড়িয়ে দিল।

Quella sera Perrault aggiunse un altro cane alla squadra.

সেই সন্ধ্যায়, পেরাল্ট দলে আরও একটি কুকুর যোগ করলেন।

Questo cane era vecchio, magro e coperto di cicatrici di battaglia.

এই কুকুরটি ছিল বৃদ্ধ, রোগা এবং যুদ্ধের ক্ষতচিহ্নে ঢাকা।

Gli mancava un occhio, ma l'altro brillava di potere.

তার একটি চোখ অনুপস্থিত ছিল, কিন্তু অন্যটি শক্তিতে ঝলমল করছিল।

Il nome del nuovo cane era Solleks, che significa "l'Arrabbiato".

নতুন কুকুরটির নাম ছিল সোলেক্স, যার অর্থ ছিল রাগান্বিত।

Come Dave, Solleks non chiedeva nulla agli altri e non dava nulla in cambio.

ডেভের মতো, সোলেক্সও অন্যদের কাছ থেকে কিছুই চায়নি, এবং কিছুই ফেরত দেয়নি।

Quando Solleks entrò lentamente nell'accampamento, persino Spitz rimase lontano.

যখন সোলেক্স ধীরে ধীরে ক্যাম্পে ঢুকে পড়ল, এমনকি স্পিটজও দূরে থাকল।

Aveva una strana abitudine che Buck ebbe la sfortuna di scoprire.

তার একটা অদ্ভুত অভ্যাস ছিল যা বাকের দুর্ভাগ্যক্রমে আবিষ্কার হয়নি।

Solleks detestava essere avvicinato dal lato in cui era cieco.

সোলেক্স যে পাশে অন্ধ ছিল, সেই পাশে কেউ তাকে দেখতে পায়নি, সেটা তার কাছে অপছন্দের ছিল।

Buck non lo sapeva e commise quell'errore per sbaglio.

বাক এটা জানত না এবং দুর্ঘটনাক্রমে এই ভুলটি করে ফেলে।

Solleks si voltò di scatto e colpì la spalla di Buck in modo profondo e rapido.

সোলেক্স ঘুরে বাকের কাঁধে গভীর এবং দ্রুত আঘাত করল।

Da quel momento in poi, Buck non si avvicinò mai più al lato cieco di Solleks.

সেই মুহূর্ত থেকে, বাক আর কখনও সোলেক্সের অন্ধ পাশে আসেনি।

Non ebbero mai più problemi per il resto del tempo che trascorsero insieme.

বাকি সময়টা একসাথে কাটানোর সময় তাদের আর কখনও ঝামেলা হয়নি।

Solleks voleva solo essere lasciato solo, come il tranquillo Dave.

সোলেক্স কেবল একা থাকতে চেয়েছিল, শান্ত ডেভের মতো।

Ma Buck avrebbe scoperto in seguito che ognuno di loro aveva un altro obiettivo segreto.

কিন্তু বাক পরে জানতে পারে যে তাদের প্রত্যেকেরই আরেকটি গোপন লক্ষ্য ছিল।

Quella notte Buck si trovò ad affrontare una nuova e preoccupante sfida: come dormire.

সেই রাতে বাক একটি নতুন এবং ঝামেলাপূর্ণ চ্যালেঞ্জের মুখোমুখি হলেন – কীভাবে ঘুমাবেন।

La tenda era illuminata caldamente dalla luce delle candele nel campo innevato.

তুষারাবৃত মাঠে মোমবাতির আলোয় তাঁবুটি উষ্ণভাবে জ্বলজ্বল করছিল।

Buck entrò, pensando che lì avrebbe potuto riposare come prima.

বাক ভেতরে চলে গেল, ভাবলো সে আগের মতোই সেখানে বিশ্রাম নিতে পারবে।

Ma Perrault e François gli urlarono contro e gli tirarono delle padelle.

কিন্তু পেরোল এবং ফ্রাঁসোয়া তাকে চিৎকার করে এবং প্যান ছুঁড়ে মারে।

Sconvolto e confuso, Buck corse fuori nel freddo gelido.
হতবাক এবং বিভ্রান্ত হয়ে, বাক ঠান্ডার মধ্যে দৌড়ে বেরিয়ে গেল।

Un vento gelido gli pungeva la spalla ferita e gli congelava le zampe.
একটা তীব্র বাতাস তার আহত কাঁধে আঘাত করে এবং তার থাবা বরফ করে দেয়।

Si sdraiò sulla neve e cercò di dormire all'aperto.
সে বরফে শুয়ে পড়ল এবং খোলা আকাশের নিচে ঘুমানোর চেষ্টা করল।

Ma il freddo lo costrinse presto a rialzarsi, tremando forte.
কিন্তু ঠান্ডার কারণে শীঘ্রই তাকে আবার উঠতে বাধ্য করা হল, প্রচণ্ড কাঁপতে লাগল।

Vagò per l'accampamento, cercando di trovare un posto più caldo.
সে ক্যাম্পের মধ্যে দিয়ে ঘুরে বেড়ালো, একটা উষ্ণ জায়গা খুঁজে বের করার চেষ্টা করলো।

Ma ogni angolo era freddo come quello precedente.
কিন্তু প্রতিটি কোণ আগেরটির মতোই ঠান্ডা ছিল।

A volte dei cani feroci gli saltavano addosso dall'oscurità.
মাঝে মাঝে অন্ধকার থেকে হিংস্র কুকুরগুলো তার উপর ঝাঁপিয়ে পড়ত।

Buck drizzò il pelo, scoprì i denti e ringhiò in tono ammonitore.
বাক তার পশম আঁচড়ালো, দাঁত বের করলো, এবং সতর্ক করে বললো।

Lui stava imparando in fretta e gli altri cani si sono subito tirati indietro.
সে দ্রুত শিখছিল, এবং অন্যান্য কুকুরগুলি দ্রুত পিছিয়ে গেল।

Tuttavia, non aveva un posto dove dormire e non aveva idea di cosa fare.

তবুও, তার ঘুমানোর কোন জায়গা ছিল না, আর কী করবে সেও বুঝতে পারছিল না।

Alla fine gli venne in mente un pensiero: andare a dare un'occhiata ai suoi compagni di squadra.

অবশেষে, তার মনে একটা বুদ্ধি এলো—তার সতীর্থদের খোঁজখবর নেওয়া।

Ritornò nella loro zona e rimase sorpreso nel constatare che non c'erano più.

সে তাদের এলাকায় ফিরে এসে তাদের চলে যেতে দেখে অবাক হয়ে গেল।

Cercò di nuovo nell'accampamento, ma ancora non riuscì a trovarli.

আবার সে শিবিরে খোঁজ করল, কিন্তু এখনও তাদের খুঁজে পেল না।

Sapeva che loro non potevano stare nella tenda, altrimenti ci sarebbe stato anche lui.

সে জানত যে তারা তাঁবুতে থাকতে পারবে না, অথবা সেও থাকবে।

E allora, dove erano finiti tutti i cani in quell'accampamento ghiacciato?

তাহলে এই হিমায়িত শিবিরের সব কুকুরগুলো কোথায় গেল?

Buck, infreddolito e infelice, girò lentamente intorno alla tenda.

বাক, ঠান্ডা এবং কৃপণ, ধীরে ধীরে তাঁবুর চারপাশে ঘুরে বেড়াল।

All'improvviso, le sue zampe anteriori sprofondarono nella neve soffice e lo spaventarono.

হঠাৎ, তার সামনের পা নরম তুষারে ডুবে গেল এবং তাকে চমকে দিল।

Qualcosa si mosse sotto i suoi piedi e lui fece un salto indietro per la paura.

তার পায়ের নিচে কিছু একটা নড়ে উঠল, আর সে ভয়ে লাফিয়ে পিছনে ফিরে গেল।

Ringhiava e ringhiava, non sapendo cosa si nascondesse sotto la neve.

সে গর্জন করতে লাগলো আর গর্জন করতে লাগলো, তুষারের নিচে কী লুকিয়ে আছে তা না জেনে।

Poi udì un piccolo abbaio amichevole che placò la sua paura.

তারপর সে একটা বন্ধুত্বপূর্ণ ছোট্ট ঘেউ ঘেউ শব্দ শুনতে পেল যা তার ভয় কমিয়ে দিল।

Annusò l'aria e si avvicinò per vedere cosa fosse nascosto.

সে বাতাসের গন্ধ নিল এবং কাছে এসে দেখতে লাগল কী লুকানো আছে।

Sotto la neve, rannicchiata in una calda palla, c'era la piccola Billee.

তুষারের নিচে, উষ্ণ বলের মতো কুঁচকে যাওয়া ছোট্ট বিলি ছিল।

Billee scodinzolò e leccò il muso di Buck per salutarlo.

বিলি তার লেজ নাড়িয়ে বাকের মুখ চেটে তাকে অভ্যর্থনা জানালো।

Buck vide come Billee si era costruito un posto per dormire nella neve.

বাক দেখল কিভাবে বিলি বরফের মধ্যে ঘুমানোর জায়গা তৈরি করেছে।

Aveva scavato e sfruttato il suo calore per scaldarsi.

সে মাটি খুঁড়ে নিজের তাপ ব্যবহার করে উষ্ণ ছিল।

Buck aveva imparato un'altra lezione: ecco come dormivano i cani.

বাক আরেকটি শিক্ষা পেয়েছিল—কুকুররা এভাবেই ঘুমাতো।

Scelse un posto e cominciò a scavare la sua buca nella neve.

সে একটা জায়গা বেছে নিল এবং তুষারের মধ্যে নিজের গর্ত খুঁড়তে শুরু করল।

All'inizio si muoveva troppo e sprecava energie.

প্রথমে, সে খুব বেশি ঘোরাফেরা করত এবং শক্তি অপচয় করত।

Ma ben presto il suo corpo riscaldò lo spazio e si sentì al sicuro.

কিন্তু শীঘ্রই তার শরীর স্থানটিকে উষ্ণ করে তুলল, এবং সে নিরাপদ বোধ করল।

Si rannicchiò forte e poco dopo si addormentò profondamente.

সে শক্ত করে কুঁচকে গেল, আর কিছুক্ষণের মধ্যেই সে গভীর ঘুমে আচ্ছন্ন হয়ে গেল।

La giornata era stata lunga e dura e Buck era esausto.

দিনটি দীর্ঘ এবং কঠিন ছিল, এবং বাক ক্লান্ত ছিল।

Dormì profondamente e comodamente, anche se fece sogni selvaggi.

যদিও তার স্বপ্নগুলো ছিল বন্য, তবুও সে গভীর এবং আরামে ঘুমাচ্ছিল।

Ringhiava e abbaiava nel sonno, contorcendosi mentre sognava.

সে ঘুমের মধ্যে গর্জন করতো এবং ঘেউ ঘেউ করতো, স্বপ্ন দেখার সময় মোচড় দিত।


Buck non si svegliò finché l'accampamento non cominciò a prendere vita.

শিবিরটি ইতিমধ্যেই প্রাণবন্ত হয়ে ওঠার আগে বাক ঘুম থেকে ওঠেনি।

All'inizio non sapeva dove si trovasse o cosa fosse successo.

প্রথমে, সে জানত না সে কোথায় আছে বা কী ঘটেছে।

La neve era caduta durante la notte e aveva seppellito completamente il suo corpo.

রাতভর তুষারপাত হয়ে তার দেহ পুরোপুরি মাটিতে মিশে যায়।

La neve lo circondava, fitta su tutti i lati.

তার চারপাশে তুষার চেপে ধরেছে, চারদিক থেকে শক্ত করে।

All'improvviso un'ondata di paura percorse tutto il corpo di Buck.

হঠাৎ করেই বাকের সারা শরীরে ভয়ের ঢেউ বয়ে গেল।

Era la paura di rimanere intrappolati, una paura che proveniva da istinti profondi.

এটা ছিল আটকা পড়ার ভয়, গভীর প্রবৃত্তি থেকে আসা ভয়।

Sebbene non avesse mai visto una trappola, la paura era viva dentro di lui.

যদিও সে কখনও ফাঁদ দেখেনি, তবুও তার ভেতরে ভয় বাস করত।

Era un cane addomesticato, ma ora i suoi vecchi istinti selvaggi si stavano risvegliando.

সে ছিল একটা পোষা কুকুর, কিন্তু এখন তার পুরনো বন্য প্রবৃত্তি জেগে উঠছিল।

I muscoli di Buck si irrigidirono e il pelo gli si rizzò su tutta la schiena.

বাকের পেশীগুলো টানটান হয়ে গেল, আর তার পশম পুরো পিঠে দাঁড়িয়ে গেল।

Ringhiò furiosamente e balzò in piedi nella neve.

সে প্রচণ্ডভাবে ঘেউ ঘেউ করে তুষারের উপর দিয়ে লাফিয়ে উঠে পড়ল।

La neve volava in ogni direzione mentre lui irrompeva nella luce del giorno.

দিনের আলো ফুটতে শুরু করলে তুষার চারদিকে উড়ে গেল।

Ancora prima di atterrare, Buck vide l'accampamento disteso davanti a lui.

অবতরণের আগেই, বাক তার সামনে শিবিরটি ছড়িয়ে থাকতে দেখেন।

Ricordò tutto del giorno prima, tutto in una volta.

তার আগের দিনের সবকিছু একবারে মনে পড়ল।

**Ricordava di aver passeggiato con Manuel e di essere finito in quel posto.**

তার মনে আছে ম্যানুয়েলের সাথে হেঁটে এই জায়গায় এসে পৌঁছানোর কথা।

**Ricordava di aver scavato la buca e di essersi addormentato al freddo.**

তার মনে পড়ল গর্ত খুঁড়ে ঠান্ডায় ঘুমিয়ে পড়ার কথা।

**Ora era sveglio e il mondo selvaggio intorno a lui era limpido.**

এখন সে জেগে আছে, আর তার চারপাশের বন্য জগৎ স্পষ্ট দেখা যাচ্ছে।

**Un grido di François annunciò l'improvvisa apparizione di Buck.**

ফ্রাঁসোয়া চিৎকার করে বাকের আকস্মিক উপস্থিতিকে স্বাগত জানালেন।

**"Cosa ho detto?" gridò a gran voce il conducente del cane a Perrault.**

"আমি কি বলেছিলাম?" কুকুর চালক জোরে চিৎকার করে পেরাল্টকে বললেন।

**"Quel Buck impara sicuramente in fretta", ha aggiunto François.**

"সেই বাক নিশ্চিতভাবেই যেকোনো কিছুর মতো দ্রুত শেখে," ফ্রাঁসোয়া আরও বলেন।

**Perrault annuì gravemente, visibilmente soddisfatto del risultato.**

পেরাল্ট গম্ভীরভাবে মাথা নাড়লেন, ফলাফলে স্পষ্টতই খুশি।

**In qualità di corriere del governo canadese, trasportava dispacci.**

কানাডিয়ান সরকারের কুরিয়ার হিসেবে তিনি বার্তা বহন করতেন।

**Era ansioso di trovare i cani migliori per la sua importante missione.**

সে তার গুরুত্বপূর্ণ মিশনের জন্য সেরা কুকুর খুঁজে পেতে আগ্রহী ছিল।

Ora si sentiva particolarmente contento che Buck facesse parte della squadra.

বাক দলের অংশ হওয়ায় সে এখন বিশেষভাবে খুশি বোধ করছে।

Nel giro di un'ora, alla squadra furono aggiunti altri tre husky.

এক ঘন্টার মধ্যে দলে আরও তিনটি হাস্কি যুক্ত হয়েছিল।

Ciò ha portato il numero totale dei cani della squadra a nove.

এর ফলে দলে মোট কুকুরের সংখ্যা নয়টিতে দাঁড়ালো।

Nel giro di quindici minuti tutti i cani erano imbracati.

পনের মিনিটের মধ্যেই সব কুকুর তাদের বগিতে ঢুকে গেল।

La squadra di slitte stava risalendo il sentiero verso Dyea Cañon.

স্লেজ দলটি ডাইয়া ক্যাননের দিকে পথ ধরে দুলছিল।

Buck era contento di andarsene, anche se il lavoro che lo attendeva era duro.

সামনের কাজটা কঠিন হলেও, বাক চলে যেতে পেরে খুশি হল।

Scoprì di non disprezzare particolarmente né il lavoro né il freddo.

সে দেখতে পেল যে সে শ্রম বা ঠান্ডাকে বিশেষভাবে ঘৃণা করে না।

Fu sorpreso dall'entusiasmo che pervadeva tutta la squadra.

পুরো দল যে আগ্রহে ভরে গিয়েছিল, তাতে তিনি অবাক হয়ে গেলেন।

Ancora più sorprendente fu il cambiamento avvenuto in Dave e Solleks.

আরও অবাক করার মতো বিষয় ছিল ডেভ এবং সোলেক্সের মধ্যে যে পরিবর্তন এসেছিল।

**Questi due cani erano completamente diversi quando venivano imbrigliati.**

এই দুটি কুকুর যখন জোতায় নেওয়া হয়েছিল তখন তাদের চেহারা সম্পূর্ণ আলাদা ছিল।

**La loro passività e la loro disattenzione erano completamente scomparse.**

তাদের নিষ্ক্রিয়তা এবং উদ্বেগের অভাব সম্পূর্ণরূপে অদৃশ্য হয়ে গিয়েছিল।

**Erano attenti e attivi, desiderosi di svolgere bene il loro lavoro.**

তারা সজাগ এবং সক্রিয় ছিল, এবং তাদের কাজ ভালোভাবে করতে আগ্রহী ছিল।

**Si irritavano ferocemente per qualsiasi cosa provocasse ritardi o confusione.**

বিলম্ব বা বিভ্রান্তির কারণ হতে পারে এমন যেকোনো কিছুতে তারা প্রচণ্ড বিরক্ত হয়ে উঠত।

**Il duro lavoro sulle redini era il centro del loro intero essere.**

লাগামের উপর কঠোর পরিশ্রম ছিল তাদের সমগ্র সত্তার কেন্দ্রবিন্দু।

**Sembrava che l'unica cosa che gli piacesse davvero fosse tirare la slitta.**

স্লেজ টানাটাই তাদের সত্যিকার অর্থে উপভোগ করার একমাত্র জিনিস বলে মনে হচ্ছিল।

**Dave era in fondo al gruppo, il più vicino alla slitta.**

ডেভ দলের পিছনে ছিল, স্লেজের সবচেয়ে কাছে।

**Buck fu messo davanti a Dave e Solleks superò Buck.**

বাককে ডেভের সামনে রাখা হয়েছিল, এবং সোলেক্স বাকের আগে এগিয়ে ছিল।

**Il resto dei cani era disposto in fila indiana davanti a loro.**

বাকি কুকুরগুলোকে একটা ফাইলের মধ্যে সামনের দিকে ঝুলিয়ে রাখা হয়েছিল।

**La posizione di testa in prima linea era occupata da Spitz.**

সামনের দিকের প্রধান অবস্থানটি স্পিটজ দ্বারা পূর্ণ ছিল।

**Buck era stato messo tra Dave e Solleks per essere istruito.**
বাককে ডেভ এবং সোলেক্সের মাঝখানে নির্দেশনার জন্য রাখা হয়েছিল।

**Lui imparava in fretta e gli insegnanti erano risoluti e capaci.**
তিনি দ্রুত শিখতে পারতেন, এবং তারা ছিলেন দৃঢ় এবং দক্ষ শিক্ষক।

**Non permisero mai a Buck di restare a lungo nell'errore.**
তারা বাককে বেশিদিন ভুলের মধ্যে থাকতে দেয়নি।

**Quando necessario, impartivano le lezioni con denti affilati.**
প্রয়োজনে তারা ধারালো দাঁত দিয়ে তাদের পাঠ শেখানো হত।

**Dave era giusto e dimostrava una saggezza pacata e seria.**
ডেভ ন্যায্য ছিলেন এবং এক ধরণের শান্ত, গম্ভীর প্রজ্ঞা দেখিয়েছিলেন।

**Non mordeva mai Buck senza una buona ragione.**
সে কখনোই বাককে কামড় দেয়নি কারণ ছাড়া।

**Ma non mancava mai di mordere quando Buck aveva bisogno di essere corretto.**
কিন্তু যখন বাকের সংশোধনের প্রয়োজন হয়েছিল তখন তিনি কখনও কামড় দিতে ব্যর্থ হননি।

**La frusta di François era sempre pronta e sosteneva la loro autorità.**
ফ্রাঁসোয়াদের চাবুক সর্বদা প্রস্তুত ছিল এবং তাদের কর্তৃত্বকে সমর্থন করত।

**Buck scoprì presto che era meglio obbedire che reagire.**
বাক শীঘ্রই বুঝতে পারলেন যে পাল্টা লড়াই করার চেয়ে আনুগত্য করা ভালো।

**Una volta, durante un breve riposo, Buck rimase impigliato nelle redini.**
একবার, অল্প বিশ্রামের সময়, বাক লাগাম ধরে আটকে গেল।

**Ritardò la partenza e confuse i movimenti della squadra.**

তিনি শুরুটা বিলম্বিত করেছিলেন এবং দলের গতিবিধি বিভ্রান্ত করেছিলেন।

Dave e Solleks si avventarono su di lui e lo picchiarono duramente.

ডেভ এবং সোলেক্স তার দিকে ঝাঁপিয়ে পড়ে এবং তাকে প্রচণ্ড মারধর করে।

La situazione peggiorò ulteriormente, ma Buck imparò bene la lezione.

জট আরও খারাপ হয়ে গেল, কিন্তু বাক তার শিক্ষা ভালোভাবে শিখে নিল।

Da quel momento in poi tenne le redini tese e lavorò con attenzione.

তারপর থেকে, তিনি লাগাম টানটান রেখেছিলেন, এবং সাবধানে কাজ করেছিলেন।

Prima che la giornata finisse, Buck aveva portato a termine gran parte del suo compito.

দিন শেষ হওয়ার আগেই, বাক তার কাজের অনেকটাই আয়ত্ত করে ফেলেছিল।

I suoi compagni di squadra quasi smisero di correggerlo o di morderlo.

তার সতীর্থরা তাকে সংশোধন করা বা কামড়ানো প্রায় বন্ধ করে দিয়েছিল।

La frusta di François schioccava nell'aria sempre meno spesso.

ফ্রাঁসোয়া'র চাবুক বাতাসে ক্রমশ ফেটে যাচ্ছিল।

Perrault sollevò addirittura i piedi di Buck ed esaminò attentamente ogni zampa.

পেরাল্ট এমনকি বাকের পা তুলে প্রতিটি থাবা সাবধানে পরীক্ষা করলেন।

Era stata una giornata di corsa dura, lunga ed estenuante per tutti loro.

দিনটি তাদের সকলের জন্যই ছিল কঠিন, দীর্ঘ এবং ক্লান্তিকর।

**Risalirono il Cañon, attraversarono Sheep Camp e superarono le Scales.**

তারা ক্যাননন পর্বতমালার উপরে, ভেড়ার শিবিরের মধ্য দিয়ে এবং স্কেলসের পাশ দিয়ে ভ্রমণ করেছিল।

**Superarono il limite della vegetazione arborea, poi ghiacciai e cumuli di neve alti diversi metri.**

তারা কাঠের রেখা অতিক্রম করল, তারপর হিমবাহ এবং অনেক ফুট গভীর তুষারপাতের মধ্য দিয়ে গেল।

**Scalarono il grande e freddo Chilkoot Divide.**

তারা প্রচণ্ড ঠান্ডা এবং চিলকুট ডিভাইড নিষিদ্ধ করার উপর আরোহণ করেছিল।

**Quella cresta elevata si ergeva tra l'acqua salata e l'interno ghiacciato.**

সেই উঁচু ঢালটি লবণাক্ত জল এবং হিমায়িত অভ্যন্তরের মাঝখানে দাঁড়িয়ে ছিল।

**Le montagne custodivano il triste e solitario Nord con ghiaccio e ripide salite.**

পাহাড়গুলো বরফ এবং খাড়া আরোহণের মাধ্যমে বিষণ্ণ ও নির্জন উত্তরকে রক্ষা করেছিল।

**Scesero rapidamente lungo una lunga catena di laghi sotto la dorsale.**

তারা বিভাজনের নীচে দীর্ঘ হ্রদের শৃঙ্খলে ভালো সময় কাটাল।

**Questi laghi riempivano gli antichi crateri di vulcani spenti.**

সেই হ্রদগুলি বিলুপ্ত আগ্নেয়গিরির প্রাচীন গর্তগুলিকে পূর্ণ করে তুলেছিল।

**Quella notte tardi raggiunsero un grande accampamento presso il lago Bennett.**

সেই রাতেই তারা লেক বেনেটে একটি বড় ক্যাম্পে পৌঁছায়।

**Migliaia di cercatori d'oro erano lì, intenti a costruire barche per la primavera.**

হাজার হাজার সোনার সন্ধানী সেখানে ছিল, বসন্তের জন্য নৌকা তৈরি করছিল।

Il ghiaccio si sarebbe presto rotto e dovevano essere pronti.

বরফ শীঘ্রই ভেঙে যাচ্ছিল, এবং তাদের প্রস্তুত থাকতে হয়েছিল।

Buck scavò la sua buca nella neve e cadde in un sonno profondo.

বাক তুষারে গর্ত খুঁড়ে গভীর ঘুমে তলিয়ে গেল।

Dormiva come un lavoratore, esausto dopo una dura giornata di lavoro.

দিনের কঠোর পরিশ্রমের ক্লান্তিতে সে একজন শ্রমজীবী মানুষের মতো ঘুমিয়ে পড়ল।

Ma venne strappato al sonno troppo presto, nell'oscurità.

কিন্তু অন্ধকারের খুব ভোরে, তাকে ঘুম থেকে টেনে তোলা হয়েছিল।

Fu nuovamente imbrigliato insieme ai suoi compagni e attaccato alla slitta.

তাকে আবার তার সঙ্গীদের সাথে সংযুক্ত করা হয়েছিল এবং স্লেজের সাথে সংযুক্ত করা হয়েছিল।

Quel giorno percorsero quaranta miglia, perché la neve era ben calpestata.

সেদিন তারা চল্লিশ মাইল পথ পাড়ি দিয়েছিল, কারণ তুষার ভালোভাবে মাড়ানো হয়েছিল।

Il giorno dopo, e per molti giorni a seguire, la neve era soffice.

পরের দিন, এবং তার অনেক দিন পরেও, তুষার নরম ছিল।

Dovettero farsi strada da soli, lavorando di più e muovendosi più lentamente.

তাদের নিজেরাই পথ তৈরি করতে হয়েছিল, আরও কঠোর পরিশ্রম করে এবং ধীর গতিতে এগিয়ে যেতে হয়েছিল।

Di solito, Perrault camminava davanti alla squadra con le ciaspole palmate.

সাধারণত, পেরাল্ট জালযুক্ত স্লোশু নিয়ে দলের আগে আগে হাঁটতেন।

**I suoi passi compattavano la neve, facilitando lo spostamento della slitta.**

তার পদক্ষেপ তুষারকে ঠাসা করে তুলেছিল, যার ফলে স্লেজটি চলাচল করা সহজ হয়ে গিয়েছিল।

**François, che era al timone della barca a vela, a volte prendeva il comando.**

ফ্রাঁসোয়া, যিনি জি-পোল থেকে নেতৃত্ব দিতেন, মাঝে মাঝে দায়িত্ব নিতেন।

**Ma era raro che François prendesse l'iniziativa**

কিন্তু ফ্রাঁসোয়া নেতৃত্ব দেওয়ার ঘটনা বিরল ছিল।

**perché Perrault aveva fretta di consegnare le lettere e i pacchi.**

কারণ পেরেল্ট চিঠি এবং পার্সেলগুলি পৌঁছে দেওয়ার জন্য তাড়াহুড়ো করছিলেন।

**Perrault era orgoglioso della sua conoscenza della neve, e in particolare del ghiaccio.**

তুষার সম্পর্কে, বিশেষ করে বরফ সম্পর্কে তার জ্ঞান নিয়ে পেরেল্ট গর্বিত ছিলেন।

**Questa conoscenza era essenziale perché il ghiaccio autunnale era pericolosamente sottile.**

সেই জ্ঞান অপরিহার্য ছিল, কারণ শরতের বরফ বিপজ্জনকভাবে পাতলা ছিল।

**Dove l'acqua scorreva rapidamente sotto la superficie non c'era affatto ghiaccio.**

যেখানে ভূপৃষ্ঠের নিচ দিয়ে জল দ্রুত প্রবাহিত হচ্ছিল, সেখানে কোনও বরফ ছিল না।

**Giorno dopo giorno, la stessa routine si ripeteva senza fine.**

দিনের পর দিন, একই রুটিন অবিরাম পুনরাবৃত্তি হতে থাকল।

**Buck lavorava senza sosta con le redini, dall'alba alla sera.**

বাক ভোর থেকে রাত পর্যন্ত লাগাম টেনে ধরে অবিরাম পরিশ্রম করেছে।

Lasciarono l'accampamento al buio, molto prima che sorgesse il sole.

সূর্য ওঠার অনেক আগেই, অন্ধকারে তারা ক্যাম্প ত্যাগ করে।

Quando spuntò l'alba, avevano già percorso molti chilometri.

যখন দিনের আলো ফুটে উঠল, ততক্ষণে অনেক মাইল পিছিয়ে গেছে।

Si accamparono dopo il tramonto, mangiando pesce e scavando buche nella neve.

তারা সন্ধ্যার পরে শিবির স্থাপন করেছিল, মাছ খেয়েছিল এবং তুষারে গর্ত করেছিল।

Buck era sempre affamato e non era mai veramente soddisfatto della sua razione.

বাক সবসময় ক্ষুধার্ত থাকত এবং তার রেশনে কখনোই সত্যিকার অর্থে সন্তুষ্ট ছিল না।

Riceveva ogni giorno mezzo chilo di salmone essiccato.

তিনি প্রতিদিন দেড় পাউন্ড শুকনো স্যামন পেতেন।

Ma il cibo sembrò svanire dentro di lui, lasciandogli solo la fame.

কিন্তু খাবার যেন তার ভেতরে উধাও হয়ে গেল, ক্ষুধাও পেছনে ফেলে গেল।

Soffriva di continui morsi della fame e sognava di avere più cibo.

সে ক্রমাগত ক্ষুধার যন্ত্রণায় ভুগছিল, এবং আরও খাবারের স্বপ্ন দেখছিল।

Gli altri cani hanno ricevuto solo mezzo chilo di cibo, ma sono rimasti forti.

অন্য কুকুরগুলো মাত্র এক পাউন্ড খাবার পেল, কিন্তু তারা শক্তিশালী রইল।

Erano più piccoli ed erano nati in una società nordica.

তারা ছোট ছিল, এবং উত্তরাঞ্চলীয় জীবনে জন্মগ্রহণ করেছিল।

Perse rapidamente la pignoleria che aveva caratterizzato la sua vecchia vita.

সে দ্রুত তার পুরনো জীবনের সেই কপটতা হারিয়ে ফেলল।

Fino a quel momento era stato un mangiatore prelibato, ma ora non gli era più possibile.

সে আগে খুব সুস্বাদু ভোজনরসিক ছিল, কিন্তু এখন আর তা সম্ভব ছিল না।

I suoi compagni arrivarono primi e gli rubarono la razione rimasta.

তার বন্ধুরা প্রথমে কাজ শেষ করে এবং তার অসমাপ্ত রেশন লুট করে।

Una volta cominciati, non c'era più modo di difendere il cibo da loro.

একবার তারা শুরু করলে, তাদের হাত থেকে তার খাবার রক্ষা করার কোন উপায় ছিল না।

Mentre lui lottava contro due o tre cani, gli altri rubarono il resto.

সে যখন দুই বা তিনটি কুকুরকে তাড়ালো, অন্যরা বাকিগুলো চুরি করে নিল।

Per risolvere il problema, cominciò a mangiare velocemente come mangiavano gli altri.

এটি ঠিক করার জন্য, সে অন্যদের মতো দ্রুত খেতে শুরু করল।

La fame lo spingeva così forte che arrivò persino a prendere del cibo non suo.

ক্ষুধা তাকে এতটাই তাড়িত করেছিল যে, সে নিজের খাবারও খায়নি।

Osservò gli altri e imparò rapidamente dalle loro azioni.

সে অন্যদের দেখত এবং তাদের কাজ থেকে দ্রুত শিখত।

**Vide Pike, un nuovo cane, rubare una fetta di pancetta a Perrault.**

সে দেখতে পেল পাইক, একটি নতুন কুকুর, পেরাল্টের কাছ থেকে এক টুকরো বেকন চুরি করছে।

**Pike aveva aspettato che Perrault gli voltasse le spalle per rubare la pagnotta.**

বেকন চুরি করার জন্য পেরাল্টের পিঠ ঘুরানো পর্যন্ত পাইক অপেক্ষা করেছিল।

**Il giorno dopo, Buck copiò Pike e rubò l'intero pezzo.**

পরের দিন, বাক পাইককে নকল করে পুরো খণ্ডটি চুরি করে নিল।

**Seguì un gran tumulto, ma Buck non fu sospettato.**

এরপর প্রচণ্ড হট্টগোল শুরু হয়, কিন্তু বাককে সন্দেহ করা হয়নি।

**Al suo posto venne punito Dub, un cane goffo che veniva sempre beccato.**

ডাব, একটা আনাড়ি কুকুর যে সবসময় ধরা পড়ত, তাকে শাস্তি দেওয়া হয়েছিল।

**Quel primo furto fece di Buck un cane adatto a sopravvivere al Nord.**

সেই প্রথম চুরিটিই বাককে উত্তরে বেঁচে থাকার জন্য উপযুক্ত কুকুর হিসেবে চিহ্নিত করেছিল।

**Ha dimostrato di sapersi adattare alle nuove condizioni e di saper imparare rapidamente.**

সে দেখিয়েছে যে সে নতুন পরিবেশের সাথে খাপ খাইয়ে নিতে পারে এবং দ্রুত শিখতে পারে।

**Senza tale adattabilità, sarebbe morto rapidamente e gravemente.**

এই ধরনের অভিযোজন ক্ষমতা না থাকলে, সে দ্রুত এবং খারাপভাবে মারা যেত।

**Segnò anche il crollo della sua natura morale e dei suoi valori passati.**

এটি তার নৈতিক স্বভাব এবং অতীত মূল্যবোধের ভাঙ্গনকেও চিহ্নিত করেছিল।

Nel Southland aveva vissuto secondo la legge dell'amore e della gentilezza.

সাউথল্যান্ডে, তিনি প্রেম এবং দয়ার আইনের অধীনে বাস করেছিলেন।

Lì aveva senso rispettare la proprietà e i sentimenti degli altri cani.

সেখানে সম্পত্তি এবং অন্যান্য কুকুরের অনুভূতিকে সম্মান করা যুক্তিসঙ্গত ছিল।

Ma i Northland seguivano la legge del bastone e la legge della zanna.

কিন্তু নর্থল্যান্ড ক্লাবের আইন এবং ফ্যাংয়ের আইন অনুসরণ করত।

Chiunque rispettasse i vecchi valori era uno sciocco e avrebbe fallito.

এখানে যারা পুরনো মূল্যবোধকে সম্মান করত তারা বোকা ছিল এবং ব্যর্থ হত।

Buck non rifletté su tutto questo nella sua mente.

বাক মনে মনে এই সব যুক্তি তৈরি করেনি।

Era in forma e quindi si adattò senza pensarci due volte.

সে ফিট ছিল, তাই সে চিন্তা না করেই মানিয়ে নিল।

In tutta la sua vita non era mai fuggito da una rissa.

সারা জীবন, সে কখনও লড়াই থেকে পালিয়ে যায়নি।

Ma la mazza di legno dell'uomo con il maglione rosso cambiò la regola.

কিন্তু লাল সোয়েটার পরা লোকটির কাঠের লাঠি সেই নিয়ম বদলে দিল।

Ora seguiva un codice più profondo e antico, inscritto nel suo essere.

এখন সে তার অস্তিত্বে লেখা একটি গভীর, পুরোনো কোড অনুসরণ করল।

Non rubava per piacere, ma per il dolore della fame.

সে আনন্দ থেকে চুরি করেনি, বরং ক্ষুধার যন্ত্রণা থেকে চুরি করেছে।

Non rubava mai apertamente, ma rubava con astuzia e attenzione.

সে কখনো প্রকাশ্যে ডাকাতি করত না, বরং চালাকি ও যত্নের সাথে চুরি করত।

Agì per rispetto verso la clava di legno e per paura delle zanne.

কাঠের লাঠির প্রতি শ্রদ্ধা এবং ঝাঁকের ভয়ে সে অভিনয় করেছিল।

In breve, ha fatto ciò che era più facile e sicuro che non farlo.

সংক্ষেপে, তিনি যা না করার চেয়ে সহজ এবং নিরাপদ ছিল তা করেছিলেন।

Il suo sviluppo, o forse il suo ritorno ai vecchi istinti, fu rapido.

তার বিকাশ—অথবা সম্ভবত তার পুরনো প্রবৃত্তিতে ফিরে আসা—দ্রুত ছিল।

I suoi muscoli si indurirono fino a diventare forti come il ferro.

তার পেশীগুলো শক্ত হয়ে গেল যতক্ষণ না সেগুলো লোহার মতো শক্ত মনে হলো।

Non gli importava più del dolore, a meno che non fosse grave.

ব্যথা আর তার কাছে গুরুত্বপূর্ণ ছিল না, যদি না তা গুরুতর হয়।

Divenne efficiente dentro e fuori, senza sprecare nulla.

সে ভেতরে ভেতরে দক্ষ হয়ে উঠল, কোনও কিছু নষ্ট করল না।

Poteva mangiare cose disgustose, marce o difficili da digerire.

সে এমন জিনিস খেতে পারত যা খারাপ, পচা, অথবা হজম করা কঠিন।

Qualunque cosa mangiasse, il suo stomaco ne sfruttava ogni singolo pezzetto di valore.

সে যাই খায় না কেন, তার পেট তার শেষ মূল্যটুকুও ব্যবহার করেছে।

Il suo sangue trasportava i nutrienti in tutto il suo potente corpo.

তার রক্ত তার শক্তিশালী শরীরের মধ্য দিয়ে পুষ্টি বহন করত।

Ciò gli ha permesso di sviluppare tessuti forti che gli hanno conferito un'incredibile resistenza.

এটি শক্তিশালী টিস্যু তৈরি করেছিল যা তাকে অবিশ্বাস্য ধৈর্য দিয়েছে।

La sua vista e il suo olfatto diventarono molto più sensibili di prima.

তার দৃষ্টিশক্তি এবং গন্ধ আগের চেয়ে অনেক বেশি সংবেদনশীল হয়ে উঠল।

Il suo udito diventò così acuto che riusciva a percepire anche i suoni più deboli durante il sonno.

তার শ্রবণশক্তি এতটাই তীব্র হয়ে উঠল যে সে ঘুমের মধ্যে হালকা শব্দও বুঝতে পারল।

Nei sogni sapeva se quei suoni significavano sicurezza o pericolo.

সে স্বপ্নে বুঝতে পারল যে শব্দগুলোর অর্থ নিরাপত্তা নাকি বিপদ।

Imparò a mordere con i denti il ghiaccio tra le dita dei piedi.

সে দাঁত দিয়ে পায়ের আঙুলের মাঝের বরফ কামড়াতে শিখেছে।

Se una pozza d'acqua si ghiacciava, lui rompeva il ghiaccio con le gambe.

যদি কোনও জলের গর্ত জমে যেত, সে তার পা দিয়ে বরফ ভাঙত।

Si impennò e colpì duramente il ghiaccio con gli arti anteriori rigidi.

সে উঠে দাঁড়ালো এবং শক্ত সামনের পা দিয়ে বরফের উপর জোরে আঘাত করলো।

La sua abilità più sorprendente era quella di prevedere i cambiamenti del vento durante la notte.

তার সবচেয়ে উল্লেখযোগ্য ক্ষমতা ছিল রাতারাতি বাতাসের পরিবর্তনের পূর্বাভাস দেওয়া।

Anche quando l'aria era immobile, sceglieva luoghi riparati dal vento.

এমনকি যখন বাতাস স্থির ছিল, তখনও সে বাতাস থেকে সুরক্ষিত জায়গা বেছে নিত।

Ovunque scavasse il nido, il vento del giorno dopo lo superava.

সে যেখানেই বাসা খুঁড়ত, পরের দিনের বাতাস তাকে পাশ কাটিয়ে যেত।

Alla fine si ritrovava sempre al sicuro e protetto, al riparo dal vento.

সে সবসময় আরামদায়ক এবং সুরক্ষিত থাকত, বাতাসের ধারে।

Buck non solo imparò dall'esperienza: anche il suo istinto tornò.

বাক কেবল অভিজ্ঞতার মাধ্যমেই শিখেনি – তার সহজাত প্রবৃত্তিও ফিরে এসেছে।

Le abitudini delle generazioni addomesticate cominciarono a scomparire.

গৃহপালিত প্রজন্মের অভ্যাসগুলি হারিয়ে যেতে শুরু করে।

Ricordava vagamente i tempi antichi della sua razza.

অস্পষ্টভাবে, সে তার প্রজাতির প্রাচীন সময়ের কথা মনে করল।

Ripensò a quando i cani selvatici correvano in branco nelle foreste.

সে তখনকার কথা ভাবলো যখন বন্য কুকুররা দলে দলে বনের মধ্য দিয়ে ছুটে বেড়াত।

**Avevano inseguito e ucciso la loro preda mentre la inseguivano.**

তারা তাদের শিকারকে তাড়া করে মেরে ফেলেছিল, যখন তারা তাড়া করে ফেলেছিল।

**Per Buck fu facile imparare a combattere con forza e velocità.**

দাঁত এবং দ্রুততার সাথে লড়াই করতে শেখা বাকের পক্ষে সহজ ছিল।

**Come i suoi antenati, usava tagli, squarci e schiocchi rapidi.**

তিনি তার পূর্বপুরুষদের মতোই কাট, স্ল্যাশ এবং দ্রুত স্ন্যাপ ব্যবহার করতেন।

**Quegli antenati si risvegliarono in lui e risvegliarono la sua natura selvaggia.**

সেই পূর্বপুরুষরা তার ভেতরে আলোড়ন তুলেছিল এবং তার বন্য প্রকৃতিকে জাগিয়ে তুলেছিল।

**Le loro vecchie abilità gli erano state trasmesse attraverso la linea di sangue.**

তাদের পুরনো দক্ষতা রক্তের মাধ্যমে তার মধ্যে চলে এসেছিল।

**Ora i loro trucchi erano suoi, senza bisogno di pratica o sforzo.**

তাদের কৌশল এখন তার নিজের, অনুশীলন বা প্রচেষ্টার কোন প্রয়োজন ছিল না।

**Nelle notti fredde e tranquille, Buck sollevava il naso e ululò.**

শান্ত, ঠান্ডা রাতে, বাক তার নাক তুলে চিৎকার করত।

**Ululò a lungo e profondamente, come facevano i lupi tanto tempo fa.**

সে দীর্ঘ এবং গভীরভাবে চিৎকার করল, যেমনটি অনেক আগে নেকড়েরা করেছিল।

**Attraverso di lui, i suoi antenati defunti puntarono il naso e ulularono.**

তার মাধ্যমে, তার মৃত পূর্বপুরুষরা নাক ইশারা করে চিৎকার করে উঠলেন।

**Hanno ululato attraverso i secoli con la sua voce e la sua forma.**

শতাব্দীর পর শতাব্দী ধরে তারা তার কন্ঠস্বর এবং আকৃতিতে চিৎকার করে উঠল।

**Le sue cadenze erano le loro, vecchi gridi che parlavano di dolore e di freddo.**

তার ছন্দ ছিল তাদেরই মতো, পুরনো কান্না যা শোক এবং শীতের কথা বলে।

**Cantavano dell'oscurità, della fame e del significato dell'inverno.**

তারা অন্ধকার, ক্ষুধা এবং শীতের অর্থের কথা গেয়েছিল।

**Buck ha dimostrato come la vita sia plasmata da forze che vanno oltre noi stessi,**

বাক প্রমাণ করেছেন যে জীবন কীভাবে নিজের বাইরের শক্তি দ্বারা গঠিত হয়,

**l'antico canto risuonò nelle vene di Buck e si impadronì della sua anima.**

প্রাচীন গানটি বাকের মধ্য দিয়ে উঠে এসে তার আত্মাকে ধরে ফেলল।

**Ritrovò se stesso perché gli uomini avevano trovato l'oro nel Nord.**

তিনি নিজেকে খুঁজে পেলেন কারণ মানুষ উত্তরে সোনা খুঁজে পেয়েছিল।

**E lo trovò perché Manuel, l'aiutante giardiniere, aveva bisogno di soldi.**

আর সে নিজেকে খুঁজে পেল কারণ মালীর সাহায্যকারী ম্যানুয়েলের টাকার প্রয়োজন ছিল।

## La Bestia Primordiale Dominante
## প্রধান আদিম জন্তু

**La bestia primordiale dominante era più forte che mai in Buck.**

বাকের ক্ষেত্রে, প্রভাবশালী আদিম জন্তুটি আগের মতোই শক্তিশালী ছিল।

**Ma la bestia primordiale dominante era rimasta dormiente in lui.**

কিন্তু প্রভাবশালী আদিম পশুটি তার মধ্যে সুপ্ত অবস্থায় ছিল।

**La vita sui sentieri era dura, ma rafforzava la bestia che era in Buck.**

পথের জীবন ছিল কঠোর, কিন্তু এটি বাকের ভেতরের প্রাণীটিকে শক্তিশালী করেছিল।

**Segretamente la bestia diventava sempre più forte ogni giorno.**

গোপনে জন্তুটি প্রতিদিন আরও শক্তিশালী হয়ে উঠল।

**Ma quella crescita interiore è rimasta nascosta al mondo esterno.**

কিন্তু সেই ভেতরের বিকাশ বাইরের জগতের কাছে লুকিয়ে রইল।

**Una forza primordiale calma e silenziosa si stava formando dentro Buck.**

বাকের ভেতরে একটা শান্ত ও আদিম শক্তি তৈরি হচ্ছিল।

**Una nuova astuzia diede a Buck equilibrio, calma e compostezza.**

নতুন চালাকি বাককে ভারসাম্য, শান্ত নিয়ন্ত্রণ এবং ভারসাম্য এনে দিয়েছে।

**Buck si concentrò molto sull'adattamento, senza mai sentirsi completamente rilassato.**

বাক খাপ খাইয়ে নেওয়ার উপর কঠোর মনোযোগ দিয়েছিলেন, কখনও পুরোপুরি স্বস্তি বোধ করেননি।

**Evitava i conflitti, non iniziava mai litigi e non cercava mai guai.**

তিনি দ্বন্দ্ব এড়িয়ে চলতেন, কখনও মারামারি শুরু করতেন না, ঝামেলা খুঁজতেন না।

**Ogni mossa di Buck era scandita da una riflessione lenta e costante.**

একটি ধীর, স্থির চিন্তাশীলতা বাকের প্রতিটি পদক্ষেপকে রূপ দিয়েছে।

**Evitava scelte avventate e decisioni improvvise e sconsiderate.**

তিনি তাড়াহুড়ো করে নেওয়া সিদ্ধান্ত এবং আকস্মিক, বেপরোয়া সিদ্ধান্ত এড়িয়ে চলতেন।

**Sebbene Buck odiasse profondamente Spitz, non gli mostrò alcuna aggressività.**

যদিও বাক স্পিটজকে গভীরভাবে ঘৃণা করতেন, তবুও তিনি তাকে কোনও আগ্রাসন দেখাননি।

**Buck non provocò mai Spitz e mantenne le sue azioni moderate.**

বাক কখনও স্পিটজকে উত্তেজিত করেননি, এবং তার কর্মকাণ্ড সংযত রেখেছিলেন।

**Spitz, d'altro canto, percepì il pericolo crescente in Buck.**

অন্যদিকে, স্পিটজ বাকের ক্রমবর্ধমান বিপদ টের পেয়েছিলেন।

**Vedeva Buck come una minaccia e una seria sfida al suo potere.**

তিনি বাককে তার ক্ষমতার জন্য হুমকি এবং একটি গুরুতর চ্যালেঞ্জ হিসেবে দেখেছিলেন।

**Coglieva ogni occasione per ringhiare e mostrare i suoi denti aguzzi.**

সে তার ধারালো দাঁতগুলো দেখানোর জন্য প্রতিটি সুযোগ কাজে লাগালো।

**Stava cercando di dare inizio allo scontro mortale che sarebbe dovuto avvenire.**

সে আসন্ন মারাত্মক লড়াই শুরু করার চেষ্টা করছিল।

**All'inizio del viaggio, tra loro scoppiò quasi una lite.**

ভ্রমণের শুরুতে, তাদের মধ্যে প্রায় ঝগড়া শুরু হয়ে যায়।

**Ma un incidente inaspettato impedì che il combattimento avesse luogo.**

কিন্তু একটি অপ্রত্যাশিত দুর্ঘটনা লড়াই থামিয়ে দেয়।

**Quella sera si accamparono sul gelido lago Le Barge.**

সেই সন্ধ্যায় তারা তীব্র ঠান্ডা লেক লে বার্জে ক্যাম্প স্থাপন করে।

**La neve cadeva fitta e il vento era tagliente come una lama.**

তুষারপাত তীব্র হচ্ছিল, আর বাতাস ছুরির মতো আঘাত করছিল।

**La notte era scesa troppo in fretta e l'oscurità li aveva avvolti.**

রাত খুব তাড়াতাড়ি নেমে এসেছিল, আর অন্ধকার তাদের ঘিরে ধরেছিল।

**Difficilmente avrebbero potuto scegliere un posto peggiore per riposare.**

বিশ্রামের জন্য এর চেয়ে খারাপ জায়গা তারা আর বেছে নিতে পারত না।

**I cani cercavano disperatamente un posto dove sdraiarsi.**

কুকুরগুলো মরিয়া হয়ে শোয়ার জায়গা খুঁজছিল।

**Dietro il piccolo gruppo si ergeva un'alta parete rocciosa.**

ছোট দলটির পিছনে খাড়াভাবে উঁচু একটি উঁচু পাথরের দেয়াল উঠে গেল।

**Per alleggerire il carico, la tenda era stata lasciata a Dyea.**

বোঝা হালকা করার জন্য তাঁবুটি ডাইয়ায় রেখে দেওয়া হয়েছিল।

**Non avevano altra scelta che accendere il fuoco direttamente sul ghiaccio.**

বরফের উপর আগুন জ্বালানো ছাড়া তাদের আর কোন উপায় ছিল না।

**Stendevano i loro accappatoi direttamente sul lago ghiacciato.**

তারা তাদের ঘুমের পোশাক সরাসরি হিমায়িত হ্রদের উপর বিছিয়ে দিল।

Qualche pezzo di legno galleggiante dava loro un po' di fuoco.

কয়েকটি কাঠের কাঠিতে আগুন লেগেছিল।

Ma il fuoco è stato acceso sul ghiaccio e attraverso di esso si è scongelato.

কিন্তু আগুন বরফের উপর তৈরি হয়েছিল, এবং তা গলিয়ে নিভে গিয়েছিল।

Alla fine cenarono al buio.

অবশেষে তারা অন্ধকারে তাদের রাতের খাবার খাচ্ছিল।

Buck si rannicchiò accanto alla roccia, al riparo dal vento freddo.

ঠান্ডা বাতাস থেকে বাক পাথরের পাশে কুঁকড়ে গেল।

Il posto era così caldo e sicuro che Buck non voleva andarsene.

জায়গাটা এতটাই উষ্ণ এবং নিরাপদ ছিল যে বাক সরে যেতে ঘৃণা করত।

Ma François aveva scaldato il pesce e stava distribuendo le razioni.

কিন্তু ফ্রাঁসোয়া মাছ গরম করে খাবার বিতরণ করছিলেন।

Buck finì di mangiare in fretta e tornò a letto.

বাক তাড়াতাড়ি খাওয়া শেষ করে বিছানায় ফিরে এলো।

Ma Spitz ora giaceva dove Buck aveva preparato il suo letto.

কিন্তু স্পিটজ এখন সেখানেই শুয়ে আছে যেখানে বাক তার বিছানা তৈরি করেছিল।

Un ringhio basso avvertì Buck che Spitz si rifiutava di muoversi.

একটা মৃদু শব্দে বাক সতর্ক হয়ে গেল যে স্পিটজ নড়তে রাজি নয়।

Finora Buck aveva evitato lo scontro con Spitz.

এখন পর্যন্ত, বাক স্পিটজের সাথে এই লড়াই এড়িয়ে চলেছিলেন।

Ma nel profondo di Buck la bestia alla fine si liberò.

কিন্তু বাকের ভেতরে জন্তুটি অবশেষে বেরিয়ে এলো।

Il furto del suo posto letto era troppo da tollerare.

তার ঘুমানোর জায়গা চুরি করাটা এতটাই কঠিন ছিল যে সহ্য করা যাচ্ছিল না।

Buck si lanciò contro Spitz, pieno di rabbia e furore.

বাক রাগ ও ক্রোধে ভরা স্পিটজের সাথে নিজেকে লড়লেন।

Fino a quel momento Spitz aveva pensato che Buck fosse solo un grosso cane.

আগে স্পিটজ ভাবেনি বাক কেবল একটি বড় কুকুর।

Non pensava che Buck fosse sopravvissuto grazie al suo spirito.

সে ভাবেনি যে বাক তার আত্মার জোরে বেঁচে গেছে।

Si aspettava paura e codardia, non furia e vendetta.

সে ভয় এবং কাপুরুষতা আশা করছিল, ক্রোধ এবং প্রতিশোধ নয়।

François rimase a guardare mentre entrambi i cani schizzavano fuori dal nido in rovina.

ধ্বংসপ্রাপ্ত বাসা থেকে কুকুর দুটি বেরিয়ে আসার সময় ফ্রাঁসোয়া একদৃষ্টিতে তাকিয়ে রইল।

Capì subito cosa aveva scatenato quella violenta lotta.

সে তৎক্ষণাৎ বুঝতে পারল যে, কী কারণে এই বর্বর সংগ্রাম শুরু হয়েছে।

"Aa-ah!" gridò François in sostegno del cane marrone.

"আ-আ!" বাদামী কুকুরটির সমর্থনে ফ্রাঁসোয়া চিৎকার করে উঠল।

"Dategli una bella lezione! Per Dio, punite quel ladro furbo!"

"ওকে একটা মারধর করো! ঈশ্বরের কসম, ওই ছিঁচকে চোরকে শাস্তি দাও!"

Spitz dimostrò altrettanta prontezza e fervore nel combattere.

স্পিটজ লড়াই করার জন্য সমান প্রস্তুতি এবং তীব্র আগ্রহ দেখিয়েছিল।

Gridò di rabbia mentre girava velocemente in tondo, cercando un varco.

সে রাগে চিৎকার করে উঠল, দ্রুত চক্কর দিতে দিতে, একটা খোলা জায়গা খুঁজতে লাগল।

Buck mostrò la stessa fame di combattere e la stessa cautela.

বাকও লড়াই করার জন্য একই রকম ক্ষুধা এবং একই রকম সতর্কতা দেখিয়েছিল।

Anche lui girò intorno al suo avversario, cercando di avere la meglio nella battaglia.

যুদ্ধে প্রাধান্য লাভের চেষ্টায় সে তার প্রতিপক্ষকেও ঘিরে ফেলল।

Poi accadde qualcosa di inaspettato e cambiò tutto.

তারপর অপ্রত্যাশিত কিছু ঘটে যা সবকিছু বদলে দেয়।

Quel momento ritardò l'eventuale lotta per la leadership.

সেই মুহূর্তটি নেতৃত্বের জন্য চূড়ান্ত লড়াই বিলম্বিত করেছিল।

Ci sarebbero ancora molti chilometri di sentiero e di lotta da percorrere prima della fine.

অনেক মাইল পথ এবং সংগ্রাম এখনও শেষের আগে অপেক্ষা করছিল।

Perrault urlò un'imprecazione mentre una mazza colpiva l'osso.

একটা লাঠি যখন হাড়ে আঘাত করছিল, তখন পেরাল্ট চিৎকার করে শপথ নিলেন।

Seguì un acuto grido di dolore, poi il caos esplose tutt'intorno.

যন্ত্রণার তীব্র চিৎকার, তারপর চারিদিকে বিশৃঙ্খলা ছড়িয়ে পড়ল।

Forme scure si muovevano nell'accampamento: husky selvatici, affamati e feroci.

ক্যাম্পে কালো আকৃতির প্রাণীরা ঘুরে বেড়াচ্ছিল; বন্য কুঁচি, ক্ষুধার্ত এবং হিংস্র।

Quattro o cinque dozzine di husky avevano fiutato l'accampamento da molto lontano.

চার-পাঁচ ডজন হাস্কি দূর থেকে ক্যাম্পে শুঁকেছিল।

Si erano introdotti furtivamente mentre i due cani litigavano lì vicino.

কাছাকাছি দুটি কুকুর যখন লড়াই করছিল, তখন তারা চুপচাপ ভেতরে ঢুকে পড়েছিল।

François e Perrault si lanciarono all'attacco, colpendo con i manganelli gli invasori.

ফ্রাঁসোয়া এবং পেরাল্ট আক্রমণকারীদের দিকে লাঠি চালাতে শুরু করে।

Gli husky affamati mostrarono i denti e si dibatterono freneticamente.

ক্ষুধার্ত হাস্কিরা দাঁত দেখিয়ে উন্মত্তভাবে পাল্টা লড়াই করল।

L'odore della carne e del pane li aveva fatti superare ogni paura.

মাংস আর রুটির গন্ধ তাদের সমস্ত ভয় কাটিয়ে তুলেছিল।

Perrault picchiò un cane che aveva nascosto la testa nella buca delle vivande.

পেরাল্ট একটা কুকুরকে মারধর করল যেটার মাথাটা লাউয়ের বাক্সে পুঁতে রাখা ছিল।

Il colpo fu violento e la scatola si ribaltò, facendo fuoriuscire il cibo.

জোরে আঘাত লাগলো, আর বাক্সটা উল্টে গেল, খাবার বেরিয়ে পড়লো।

Nel giro di pochi secondi, una ventina di bestie feroci si avventarono sul pane e sulla carne.

কয়েক সেকেন্ডের মধ্যেই, কয়েকটা বন্য জন্তু রুটি আর মাংস ছিঁড়ে ফেলল।

I bastoni degli uomini sferrarono un colpo dopo l'altro, ma nessun cane si allontanò.

পুরুষদের ক্লাবগুলো একের পর এক আঘাত হানলো, কিন্তু কোন কুকুরই পিছু হটল না।

Urlavano di dolore, ma continuarono a lottare finché non rimase più cibo.

তারা যন্ত্রণায় চিৎকার করছিল, কিন্তু খাবার না থাকা পর্যন্ত লড়াই করছিল।

Nel frattempo i cani da slitta erano saltati giù dalle loro culle innevate.

ইতিমধ্যে, স্লেজ-কুকুরগুলো তাদের তুষারাবৃত বিছানা থেকে লাফিয়ে উঠেছিল।

Furono immediatamente attaccati dai feroci e affamati husky.

তারা তৎক্ষণাৎ ক্ষুধার্ত হিংস্র ক্ষুধার্ত পাখিদের আক্রমণের শিকার হল।

Buck non aveva mai visto prima creature così selvagge e affamate.

বাক আগে কখনও এত বন্য এবং ক্ষুধার্ত প্রাণী দেখেনি।

La loro pelle pendeva flaccida, nascondendo a malapena lo scheletro.

তাদের চামড়া আলগা হয়ে ঝুলছিল, কঙ্কালগুলো সবেমাত্র লুকিয়ে রেখেছিল।

C'era un fuoco nei loro occhi, per fame e follia

তাদের চোখে আগুন ছিল, ক্ষুধা আর উন্মাদনার আগুন।

Non c'era modo di fermarli, di resistere al loro assalto selvaggio.

তাদের থামানো যাচ্ছিল না; তাদের বর্বর তাড়াহুড়ো প্রতিরোধ করারও কোনও উপায় ছিল না।

I cani da slitta vennero spinti indietro e premuti contro la parete della scogliera.

স্লেজ-কুকুরগুলোকে পিছনে ঠেলে পাহাড়ের দেয়ালে চেপে ধরা হল।

Tre husky attaccarono Buck contemporaneamente, lacerandogli la carne.

তিনটি হাস্কি একসাথে বাককে আক্রমণ করে, তার মাংস ছিঁড়ে ফেলে।

Il sangue gli colava dalla testa e dalle spalle, dove era stato tagliato.

তার মাথা এবং কাঁধ থেকে রক্ত ঝরছিল, যেখানে তাকে কেটে ফেলা হয়েছিল।

Il rumore riempì l'accampamento: ringhi, guaiti e grida di dolore.

শিবিরজুড়ে আওয়াজ, গর্জন, আর যন্ত্রণার আর্তনাদ।

Billee pianse forte, come al solito, presa dal panico e dalla mischia.

বিলি যথারীতি জোরে কেঁদে উঠল, আতঙ্কে আটকে গেল।

Dave e Solleks rimasero fianco a fianco, sanguinanti ma con aria di sfida.

ডেভ এবং সোলেক্স পাশাপাশি দাঁড়িয়ে ছিল, রক্তাক্ত কিন্তু অবাধ্য।

Joe lottava come un demonio, mordendo tutto ciò che gli si avvicinava.

জো একটা দানবের মতো লড়াই করত, কাছে যা আসত তাকেই কামড়াত।

Con un violento schiocco di mascelle schiacciò la zampa di un husky.

সে তার চোয়ালের এক নিষ্ঠুর আঘাতে একটি হাস্কির পা পিষে দিল।

Pike saltò sull'husky ferito e gli ruppe il collo all'istante.

পাইক আহত হাস্কির উপর ঝাঁপিয়ে পড়ে এবং সাথে সাথে তার ঘাড় ভেঙে দেয়।

Buck afferrò un husky per la gola e gli strappò la vena.

বাক একটা হাস্কি গলা ধরে শিরা ছিঁড়ে ফেলল।

Il sangue schizzò e il sapore caldo mandò Buck in delirio.

রক্তের ছিটা পড়ল, আর উষ্ণ স্বাদ বাককে উন্মাদনায় ফেলে দিল।

Si lanciò contro un altro aggressore senza esitazione.

সে দ্বিধা না করেই অন্য আক্রমণকারীর দিকে নিজেকে ছুঁড়ে মারল।

**Nello stesso momento, denti aguzzi si conficcarono nella gola di Buck.**
ঠিক সেই মুহূর্তে, ধারালো দাঁত বাকের নিজের গলায় ঢুকে গেল।
**Spitz aveva colpito di lato, attaccando senza preavviso.**
স্পিটজ পাশ থেকে আঘাত করেছিল, কোনও সতর্কতা ছাড়াই আক্রমণ করেছিল।
**Perrault e François avevano sconfitto i cani rubando il cibo.**
পেরোল এবং ফ্রাঁসোয়া খাবার চুরি করা কুকুরদের পরাজিত করেছিলেন।
**Ora si precipitarono ad aiutare i loro cani a respingere gli aggressori.**
এবার তারা তাদের কুকুরদের আক্রমণকারীদের প্রতিহত করতে সাহায্য করার জন্য ছুটে গেল।
**I cani affamati si ritirarono mentre gli uomini roteavano i loro manganelli.**
ক্ষুধার্ত কুকুরগুলো পিছু হটতে শুরু করলে, লোকগুলো তাদের লাঠিগুলো দোলাতে থাকে।
**Buck riuscì a liberarsi dall'attacco, ma la fuga fu breve.**
বাক আক্রমণ থেকে মুক্ত হন, কিন্তু পালানো ছিল সংক্ষিপ্ত।
**Gli uomini corsero a salvare i loro cani e gli husky tornarono ad attaccarli.**
পুরুষরা তাদের কুকুরদের বাঁচাতে দৌড়ে গেল, আর হাস্কিরা আবার ঝাঁক বেঁধে এল।
**Billee, spaventato e coraggioso, si lanciò nel branco di cani.**
বিলি, ভীত সাহসে, কুকুরের দলে ঝাঁপিয়ে পড়ল।
**Ma poi fuggì attraverso il ghiaccio, in preda al terrore e al panico.**
কিন্তু তারপর সে বরফের উপর দিয়ে পালিয়ে গেল, তীব্র আতঙ্ক আর আতঙ্কে।
**Pike e Dub li seguirono da vicino, correndo per salvarsi la vita.**

পাইক আর ডাব খুব কাছ থেকে তাদের অনুসরণ করল, প্রাণ বাঁচাতে দৌড়াতে লাগল।

Il resto della squadra si disperse e li inseguì.

দলের বাকিরা ভেঙে পড়ে এবং ছত্রভঙ্গ হয়ে তাদের পিছু পিছু ছুটে যায়।

Buck raccolse le forze per correre, ma poi vide un lampo.

বাক দৌড়ানোর জন্য তার শক্তি সঞ্চয় করল, কিন্তু তারপর একটা ঝলক দেখতে পেল।

Spitz si lanciò verso Buck, cercando di buttarlo a terra.

স্পিটজ বাকের দিকে ঝাঁপিয়ে পড়ল, তাকে মাটিতে ফেলে দেওয়ার চেষ্টা করল।

Sotto quella banda di husky, Buck non avrebbe avuto scampo.

ওই হাস্কিদের ভিড়ে, বাকের আর পালানোর সুযোগ থাকত না।

Ma Buck rimase fermo e si preparò al colpo di Spitz.

কিন্তু বাক দৃঢ়ভাবে দাঁড়িয়ে রইলেন এবং স্পিটজের আঘাতের জন্য প্রস্তুত হলেন।

Poi si voltò e corse sul ghiaccio con la squadra in fuga.

তারপর সে ঘুরে পলাতক দলের সাথে বরফের দিকে দৌড়ে গেল।


Più tardi i nove cani da slitta si radunarono al riparo del bosco.

পরে, নয়টি স্লেজ-কুকুর বনের আশ্রয়ে জড়ো হল।

Nessuno li inseguiva più, ma erano malconci e feriti.

কেউ আর তাদের তাড়া করেনি, কিন্তু তারা পিটিয়ে আহত হয়েছিল।

Ogni cane presentava delle ferite: quattro o cinque tagli profondi su ogni corpo.

প্রতিটি কুকুরের শরীরে চার-পাঁচটি করে গভীর ক্ষতের চিহ্ন ছিল।

**Dub aveva una zampa posteriore ferita e ora faceva fatica a camminare.**

ডাবের পেছনের পায়ে আঘাত লেগেছে এবং এখন হাঁটতেও কষ্ট হচ্ছে।

**Dolly, l'ultimo cane arrivato da Dyea, aveva la gola tagliata.**

ডাইয়ার নতুন কুকুর ডলির গলা কাটা ছিল।

**Joe aveva perso un occhio e l'orecchio di Billee era stato tagliato a pezzi**

জো একটি চোখ হারিয়েছিল, এবং বিলির কান টুকরো টুকরো করে কেটে ফেলা হয়েছিল।

**Tutti i cani piansero per il dolore e la sconfitta durante la notte.**

সমস্ত কুকুর রাতভর যন্ত্রণা আর পরাজয়ে কেঁদেছিল।

**All'alba tornarono lentamente all'accampamento, doloranti e distrutti.**

ভোরবেলা তারা বেদনাহত ও ভেঙে পড়া অবস্থায় ক্যাম্পে ফিরে এলো।

**Gli husky erano scomparsi, ma il danno era fatto.**

হাস্কিগুলো উধাও হয়ে গিয়েছিল, কিন্তু ক্ষতি হয়ে গিয়েছিল।

**Perrault e François erano di pessimo umore e osservavano le rovine.**

ধ্বংসস্তূপের উপর পেরেল্ট এবং ফ্রাঁসোয়া খুব বিরক্ত ছিলেন।

**Metà del cibo era sparito, rubato dai ladri affamati.**

খাবারের অর্ধেক শেষ হয়ে গেল, ক্ষুধার্ত চোরেরা ছিনিয়ে নিল।

**Gli husky avevano strappato le corde e la tela della slitta.**

স্লেজ বাইন্ডিং এবং ক্যানভাস ছিঁড়ে ফেলেছিল হাস্কিগুলো।

**Tutto ciò che aveva odore di cibo era stato divorato completamente.**

খাবারের গন্ধযুক্ত যেকোনো জিনিসই পুরোপুরি গিলে ফেলা হয়েছিল।

**Mangiarono un paio di stivali da viaggio in pelle di alce di Perrault.**

তারা পেরোল্টের মুস-চামড়ার তৈরি একজোড়া ভ্রমণ বুট খেয়ে ফেলে।

**Hanno masticato le pelli e rovinato i cinturini rendendoli inutilizzabili.**

তারা চামড়ার রিজ চিবিয়ে খেয়ে ফেলে এবং ব্যবহারের অযোগ্য স্ট্র্যাপ নষ্ট করে দেয়।

**François smise di fissare la frusta strappata per controllare i cani.**

কুকুরগুলোকে পরীক্ষা করার জন্য ফ্রাঁসোয়া ছেঁড়া দোররাটার দিকে তাকানো বন্ধ করে দিল।

**«Ah, amici miei», disse con voce bassa e preoccupata.**

"আহ, আমার বন্ধুরা," সে বলল, তার কন্ঠস্বর নিচু এবং উদ্বেগে ভরা।

**"Forse tutti questi morsi vi trasformeranno in bestie pazze."**

"হয়তো এই সব কামড় তোমাকে পাগল পশুতে পরিণত করবে। "

**"Forse tutti cani rabbiosi, sacredam! Che ne pensi, Perrault?"**

"হয়তো সব পাগলা কুকুর, স্যাক্রেডাম! তোমার কী মনে হয়, পেরাল্ট?"

**Perrault scosse la testa, con gli occhi scuri per la preoccupazione e la paura.**

পেরাল্ট মাথা নাড়লেন, উদ্বেগ আর ভয়ে চোখ কালো।

**C'erano ancora quattrocento miglia tra loro e Dawson.**

তাদের আর ডসনের মধ্যে এখনও চারশো মাইল দূরত্ব।

**La follia dei cani potrebbe ormai distruggere ogni possibilità di sopravvivenza.**

কুকুরের উন্মাদনা এখন বেঁচে থাকার যেকোনো সম্ভাবনাকে ধ্বংস করে দিতে পারে।

**Hanno passato due ore a imprecare e a cercare di riparare l'attrezzatura.**

তারা দুই ঘন্টা ধরে গালিগালাজ করে এবং সরঞ্জাম ঠিক করার চেষ্টা করে।

La squadra ferita alla fine lasciò l'accampamento, distrutta e sconfitta.

আহত দলটি অবশেষে ভেঙে ও পরাজিত হয়ে ক্যাম্প ত্যাগ করে।

Questo è stato il sentiero più duro finora e ogni passo è stato doloroso.

এটি ছিল এখনও পর্যন্ত সবচেয়ে কঠিন পথ, এবং প্রতিটি পদক্ষেপই ছিল বেদনাদায়ক।

Il fiume Thirty Mile non era ghiacciato e scorreva impetuoso.

থার্টি মাইল নদী জমে যায়নি, এবং তীব্র বেগে ছুটে যাচ্ছিল।

Soltanto nei punti calmi e nei vortici il ghiaccio riusciva a resistere.

কেবল শান্ত জায়গা এবং ঘূর্ণিঝড়ের ঢেউয়েই বরফ ধরে রাখতে পেরেছিল।

Trascorsero sei giorni di duro lavoro per percorrere le trenta miglia.

ত্রিশ মাইল শেষ করতে ছয় দিন কঠোর পরিশ্রম করতে হয়েছে।

Ogni miglio del sentiero porta con sé pericoli e minacce di morte.

পথের প্রতিটি মাইল বিপদ এবং মৃত্যুর হুমকি নিয়ে এসেছিল।

Uomini e cani rischiavano la vita a ogni passo doloroso.

প্রতিটি বেদনাদায়ক পদক্ষেপে মানুষ এবং কুকুররা তাদের জীবনের ঝুঁকি নিয়েছিল।

Perrault riuscì a superare i sottili ponti di ghiaccio una dozzina di volte.

পেরোল্ট এক ডজন বিভিন্ন বার পাতলা বরফের সেতু ভেঙেছেন।

Prese un palo e lo lasciò cadere nel buco creato dal suo corpo.

সে একটা লাঠি বহন করল এবং তার শরীরের তৈরি গর্তের উপর দিয়ে সেটাকে পড়তে দিল।

Quel palo salvò Perrault più di una volta dall'annegamento.

একাধিকবার সেই খুঁটি পেরেল্টকে ডুবে যাওয়া থেকে বাঁচিয়েছিল।

L'ondata di freddo persisteva, la temperatura era di cinquanta gradi sotto zero.

ঠান্ডার তীব্রতা দৃঢ় ছিল, বাতাস শূন্যের পঞ্চাশ ডিগ্রি নিচে ছিল।

Ogni volta che cadeva, Perrault era costretto ad accendere un fuoco per sopravvivere.

যতবার সে ভেতরে পড়ে যেত, পেরেল্টকে বেঁচে থাকার জন্য আগুন জ্বালাতে হত।

Gli abiti bagnati si congelavano rapidamente, perciò li faceva asciugare vicino al calore cocente.

ভেজা কাপড় দ্রুত জমে যেত, তাই সে প্রচণ্ড তাপের কাছে সেগুলো শুকাতেন।

Perrault non provava mai paura, e questo faceva di lui un corriere.

কোনও ভয় পেরাল্টকে কখনও স্পর্শ করেনি, এবং এটি তাকে একজন কুরিয়ার করে তুলেছে।

Fu scelto per affrontare il pericolo e lo affrontò con silenziosa determinazione.

তাকে বিপদের জন্য বেছে নেওয়া হয়েছিল, এবং সে শান্ত সংকল্পের সাথে তা মোকাবেলা করেছিল।

Si spinse in avanti controvento, con il viso raggrinzito e congelato.

সে বাতাসের দিকে এগিয়ে গেল, তার কুঁচকে যাওয়া মুখ হিমে কামড়ে গেল।

Perrault li guidò in avanti dall'alba al tramonto.

ভোর থেকে রাত পর্যন্ত, পেরাল্ট তাদের এগিয়ে নিয়ে গেলেন।

Camminava sul ghiaccio sottile che scricchiolava a ogni passo.

সে সরু বরফের উপর দিয়ে হেঁটে গেল যা প্রতিটি পদক্ষেপের সাথে সাথে ফেটে যাচ্ছিল।

Non osavano fermarsi: ogni pausa rischiava di provocare un crollo mortale.

তারা থামার সাহস করেনি—প্রতিটি বিরতি মারাত্মক পতনের ঝুঁকি নিয়েছিল।

Una volta la slitta si ruppe, trascinando dentro Dave e Buck.

একবার স্লেজটি ভেঙে গেল, ডেভ এবং বাককে টেনে ভেতরে নিয়ে গেল।

Quando furono liberati, entrambi erano quasi congelati.

যখন তাদের টেনে বের করা হয়, তখন দুজনেই প্রায় জমে গিয়েছিল।

Gli uomini accesero rapidamente un fuoco per salvare Buck e Dave.

বাক এবং ডেভকে বাঁচিয়ে রাখার জন্য লোকেরা দ্রুত আগুন জ্বালালো।

I cani erano ricoperti di ghiaccio dal naso alla coda, rigidi come legno intagliato.

কুকুরগুলো নাক থেকে লেজ পর্যন্ত বরফে ঢাকা ছিল, খোদাই করা কাঠের মতো শক্ত।

Gli uomini li fecero correre in cerchio vicino al fuoco per scongelarne i corpi.

পুরুষরা তাদের দেহ গলানোর জন্য আগুনের কাছে বৃত্তাকারে দৌড়াচ্ছিল।

Si avvicinarono così tanto alle fiamme che la loro pelliccia rimase bruciacchiata.

তারা আগুনের এত কাছে এসে পড়েছিল যে তাদের পশম পুড়ে গিয়েছিল।

Spitz ruppe poi il ghiaccio, trascinando dietro di sé la squadra.

স্পিটজ এরপর বরফ ভেঙে দলটিকে টেনে নিয়ে তার পিছনে ঢুকে পড়ে।

La frenata arrivava fino al punto in cui Buck stava tirando.

বিরতিটা বাক যেখানে টানছিল সেখানে পর্যন্ত পৌঁছে গেল।

Buck si appoggiò bruscamente allo schienale, con le zampe che scivolavano e tremavano sul bordo.

বাক শক্ত করে পিছনে ঝুঁকে পড়ল, তার থাবা পিছলে গেল এবং কিনারায় কাঁপতে লাগল।

Anche Dave si sforzò all'indietro, proprio dietro Buck sulla linea.

ডেভও পিছনের দিকে ঝুঁকে পড়ল, লাইনে বাকের ঠিক পিছনে।

François tirava la slitta e i suoi muscoli scricchiolavano per lo sforzo.

ফ্রাঁসোয়া স্লেজে করে টেনে তুলছিল, তার পেশীগুলো জোরে ফাটছিল।

Un'altra volta, il ghiaccio del bordo si è crepato davanti e dietro la slitta.

আরেকবার, স্লেজের আগে এবং পিছনে রিমের বরফ ফেটে গেল।

Non avevano altra via d'uscita se non quella di arrampicarsi su una parete ghiacciata.

জমে থাকা খাড়া পাহাড়ের দেয়ালে ওঠা ছাড়া তাদের আর কোন উপায় ছিল না।

In qualche modo Perrault riuscì a scalare il muro: un miracolo lo tenne in vita.

পেরাল্ট কোনওভাবে দেয়াল বেয়ে উঠে গেলেন; একটি অলৌকিক ঘটনা তাকে জীবিত রাখল।

François rimase sottocoperta, pregando che gli capitasse la stessa fortuna.

ফ্রাঁসোয়া নীচেই রইলেন, একই ধরণের ভাগ্যের জন্য প্রার্থনা করলেন।

**Legarono ogni cinghia, legatura e tirante in un'unica lunga corda.**

তারা প্রতিটি দড়ি, চাবুক এবং ট্রেসকে একটি লম্বা দড়িতে বেঁধে রাখল।

**Gli uomini trascinarono i cani uno alla volta fino in cima.**

পুরুষরা প্রতিটি কুকুরকে এক এক করে উপরে টেনে নিয়ে গেল।

**François salì per ultimo, dopo la slitta e tutto il carico.**

স্লেজ এবং পুরো বোঝার পরে, ফ্রাঁসোয়া শেষের দিকে উঠেছিলেন।

**Poi iniziò una lunga ricerca di un sentiero che scendesse dalle scogliere.**

তারপর শুরু হলো পাহাড় থেকে নেমে আসার পথের জন্য দীর্ঘ অনুসন্ধান।

**Alla fine scesero utilizzando la stessa corda che avevano costruito.**

অবশেষে তারা যে দড়িটি তৈরি করেছিল সেই দড়িটি ব্যবহার করেই তারা নেমে এলো।

**Scese la notte mentre tornavano al letto del fiume, esausti e doloranti.**

ক্লান্ত ও বেদনার্ত অবস্থায় তারা নদীর তলদেশে ফিরে আসতেই রাত নেমে এলো।

**Avevano impiegato un giorno intero per percorrere solo un quarto di miglio.**

মাত্র এক-চতুর্থাংশ মাইল অতিক্রম করতে তাদের পুরো দিন লেগেছিল।

**Quando giunsero all'Hootalinqua, Buck era sfinito.**

যখন তারা হুটালিনকোয়ায় পৌঁছালো, তখন বাক ক্লান্ত হয়ে পড়েছিল।

**Anche gli altri cani soffrivano le stesse condizioni del sentiero.**

অন্যান্য কুকুরগুলোও পথের অবস্থায় ঠিক ততটাই খারাপভাবে ভুগছিল।

Ma Perrault aveva bisogno di recuperare tempo e li spingeva avanti giorno dopo giorno.

কিন্তু পেরাল্টের সময় পুনরুদ্ধারের প্রয়োজন ছিল, এবং প্রতিদিনই তা এগিয়ে যেতেন।

Il primo giorno percorsero trenta miglia fino a Big Salmon.

প্রথম দিন তারা ত্রিশ মাইল ভ্রমণ করে বিগ স্যালমনে পৌঁছেছিল।

Il giorno dopo percorsero trentacinque miglia fino a Little Salmon.

পরের দিন তারা পঁয়ত্রিশ মাইল ভ্রমণ করে লিটল স্যামনের উদ্দেশ্যে রওনা দিল।

Il terzo giorno percorsero quaranta miglia ghiacciate.

তৃতীয় দিনে তারা চল্লিশ মাইল দীর্ঘ হিমায়িত পথ অতিক্রম করল।

A quel punto si stavano avvicinando all'insediamento di Five Fingers.

ততক্ষণে, তারা ফাইভ ফিঙ্গার্সের বসতি স্থাপনের কাছাকাছি পৌঁছে গিয়েছিল।


I piedi di Buck erano più morbidi di quelli duri degli husky autoctoni.

বাকের পা দেশি হাস্কির শক্ত পায়ের চেয়ে নরম ছিল।

Le sue zampe erano diventate tenere nel corso di molte generazioni civilizzate.

বহু সভ্য প্রজন্ম ধরে তার থাবা কোমল হয়ে উঠেছে।

Molto tempo fa, i suoi antenati erano stati addomesticati dagli uomini del fiume o dai cacciatori.

অনেক আগে, তার পূর্বপুরুষদের নদীর মানুষ বা শিকারিরা পোষ মানিয়েছিল।

Ogni giorno Buck zoppicava per il dolore, camminando con le zampe screpolate e doloranti.

প্রতিদিন বাক ব্যথায় খুঁড়িয়ে খুঁড়িয়ে হাঁটত, কাঁচা, ব্যথাযুক্ত পায়ের উপর ভর দিয়ে।

**Giunto all'accampamento, Buck cadde come un corpo senza vita sulla neve.**

ক্যাম্পে, বাক তুষারের উপর প্রাণহীন অবস্থায় পড়ে রইল।

**Sebbene fosse affamato, Buck non si alzò per consumare il pasto serale.**

ক্ষুধার্ত থাকা সত্ত্বেও, বাক তার রাতের খাবার খেতে ওঠেনি।

**François portò la sua razione a Buck, mettendogli del pesce vicino al muso.**

ফ্রাঁসোয়া বাককে তার খাবার এনে দিল, তার মুখের কাছে মাছ রাখল।

**Ogni notte l'autista massaggiava i piedi di Buck per mezz'ora.**

প্রতি রাতে ড্রাইভার আধা ঘন্টা ধরে বাকের পা ঘষে।

**François arrivò persino a tagliare i suoi mocassini per farne delle calzature per cani.**

ফ্রাঁসোয়া এমনকি কুকুরের জুতা তৈরির জন্য নিজের মোকাসিন কেটেছিলেন।

**Quattro scarpe calde diedero a Buck un grande e gradito sollievo.**

চারটি উষ্ণ জুতা বাককে দারুণ এবং স্বাগত স্বস্তি দিয়েছে।

**Una mattina François dimenticò le scarpe e Buck si rifiutò di alzarsi.**

একদিন সকালে, ফ্রাঁসোয়া জুতা ভুলে গেল, এবং বাক উঠতে অস্বীকৃতি জানাল।

**Buck giaceva sulla schiena, con i piedi in aria, e li agitava in modo pietoso.**

বাক তার পিঠের উপর শুয়ে ছিল, পা বাতাসে তুলেছিল, করুণার সাথে তাদের নাড়ছিল।

**Persino Perrault sorrise alla vista dell'appello drammatico di Buck.**

বাকের নাটকীয় আবেদন দেখে পেরাল্টও হেসে ফেললেন।

Ben presto i piedi di Buck diventarono duri e le scarpe poterono essere tolte.

শীঘ্রই বাকের পা শক্ত হয়ে গেল, এবং জুতাগুলো ফেলে দেওয়া যেতে পারে।

A Pelly, durante il periodo in cui veniva imbrigliata, Dolly emise un ululato terribile.

পেলিতে, জোতা বাঁধার সময়, ডলি এক ভয়াবহ চিৎকার করে উঠল।

Il grido era lungo e pieno di follia, e fece tremare tutti i cani.

কান্নাটা দীর্ঘ এবং উন্মাদনায় ভরা ছিল, যা প্রতিটি কুকুরকে কাঁপিয়ে দিচ্ছিল।

Ogni cane si rizzava per la paura, senza capirne il motivo.

প্রতিটি কুকুরই কারণ না জেনে ভয়ে কেঁপে উঠল।

Dolly era impazzita e si era scagliata contro Buck.

ডলি রেগে গিয়েছিল এবং সোজা বাকের দিকে ঝাঁপিয়ে পড়ল।

Buck non aveva mai visto la follia, ma l'orrore gli riempì il cuore.

বাক কখনও পাগলামি দেখেনি, কিন্তু তার হৃদয় ভরা ছিল আতঙ্কে।

Senza pensarci due volte, si voltò e fuggì in preda al panico più assoluto.

কোনও চিন্তা না করেই, সে ঘুরে দাঁড়াল এবং চরম আতঙ্কে পালিয়ে গেল।

Dolly lo inseguì, con gli occhi selvaggi e la saliva che le colava dalle fauci.

ডলি তাকে তাড়া করল, তার চোখ দুটো বন্য, তার চোয়াল থেকে লালা ঝরছে।

Si tenne sempre dietro a Buck, senza mai guadagnare terreno e senza mai indietreggiare.

সে বাকের ঠিক পিছনেই ছিল, কখনও লাভ করেনি এবং কখনও পিছিয়ে পড়েনি।

**Buck corse attraverso i boschi, giù per l'isola, sul ghiaccio frastagliato.**

বাক দ্বীপের নিচে, জঙ্গলের মধ্য দিয়ে, খাঁজকাটা বরফের উপর দিয়ে দৌড়ে গেল।

**Attraversò un'isola, poi un'altra, per poi tornare indietro verso il fiume.**

সে একটা দ্বীপ পার হয়ে গেল, তারপর আরেকটা দ্বীপ পার হয়ে, আবার চক্কর দিয়ে নদীর দিকে ফিরে গেল।

**Dolly continuava a inseguirlo, ringhiando sempre più forte a ogni passo.**

তবুও ডলি তাকে তাড়া করছিল, প্রতিটি পদক্ষেপে তার গর্জন পিছনে পিছনে।

**Buck poteva sentire il suo respiro e la sua rabbia, anche se non osava voltarsi indietro.**

বাক তার নিঃশ্বাস এবং রাগ শুনতে পেল, যদিও সে পিছনে ফিরে তাকাতে সাহস পেল না।

**François gridò da lontano e Buck si voltò verso la voce.**

ফ্রাঁসোয়া দূর থেকে চিৎকার করে উঠল, আর বাক কণ্ঠের দিকে মুখ ফিরিয়ে নিল।

**Ancora senza fiato, Buck corse oltre, riponendo ogni speranza in François.**

বাক তখনও হাঁপাতে হাঁপাতে পাশ কাটিয়ে চলে গেল, ফ্রাঁসোয়াকে সব আশা দিয়ে।

**Il conducente del cane sollevò un'ascia e aspettò che Buck gli passasse accanto.**

কুকুরচালক কুড়াল তুলে অপেক্ষা করতে লাগলো যখন বাক পাশ দিয়ে উড়ে গেল।

**L'ascia calò rapidamente e colpì la testa di Dolly con forza mortale.**

কুঠারটি দ্রুত নেমে এসে ডলির মাথায় মারাত্মক জোরে আঘাত করল।

**Buck crollò vicino alla slitta, ansimando e incapace di muoversi.**

বাক স্লেজের কাছে পড়ে গেল, শ্বাসকষ্ট হচ্ছিল এবং নড়াচড়া করতে পারছিল না।

Quel momento diede a Spitz la possibilità di colpire un nemico esausto.

সেই মুহূর্তটি স্পিটজকে ক্লান্ত শত্রুকে আঘাত করার সুযোগ দিয়েছিল।

Morse Buck due volte, strappandogli la carne fino all'osso bianco.

দুবার সে বাককে কামড় দিয়েছিল, মাংস ছিঁড়ে সাদা হাড় পর্যন্ত।

La frusta di François schioccò, colpendo Spitz con tutta la sua forza, con furia.

ফ্রাঁসোয়া'র চাবুক ফেটে গেল, পুরো, প্রচণ্ড শক্তি দিয়ে স্পিটজকে আঘাত করল।

Buck guardò con gioia Spitz mentre riceveva il pestaggio più duro fino a quel momento.

স্পিটজ যখন তার সবচেয়ে কঠোর প্রহারের শিকার হচ্ছিল, তখন বাক আনন্দের সাথে তাকাল।

«È un diavolo, quello Spitz», borbottò Perrault tra sé e sé.

"সে একটা শয়তান, ওই স্পিটজ," পেরাল্ট নিজের মনে বিড়বিড় করে বলল।

"Un giorno o l'altro, quel cane maledetto ucciderà Buck, lo giuro."

"কোন একদিন, সেই অভিশপ্ত কুকুরটি বাককে মেরে ফেলবে—আমি শপথ করছি।"

«Quel Buck ha due diavoli dentro di sé», rispose François annuendo.

"ওই বাকের ভেতরে দুটি শয়তান আছে," ফ্রাঁসোয়া মাথা নাড়িয়ে উত্তর দিল।

"Quando osservo Buck, so che dentro di lui si cela qualcosa di feroce."

"যখন আমি বাককে দেখি, আমি বুঝতে পারি তার মধ্যে ভয়ঙ্কর কিছু অপেক্ষা করছে।"

"Un giorno, si infurierà come il fuoco e farà a pezzi Spitz."

"একদিন, সে আগুনের মতো রেগে যাবে এবং স্পিটজকে টুকরো টুকরো করে ফেলবে।"

"Masticherà quel cane e lo sputerà sulla neve ghiacciata."

"সে কুকুরটিকে চিবিয়ে খাবে এবং জমে থাকা তুষারের উপর থুতু দেবে।"

"Certo, lo so fin nel profondo."

"অবশ্যই, আমি এটা আমার হাড়ের গভীরে জানি।"

Da quel momento in poi, i due cani furono in guerra tra loro.

সেই মুহূর্ত থেকে, দুটি কুকুর যুদ্ধে লিপ্ত হয়।

Spitz guidava la squadra e deteneva il potere, ma Buck lo sfidava.

স্পিটজ দলকে নেতৃত্ব দিয়েছিলেন এবং ক্ষমতা ধরে রেখেছিলেন, কিন্তু বাক তা চ্যালেঞ্জ করেছিলেন।

Spitz si rese conto che il suo rango era minacciato da questo strano straniero del Sud.

স্পিটজ দেখতে পেলেন সাউথল্যান্ডের এই অদ্ভুত অপরিচিত ব্যক্তির দ্বারা তার পদমর্যাদা হুমকির মুখে।

Buck era diverso da tutti i cani del sud che Spitz aveva conosciuto fino ad allora.

বাক ছিল দক্ষিণাঞ্চলের যেকোনো কুকুরের মতো নয় যা স্পিটজ আগে জানত।

La maggior parte di loro fallì: troppo deboli per sopravvivere al freddo e alla fame.

তাদের বেশিরভাগই ব্যর্থ হয়েছিল—ঠান্ডা আর ক্ষুধার মধ্যে বেঁচে থাকার জন্য এত দুর্বল ছিল যে।

Morirono rapidamente a causa del lavoro, del gelo e del lento bruciare della carestia.

প্রসব যন্ত্রণা, তুষারপাত এবং দুর্ভিক্ষের ধীরগতির জ্বালায় তারা দ্রুত মারা গেল।

Buck si distingueva: ogni giorno più forte, più intelligente e più selvaggio.

বাক আলাদা হয়ে দাঁড়ালো—দিন দিন আরও শক্তিশালী, বুদ্ধিমান এবং আরও বর্বর।

Ha prosperato nonostante le difficoltà, crescendo al pari degli husky del nord.

সে কষ্টের মধ্যেও উন্নতি লাভ করেছিল, উত্তরের হাস্কিদের সাথে তাল মিলিয়ে বেড়ে উঠেছিল।

Buck era dotato di forza, abilità straordinaria e un istinto paziente e letale.

বাকের শক্তি, বন্য দক্ষতা এবং ধৈর্যশীল, মারাত্মক প্রবৃত্তি ছিল।

L'uomo con la mazza aveva annientato Buck per fargli perdere la temerarietà.

ক্লাবওয়ালা লোকটি বাকের অহংকার কাটিয়ে উঠেছিল।

La furia cieca se n'era andata, sostituita da un'astuzia silenziosa e dal controllo.

অন্ধ ক্রোধ চলে গেল, তার জায়গায় এসে গেল নীরব চালাকি এবং নিয়ন্ত্রণ।

Attese, calmo e primordiale, in attesa del momento giusto.

সে অপেক্ষা করছিল, শান্ত এবং আদিম, সঠিক মুহূর্তের জন্য অপেক্ষা করছিল।

La loro lotta per il comando divenne inevitabile e chiara.

তাদের কর্তৃত্বের লড়াই অনিবার্য এবং স্পষ্ট হয়ে ওঠে।

Buck desiderava la leadership perché il suo spirito la richiedeva.

বাক নেতৃত্ব চেয়েছিলেন কারণ তার আত্মা এটি দাবি করেছিল।

Era spinto da quello strano orgoglio che nasceva dal sentiero e dall'imbracatura.

ট্রেইল এবং জোতা থেকে জন্ম নেওয়া অদ্ভুত গর্ব তাকে চালিত করেছিল।

Quell'orgoglio faceva sì che i cani tirassero fino a crollare sulla neve.

সেই গর্বের কারণে কুকুরগুলো তুষারের উপর পড়ে যাওয়ার আগ পর্যন্ত টানতে থাকে।

L'orgoglio li spinse a dare tutta la forza che avevano.

অহংকার তাদের সমস্ত শক্তি বিলিয়ে দিতে প্রলুব্ধ করেছিল।

L'orgoglio può trascinare un cane da slitta fino al punto di ucciderlo.

অহংকার একটি স্লেজ-কুকুরকে মৃত্যুর দিকেও ঠেলে দিতে পারে।

Perdere l'imbracatura rendeva i cani deboli e senza scopo.

জোতা হারানোর ফলে কুকুরগুলো ভেঙে পড়ে এবং উদ্দেশ্যহীন হয়ে পড়ে।

Il cuore di un cane da slitta può essere spezzato dalla vergogna quando va in pensione.

একটি স্লেজ-কুকুর যখন অবসর নেয়, তখন লজ্জায় তাদের হৃদয় ভেঙে যেতে পারে।

Dave viveva con questo orgoglio mentre trascinava la slitta da dietro.

ডেভ সেই গর্বের সাথে বেঁচে ছিল যখন সে পিছন থেকে স্লেজটি টেনে নিয়ে যাচ্ছিল।

Anche Solleks diede il massimo con cupa forza e lealtà.

সোলেক্সও তার সর্বস্ব দিয়ে দিয়েছিলেন তীব্র শক্তি এবং আনুগত্যের সাথে।

Ogni mattina l'orgoglio li trasformava da amareggiati a determinati.

প্রতিদিন সকালে, অহংকার তাদের তিক্ততা থেকে দৃঢ়প্রতিজ্ঞ করে তুলত।

Spinsero per tutto il giorno, poi tacquero una volta giunti alla fine dell'accampamento.

তারা সারাদিন ধাক্কাধাক্কি করেছে, তারপর ক্যাম্পের শেষে চুপ করে গেছে।

Quell'orgoglio diede a Spitz la forza di mettere in riga i fannulloni.

সেই গর্ব স্পিটজকে শিরকারদের পরাজিত করে লাইনে দাঁড় করানোর শক্তি দিয়েছিল।

Spitz temeva Buck perché Buck nutriva lo stesso profondo orgoglio.

স্পিটজ বাককে ভয় পেত কারণ বাক একই গভীর অহংকার বহন করত।

L'orgoglio di Buck ora si agitò contro Spitz, ma lui non si fermò.

বাকের গর্ব এখন স্পিটজের উপর জেগে উঠল, এবং সে থামল না।

Buck sfidò il potere di Spitz e gli impedì di punire i cani.

বাক স্পিটজের ক্ষমতাকে অমান্য করে এবং তাকে কুকুরদের শাস্তি দেওয়া থেকে বিরত রাখে।

Quando gli altri fallivano, Buck si frapponeva tra loro e il loro capo.

যখন অন্যরা ব্যর্থ হয়, বাক তাদের এবং তাদের নেতার মাঝখানে চলে আসে।

Lo fece con intenzione, rendendo la sua sfida aperta e chiara.

তিনি উদ্দেশ্যপ্রণোদিতভাবে এটি করেছিলেন, তার চ্যালেঞ্জটি উন্মুক্ত এবং স্পষ্ট করে তুলেছিলেন।

Una notte una forte nevicata coprì il mondo in un profondo silenzio.

এক রাতে ভারী তুষার পৃথিবীকে গভীর নীরবতায় ঢেকে ফেলেছিল।

La mattina dopo, Pike, pigro come sempre, non si alzò per andare al lavoro.

পরের দিন সকালে, পাইক, আগের মতোই অলস, কাজে উঠল না।

Rimase nascosto nel suo nido sotto uno spesso strato di neve.

সে তার বাসায় পুরু তুষারের আস্তরণের নিচে লুকিয়ে রইল।

François gridò e cercò, ma non riuscì a trovare il cane.

ফ্রাঁসোয়া ডাকলেন এবং অনেক খোঁজাখুঁজি করলেন, কিন্তু কুকুরটিকে খুঁজে পেলেন না।

Spitz si infuriò e si scagliò contro l'accampamento coperto di neve.

স্পিটজ রেগে গেল এবং তুষারাবৃত শিবিরের মধ্য দিয়ে ছুটে গেল।

Ringhiò e annusò, scavando freneticamente con gli occhi fiammeggianti.

সে গর্জন করল আর শুঁকে নিল, জ্বলন্ত চোখে পাগলের মতো খুঁড়তে লাগল।

La sua rabbia era così violenta che Pike tremava sotto la neve per la paura.

তার রাগ এতটাই তীব্র ছিল যে পাইক ভয়ে তুষারের নীচে কাঁপতে লাগল।

Quando finalmente Pike fu trovato, Spitz si lanciò per punire il cane nascosto.

অবশেষে যখন পাইককে খুঁজে পাওয়া গেল, তখন স্পিটজ লুকিয়ে থাকা কুকুরটিকে শাস্তি দেওয়ার জন্য ঝাঁপিয়ে পড়ল।

Ma Buck si scagliò tra loro con una furia pari a quella di Spitz.

কিন্তু বাক স্পিটজের মতোই ক্রোধ নিয়ে তাদের মধ্যে ঝগড়া করতে লাগল।

L'attacco fu così improvviso e astuto che Spitz cadde a terra.

আক্রমণটি এতটাই আকস্মিক এবং চতুর ছিল যে স্পিটজ তার পা থেকে পড়ে গেল।

Pike, che tremava, trasse coraggio da questa sfida.

পাইক, যিনি কাঁপছিলেন, এই অবাধ্যতা থেকে সাহস পেলেন।

Seguendo l'audace esempio di Buck, saltò sullo Spitz caduto.

বাকের সাহসী উদাহরণ অনুসরণ করে সে পড়ে যাওয়া স্পিটজের উপর লাফিয়ে পড়ল।

Buck, non più vincolato dall'equità, si unì allo sciopero di Spitz.
বাক, আর ন্যায্যতার দ্বারা আবদ্ধ না হয়ে, স্পিটজের ধর্মঘটে যোগ দিলেন।
François, divertito ma fermo nella disciplina, agitò la sua pesante frusta.
ফ্রাঁসোয়া, মজাদার কিন্তু শৃঙ্খলায় দৃঢ়, তার ভারী চাবুকটি ঘুরিয়ে দিল।
Colpì Buck con tutta la sua forza per interrompere la rissa.
সে তার সমস্ত শক্তি দিয়ে বাককে আঘাত করে লড়াই ভেঙে দেয়।
Buck si rifiutò di muoversi e rimase in groppa al capo caduto.
বাক নড়তে অস্বীকৃতি জানালেন এবং পতিত নেতার উপরেই রইলেন।
François allora usò il manico della frusta e colpì Buck con violenza.
ফ্রাঁসোয়া তখন চাবুকের হাতল ব্যবহার করে বাককে জোরে আঘাত করেন।
Barcollando per il colpo, Buck cadde all'indietro sotto l'assalto.
আঘাতে হতবাক হয়ে, বাক আক্রমণের কবলে পড়ে গেল।
François colpì più volte mentre Spitz puniva Pike.
স্পিটজ যখন পাইককে শাস্তি দিচ্ছিলেন, তখন ফ্রাঁসোয়া বারবার আঘাত করছিলেন।

Passarono i giorni e Dawson City si avvicinava sempre di più.
দিন কেটে গেল, আর ডসন সিটি আরও কাছে আসতে লাগল।
Buck continuava a intromettersi, infilandosi tra Spitz e gli altri cani.

বাক বারবার হস্তক্ষেপ করতে থাকল, স্পিটজ এবং অন্যান্য কুকুরের মাঝখানে পিছলে গেল।

**Sceglieva bene i suoi momenti, aspettando sempre che François se ne andasse.**

সে তার মুহূর্তগুলো ভালোভাবে বেছে নিত, সবসময় ফ্রাঁসোয়া চলে যাওয়ার জন্য অপেক্ষা করত।

**La ribellione silenziosa di Buck si diffuse e il disordine prese piede nella squadra.**

বাকের নীরব বিদ্রোহ ছড়িয়ে পড়ে এবং দলে বিশৃঙ্খলা শিকড় গেড়ে বসে।

**Dave e Solleks rimasero leali, ma altri diventarono indisciplinati.**

ডেভ এবং সোলেক্স অনুগত ছিলেন, কিন্তু অন্যরা অবাধ্য হয়ে ওঠেন।

**La squadra peggiorò: divenne irrequieta, litigiosa e fuori luogo.**

দলটি আরও খারাপ হয়ে উঠল—অস্থির, ঝগড়াটে এবং নিয়মের বাইরে।

**Ormai niente filava liscio e le liti diventavano all'ordine del giorno.**

আর কোনও কিছুই সুষ্ঠুভাবে কাজ করছিল না, এবং মারামারি সাধারণ হয়ে উঠল।

**Buck rimase sempre al centro dei guai, provocando disordini.**

বাক সমস্যার মূলে থেকে গেল, সবসময় অস্থিরতা উস্কে দিত।

**François rimase vigile, temendo la lotta tra Buck e Spitz.**

ফ্রাঁসোয়া সতর্ক ছিলেন, বাক এবং স্পিটজের মধ্যে লড়াইয়ের ভয়ে।

**Ogni notte veniva svegliato da zuffe e temeva che finalmente fosse arrivato l'inizio.**

প্রতি রাতে, ঝগড়া তাকে জাগিয়ে তুলত, ভয় পেত যে অবশেষে শুরুটা এসে গেছে।

Balzò fuori dalla veste, pronto a interrompere la rissa.

সে তার পোশাক থেকে লাফিয়ে পড়ল, লড়াই ভাঙার জন্য প্রস্তুত।

Ma il momento non arrivò mai e alla fine raggiunsero Dawson.

কিন্তু সেই মুহূর্তটি আর আসেনি, এবং অবশেষে তারা ডসনের কাছে পৌঁছেছে।

La squadra entrò in città in un pomeriggio cupo, teso e silenzioso.

দলটি এক বিষণ্ণ বিকেলে শহরে প্রবেশ করল, উত্তেজনাপূর্ণ এবং নীরব।

La grande battaglia per la leadership era ancora sospesa nell'aria gelida.

নেতৃত্বের জন্য মহান লড়াই এখনও স্থির ছিল।

Dawson era piena di uomini e cani da slitta, tutti impegnati nel lavoro.

ডসনে মানুষ আর স্লেজ-কুকুর ছিল, সবাই কাজে ব্যস্ত।

Buck osservava i cani trainare i carichi dalla mattina alla sera.

বাক সকাল থেকে রাত পর্যন্ত কুকুরদের বোঝা টেনে তুলতে দেখত।

Trasportavano tronchi e legna da ardere e spedivano rifornimenti alle miniere.

তারা কাঠ এবং জ্বালানি কাঠ পরিবহন করত, খনিতে সরবরাহ করত।

Nel Southland, dove un tempo lavoravano i cavalli, ora lavoravano i cani.

সাউথল্যান্ডে যেখানে একসময় ঘোড়া কাজ করত, এখন সেখানে কুকুররা কাজ করে।

Buck vide alcuni cani provenienti dal Sud, ma la maggior parte erano husky simili a lupi.

বাক দক্ষিণ থেকে আসা কিছু কুকুর দেখেছিল, কিন্তু বেশিরভাগই ছিল নেকড়ে-সদৃশ ভুসি।

Di notte, puntuali come un orologio, i cani alzavano la voce e cantavano.

রাতে, ঘড়ির কাঁটার মতো, কুকুরগুলো গানের সুরে তাদের কণ্ঠস্বর উচ্চস্বরে তুলত।

Alle nove, a mezzanotte e di nuovo alle tre, il canto cominciò.

নয়টায়, মধ্যরাতে, এবং আবার তিনটায়, গান শুরু হয়।

Buck amava unirsi al loro canto inquietante, selvaggio e antico nel suono.

বাক তাদের অদ্ভুত গানের সাথে যোগ দিতে ভালোবাসত, শব্দে বন্য এবং প্রাচীন।

L'aurora fiammeggiava, le stelle danzavano e la neve ricopriva la terra.

অরোরা জ্বলে উঠল, তারারা নাচল, আর তুষারে ঢাকা পড়ল পৃথিবী।

Il canto dei cani si elevava come un grido contro il silenzio e il freddo pungente.

কুকুরের গান নীরবতা এবং তীব্র ঠান্ডার বিরুদ্ধে আর্তনাদ হিসেবে উঠে এল।

Ma il loro urlo esprimeva tristezza, non sfida, in ogni lunga nota.

কিন্তু তাদের আর্তনাদ প্রতিটি লম্বা সুরে অবাধ্যতা নয়, দুঃখ ধারণ করেছিল।

Ogni lamento era pieno di supplica: il peso stesso della vita.

প্রতিটি কান্না ছিল অনুনয়-বিনয়ে পরিপূর্ণ; জীবনের বোঝা।

Quella canzone era vecchia, più vecchia delle città e più vecchia degli incendi

সেই গানটি পুরনো ছিল—শহরের চেয়েও পুরনো, আগুনের চেয়েও পুরনো

Quel canto era più antico perfino delle voci degli uomini.

সেই গানটি মানুষের কণ্ঠের চেয়েও প্রাচীন ছিল।

Era una canzone del mondo dei giovani, quando tutte le canzoni erano tristi.

এটি ছিল তরুণ জগতের একটি গান, যখন সব গানই ছিল বিষণ্ণ।

La canzone porta con sé il dolore di innumerevoli generazioni di cani.

গানটি অসংখ্য প্রজন্মের কুকুরের দুঃখ বহন করেছিল।

Buck percepì profondamente la melodia, gemendo per un dolore radicato nei secoli.

বাক সুরটি গভীরভাবে অনুভব করলেন, যুগ যুগ ধরে প্রোথিত যন্ত্রণায় কাতরাতে কাতরাতে।

Singhiozzava per un dolore antico quanto il sangue selvaggio nelle sue vene.

তার শিরায় বন্য রক্তের মতো পুরনো শোকে সে কেঁদে উঠল।

Il freddo, l'oscurità e il mistero toccarono l'anima di Buck.

ঠান্ডা, অন্ধকার, আর রহস্য বাকের আত্মাকে স্পর্শ করল।

Quella canzone dimostrava quanto Buck fosse tornato alle sue origini.

সেই গানটি প্রমাণ করেছিল যে বাক তার উৎপত্তিস্থলে কতটা ফিরে এসেছিলেন।

Tra la neve e gli ululati aveva trovato l'inizio della sua vita.

তুষার আর আর্তনাদ ভেদ করে সে তার নিজের জীবনের সূচনা খুঁজে পেয়েছিল।


Sette giorni dopo l'arrivo a Dawson, ripartirono.

ডসনে পৌঁছানোর সাত দিন পর, তারা আবার রওনা দিল।

La squadra si è lanciata dalla caserma fino allo Yukon Trail.

দলটি ব্যারাক থেকে ইউকন ট্রেইলে নেমে গেল।

Iniziarono il viaggio di ritorno verso Dyea e Salt Water.

তারা ডাইয়া এবং লবণাক্ত জলের দিকে ফিরে যাত্রা শুরু করল।

Perrault trasmise dispacci ancora più urgenti di prima.

পেরোল আগের চেয়েও বেশি জরুরি বার্তা পাঠাতেন।

Era anche preso dall'orgoglio per la corsa e puntava a stabilire un record.

তিনি ট্রেইল প্রাইডে আচ্ছন্ন হয়ে পড়েছিলেন এবং একটি রেকর্ড গড়ার লক্ষ্যে ছিলেন।

Questa volta Perrault aveva diversi vantaggi.

এবার, বেশ কিছু সুবিধা পেরাল্টের পক্ষে ছিল।

I cani avevano riposato per un'intera settimana e avevano ripreso le forze.

কুকুরগুলো পুরো এক সপ্তাহ বিশ্রাম নিয়েছিল এবং তাদের শক্তি ফিরে পেয়েছিল।

La pista che avevano tracciato era ora battuta da altri.

তারা যে পথটি ভেঙে ফেলেছিল তা এখন অন্যদের দ্বারা শক্ত হয়ে গেছে।

In alcuni punti la polizia aveva immagazzinato cibo sia per i cani che per gli uomini.

কোথাও কোথাও পুলিশ কুকুর এবং পুরুষ উভয়ের জন্যই খাবার মজুদ করেছিল।

Perrault viaggiava leggero, si muoveva velocemente e aveva poco a cui aggrapparsi.

পেরাল্ট হালকা ভ্রমণ করতেন, খুব দ্রুত চলতেন, কিন্তু তাকে চাপে রাখার মতো খুব কম জিনিস ছিল।

La prima sera raggiunsero la Sixty-Mile, una corsa lunga 50 miglia.

প্রথম রাতের মধ্যেই তারা পঞ্চাশ মাইল দৌড়ে ষাট মাইল দৌড়ে পৌঁছে গেল।

Il secondo giorno risalirono rapidamente lo Yukon in direzione di Pelly.

দ্বিতীয় দিনে, তারা ইউকন ধরে পেলির দিকে দ্রুত এগিয়ে গেল।

Ma questi grandi progressi comportarono anche molta fatica per François.

কিন্তু এত সূক্ষ্ম অগ্রগতি ফ্রাঁসোয়াদের জন্য অনেক চাপের সাথে এসেছিল।

La ribellione silenziosa di Buck aveva infranto la disciplina della squadra.

বাকের নীরব বিদ্রোহ দলের শৃঙ্খলা ভেঙে দিয়েছিল।

Non si univano più come un'unica bestia al comando.

তারা আর লাগাম ধরে থাকা এক পশুর মতো একসাথে টানছিল না।

Buck aveva spinto altri alla sfida con il suo coraggioso esempio.

বাক তার সাহসী উদাহরণের মাধ্যমে অন্যদেরকে অবাধ্যতার দিকে ঠেলে দিয়েছিলেন।

L'ordine di Spitz non veniva più accolto con timore o rispetto.

স্পিটজের আদেশ আর ভয় বা শ্রদ্ধার সাথে পূরণ করা হয়নি।

Gli altri persero ogni timore reverenziale nei suoi confronti e osarono opporsi al suo governo.

অন্যরা তার প্রতি তাদের বিস্ময় হারিয়ে ফেলে এবং তার শাসন প্রতিরোধ করার সাহস করে।

Una notte, Pike rubò mezzo pesce e lo mangiò sotto gli occhi di Buck.

এক রাতে, পাইক অর্ধেক মাছ চুরি করে বাকের চোখের সামনে দিয়ে খেয়ে ফেলল।

Un'altra notte, Dub e Joe combatterono contro Spitz e rimasero impuniti.

আরেক রাতে, ডাব এবং জো স্পিটজের সাথে লড়াই করেছিল এবং শাস্তি ছাড়াই রয়ে গিয়েছিল।

Anche Billee gemette meno dolcemente e mostrò una nuova acutezza.

এমনকি বিলিও কম মিষ্টি করে কাঁদল এবং নতুন তীক্ষ্ণতা দেখাল।

Buck ringhiava a Spitz ogni volta che si incrociavano.

স্পিটজ যখনই রাস্তা পার হতো, বাক তখনই তাকে বকবক করত।

**L'atteggiamento di Buck divenne audace e minaccioso, quasi come quello di un bullo.**

বাকের মনোভাব সাহসী এবং হুমকিস্বরূপ হয়ে উঠল, প্রায় একজন ধর্ষকের মতো।

**Camminava avanti e indietro davanti a Spitz con un'andatura spavalda e piena di minaccia beffarda.**

সে স্পিটজের সামনে দৌড়ে গেল, ঠাট্টা-বিদ্রুপে ভরা।

**Questo crollo dell'ordine si diffuse anche tra i cani da slitta.**

সেই শৃঙ্খলার পতন স্লেজ-কুকুরদের মধ্যেও ছড়িয়ে পড়ে।

**Litigarono e discussero più che mai, riempiendo l'accampamento di rumore.**

তারা আগের চেয়েও বেশি মারামারি এবং তর্ক শুরু করে, পুরো ক্যাম্প কোলাহলে ভরে যায়।

**Ogni notte la vita nel campeggio si trasformava in un caos selvaggio e ululante.**

ক্যাম্পের জীবন প্রতি রাতে এক বন্য, চিৎকার-চেঁচামেচিপূর্ণ বিশৃঙ্খলায় পরিণত হয়েছিল।

**Solo Dave e Solleks rimasero fermi e concentrati.**

কেবল ডেভ এবং সোলেক্সই স্থির এবং মনোযোগী ছিলেন।

**Ma anche loro diventarono irascibili a causa delle continue risse.**

কিন্তু ক্রমাগত ঝগড়ার কারণে তারাও রেগে গেল।

**François imprecò in lingue strane e batté i piedi per la frustrazione.**

ফ্রাঁসোয়া অদ্ভুত ভাষায় অভিশাপ দিলেন এবং হতাশায় পা টিপে ধরলেন।

**Si strappò i capelli e urlò mentre la neve gli volava sotto i piedi.**

পায়ের তলা দিয়ে তুষার উড়ে যাওয়ার সময় সে তার চুল ছিঁড়ে চিৎকার করে উঠল।

**La sua frusta schioccò contro il gruppo, ma a malapena riuscì a tenerli in riga.**

তার চাবুকটি দলটির উপর দিয়ে ঝাঁপিয়ে পড়ল কিন্তু তাদের সবেমাত্র লাইনে রাখতে পারল না।

**Ogni volta che voltava le spalle, la lotta ricominciava.**

যখনই তার পিঠ ঘুরিয়ে দেওয়া হতো, আবার লড়াই শুরু হতো।

**François usò la frusta per Spitz, mentre Buck guidava i ribelli.**

ফ্রাঁসোয়া স্পিটজের জন্য দোররা ব্যবহার করেছিলেন, যখন বাক বিদ্রোহীদের নেতৃত্ব দিয়েছিলেন।

**Ognuno conosceva il ruolo dell'altro, ma Buck evitava di addossare ogni colpa.**

প্রত্যেকেই একে অপরের ভূমিকা জানত, কিন্তু বাক কোনও দোষ এড়িয়ে গেল।

**François non ha mai colto Buck mentre iniziava una rissa o si sottraeva al suo lavoro.**

ফ্রাঁসোয়া কখনোই বাককে ঝগড়া শুরু করতে বা তার কাজ এড়িয়ে যেতে দেখেননি।

**Buck lavorava duramente ai finimenti: la fatica ora gli dava entusiasmo.**

বাক জোতায় কঠোর পরিশ্রম করত—শ্রম এখন তার মনোবলকে রোমাঞ্চিত করছিল।

**Ma trovava ancora più gioia nel fomentare risse e caos nell'accampamento.**

কিন্তু ক্যাম্পে মারামারি এবং বিশৃঙ্খলা সৃষ্টি করার মধ্যে সে আরও বেশি আনন্দ খুঁজে পেত।

**Una sera, alla foce del Tahkeena, Dub spaventò un coniglio.**

এক সন্ধ্যায় তাহকিনার মুখে, ডাব একটি খরগোশকে চমকে দিল।

**Mancò la presa e il coniglio con la racchetta da neve balzò via.**

সে ধরা মিস করল, আর স্নোশু খরগোশটা লাফিয়ে পালিয়ে গেল।

Nel giro di pochi secondi, l'intera squadra di slitte si lanciò all'inseguimento, gridando a squarciagola.

কয়েক সেকেন্ডের মধ্যেই, পুরো স্লেজ দলটি বন্য চিৎকার দিয়ে তাড়া করে।

Nelle vicinanze, un accampamento della polizia del nord-ovest ospitava cinquanta cani husky.

কাছাকাছি, একটি উত্তর–পশ্চিম পুলিশ ক্যাম্পে পঞ্চাশটি ভুষি কুকুর ছিল।

Si unirono alla caccia, scendendo insieme il fiume ghiacciato.

তারা শিকারে যোগ দিল, একসাথে হিমায়িত নদীর ধারে লাফিয়ে লাফিয়ে নেমে গেল।

Il coniglio lasciò il fiume e fuggì lungo il letto ghiacciato di un ruscello.

খরগোশটি নদী ছেড়ে বরফের মতো খালের ধারে পালিয়ে গেল।

Il coniglio saltellava leggero sulla neve mentre i cani si facevano strada a fatica.

কুকুরগুলো যখন তুষারের উপর দিয়ে লড়াই করছিল, তখন খরগোশটি তুষারের উপর দিয়ে হালকা লাফিয়ে

Buck guidava l'enorme branco di sessanta cani attorno a ogni curva tortuosa.

বাক প্রতিটি বাঁকের চারপাশে ষাটটি কুকুরের বিশাল দলকে নেতৃত্ব দিচ্ছিল।

Si spinse in avanti, basso e impaziente, ma non riuscì a guadagnare terreno.

সে সামনের দিকে এগিয়ে গেল, নিচু স্বরে এবং উৎসুকভাবে, কিন্তু স্থির থাকতে পারল না।

Il suo corpo brillava sotto la pallida luna a ogni potente balzo.

প্রতিটি শক্তিশালী লাফের সাথে ফ্যাকাশে চাঁদের নীচে তার শরীর ঝলমল করছিল।

Davanti a loro, il coniglio si muoveva come un fantasma, silenzioso e troppo veloce per essere catturato.

সামনের দিকে, খরগোশটি ভূতের মতো এগিয়ে চলল, নীরব এবং ধরার জন্য খুব দ্রুত।

Tutti quei vecchi istinti, la fame, l'eccitazione, attraversarono Buck.

সেই সমস্ত পুরনো প্রবৃত্তি—ক্ষুধা, রোমাঞ্চ—বাকের মধ্যে ছুটে গেল।

A volte gli esseri umani avvertono questo istinto e sono spinti a cacciare con armi da fuoco e proiettili.

মানুষ মাঝে মাঝে এই প্রবৃত্তি অনুভব করে, বন্দুক এবং গুলি নিয়ে শিকার করতে প্ররোচিত হয়।

Ma Buck provava questa sensazione a un livello più profondo e personale.

কিন্তু বাক এই অনুভূতিটি আরও গভীর এবং ব্যক্তিগত স্তরে অনুভব করেছিলেন।

Non riuscivano a percepire la natura selvaggia nel loro sangue come Buck.

বাক যেভাবে অনুভব করতে পেরেছিল, তারা তাদের রক্তের মধ্যে বন্যতা অনুভব করতে পারেনি।

Inseguiva la carne viva, pronto a uccidere con i denti e ad assaggiare il sangue.

সে জীবন্ত মাংসের পিছনে ছুটছিল, দাঁত দিয়ে হত্যা করতে এবং রক্তের স্বাদ নিতে প্রস্তুত ছিল।

Il suo corpo si tendeva per la gioia, desiderando immergersi nel caldo rosso della vita.

তার শরীর আনন্দে কেঁপে উঠল, উষ্ণ লাল জীবনে স্নান করতে চাইল।

Una strana gioia segna il punto più alto che la vita possa mai raggiungere.

এক অদ্ভুত আনন্দ জীবনের সর্বোচ্চ বিন্দুতে পৌঁছাতে পারে।

La sensazione di raggiungere un picco in cui i vivi dimenticano di essere vivi.

এমন এক শিখরের অনুভূতি যেখানে জীবিতরা ভুলে যায় যে তারা বেঁচে আছে।

Questa gioia profonda tocca l'artista immerso in un'ispirazione ardente.

এই গভীর আনন্দ জ্বলন্ত অনুপ্রেরণায় হারিয়ে যাওয়া শিল্পীকে স্পর্শ করে।

Questa gioia afferra il soldato che combatte selvaggiamente e non risparmia alcun nemico.

এই আনন্দ সেই সৈনিককে আকৃষ্ট করে যে বর্বরভাবে লড়াই করে এবং কোনও শত্রুকে রেহাই দেয় না।

Questa gioia ora colpì Buck mentre guidava il branco in preda alla fame primordiale.

এই আনন্দ এখন বাককে দাবি করে, যখন সে আদিম ক্ষুধার মধ্যে দলকে নেতৃত্ব দিচ্ছিল।

Ululò con l'antico grido del lupo, emozionato per l'inseguimento.

জীবন্ত তাড়া দেখে রোমাঞ্চিত হয়ে সে প্রাচীন নেকড়েদের ডাকে চিৎকার করে উঠল।

Buck fece appello alla parte più antica di sé, persa nella natura selvaggia.

বাক নিজের সবচেয়ে পুরনো অংশে টোকা দিল, বনের মধ্যে হারিয়ে গেল।

Scavò in profondità dentro di sé, oltre la memoria, fino al tempo grezzo e antico.

সে অতীত স্মৃতির গভীরে, কাঁচা, প্রাচীন সময়ে পৌঁছে গেল।

Un'ondata di vita pura pervase ogni muscolo e tendine.

প্রতিটি পেশী এবং টেন্ডনের মধ্য দিয়ে বিশুদ্ধ জীবনের এক ঢেউ বয়ে গেল।

Ogni salto gridava che viveva, che attraversava la morte.

প্রতিটি লাফ চিৎকার করে বলছিল যে সে বেঁচে আছে, মৃত্যুর মধ্য দিয়ে গেছে।

**Il suo corpo si librava gioioso su una terra immobile e fredda che non si muoveva mai.**

তার শরীর আনন্দে উড়ে গেল শান্ত, ঠান্ডা জমির উপর যা কখনও নড়েনি।

**Spitz rimase freddo e astuto anche nei suoi momenti più selvaggi.**

স্পিটজ তার সবচেয়ে বর্বর মুহূর্তগুলিতেও ঠান্ডা এবং ধূর্ত ছিলেন।

**Lasciò il sentiero e attraversò un terreno dove il torrente formava una curva ampia.**

সে পথ ছেড়ে সেই জমি পার হল যেখানে খালটি বাঁকা হয়ে প্রশস্ত ছিল।

**Buck, ignaro di ciò, rimase sul sentiero tortuoso del coniglio.**

বাক, এই বিষয়ে অজান্তেই, খরগোশের আঁকাবাঁকা পথেই রইল।

**Poi, mentre Buck svoltava dietro una curva, il coniglio spettrale si trovò davanti a lui.**

তারপর, বাক যখন একটা বাঁক ঘুরিয়ে ঘুরিয়ে এগিয়ে গেল, তখন ভূতের মতো খরগোশটি তার সামনে এসে দাঁড়াল।

**Vide una seconda figura balzare dalla riva precedendo la preda.**

সে দেখতে পেল শিকারের সামনে থেকে দ্বিতীয় একটি চিত্র তীর থেকে লাফিয়ে উঠছে।

**La figura era Spitz, atterrato proprio sulla traiettoria del coniglio in fuga.**

সেই মূর্তিটি ছিল স্পিটজ, পালিয়ে যাওয়া খরগোশের পথেই অবতরণ করছিল।

**Il coniglio non riuscì a girarsi e incontrò le fauci di Spitz a mezz'aria.**

খরগোশটি আর ঘুরে দাঁড়াতে পারল না এবং মাঝ আকাশে স্পিটজের চোয়ালে আঘাত করল।

La spina dorsale del coniglio si spezzò con un grido acuto come il grido di un essere umano morente.
খরগোশের মেরুদণ্ড ভেঙে গেল, মৃতপ্রায় মানুষের কান্নার মতো তীব্র চিৎকারে।
A quel suono, il passaggio dalla vita alla morte, il branco ululò forte.
জীবন থেকে মৃত্যুর দিকে পতনের সেই শব্দে, দলটি জোরে চিৎকার করে উঠল।
Un coro selvaggio si levò da dietro Buck, pieno di oscura gioia.
বাকের পেছন থেকে একটা বর্বর কোরাস ভেসে এলো, অন্ধকার আনন্দে ভরা।
Buck non emise alcun grido, nessun suono e si lanciò dritto verso Spitz.
বাক কোন চিৎকার করল না, কোন শব্দ করল না, এবং সোজা স্পিটজের উপর ঝাঁপিয়ে পড়ল।
Mirò alla gola, ma colpì invece la spalla.
সে গলার দিকে তাক করল, কিন্তু তার বদলে কাঁধে আঘাত করল।
Caddero nella neve soffice, i loro corpi erano intrappolati in un combattimento.
তারা নরম তুষার ভেদ করে গড়িয়ে পড়ল; তাদের দেহ যুদ্ধে আটকে গেল।
Spitz balzò in piedi rapidamente, come se non fosse mai stato atterrato.
স্পিটজ দ্রুত লাফিয়ে উঠল, যেন কখনও পড়ে যায়নি।
Colpì Buck alla spalla e poi balzò fuori dalla mischia.
সে বাকের কাঁধ কেটে ফেলল, তারপর লড়াই থেকে লাফিয়ে বেরিয়ে গেল।
Per due volte i suoi denti schioccarono come trappole d'acciaio, e le sue labbra si arricciarono e si fecero feroci.
দুবার তার দাঁত ইস্পাতের ফাঁদের মতো ভেঙে পড়ল, ঠোঁট কুঁচকে গেল এবং হিংস্র হয়ে উঠল।

Arretrò lentamente, cercando un terreno solido sotto i piedi.

সে ধীরে ধীরে পিছিয়ে গেল, পায়ের তলায় শক্ত মাটি খুঁজতে।

Buck comprese il momento all'istante e pienamente.

বাক তাৎক্ষণিকভাবে এবং সম্পূর্ণরূপে মুহূর্তটি বুঝতে পারলেন।

Il momento era giunto: la lotta sarebbe stata una lotta all'ultimo sangue.

সময় এসে গেছে; লড়াইটা হবে মৃত্যু পর্যন্ত লড়াই।

I due cani giravano in cerchio, ringhiando, con le orecchie piatte e gli occhi socchiusi.

কুকুর দুটি চক্কর দিচ্ছিল, গর্জন করছিল, কান সমতল, চোখ সরু।

Ogni cane aspettava che l'altro mostrasse debolezza o facesse un passo falso.

প্রতিটি কুকুর অন্যটির দুর্বলতা বা ভুল দেখানোর জন্য অপেক্ষা করছিল।

Buck percepiva quella scena come stranamente nota e profondamente ricordata.

বাকের কাছে দৃশ্যটি অদ্ভুতভাবে পরিচিত এবং গভীরভাবে স্মরণীয় মনে হয়েছিল।

I boschi bianchi, la terra fredda, la battaglia al chiaro di luna.

সাদা বন, ঠান্ডা মাটি, চাঁদের আলোয় যুদ্ধ।

Un silenzio pesante, profondo e innaturale riempiva la terra.

একটা ভারী নীরবতা পুরো দেশ জুড়ে, গভীর এবং অস্বাভাবিক।

Nessun vento si alzava, nessuna foglia si muoveva, nessun suono rompeva il silenzio.

কোন বাতাস নড়েনি, কোন পাতা নড়েনি, কোন শব্দও সেই নীরবতা ভাঙেনি।

Il respiro dei cani si levava come fumo nell'aria gelida e silenziosa.

হিমায়িত, শান্ত বাতাসে কুকুরের নিঃশ্বাস ধোঁয়ার মতো উপরে উঠছিল।

Il coniglio era stato dimenticato da tempo dal branco di animali selvatici.

বন্য পশুদের দল খরগোশটিকে অনেক আগেই ভুলে গিয়েছিল।

Questi lupi semiaddomesticati ora stavano fermi in un ampio cerchio.

এই অর্ধ-নিয়ন্ত্রিত নেকড়েরা এখন একটি বিস্তৃত বৃত্তে স্থির হয়ে দাঁড়িয়ে আছে।

Erano silenziosi, solo i loro occhi luminosi rivelavano la loro fame.

তারা চুপচাপ ছিল, কেবল তাদের জ্বলন্ত চোখ তাদের ক্ষুধা প্রকাশ করছিল।

Il loro respiro saliva, mentre osservavano l'inizio dello scontro finale.

চূড়ান্ত লড়াই শুরু হতে দেখে তাদের নিঃশ্বাস উপরের দিকে ভেসে উঠল।

Per Buck questa battaglia era vecchia e attesa, per niente strana.

বাকের কাছে, এই যুদ্ধটি পুরনো এবং প্রত্যাশিত ছিল, মোটেও অদ্ভুত নয়।

Era come il ricordo di qualcosa che doveva accadere da sempre.

এটা এমন একটা স্মৃতির মতো মনে হচ্ছিল যা সবসময় ঘটবে।

Spitz era un cane da combattimento addestrato, affinato da innumerevoli risse selvagge.

স্পিটজ ছিল একজন প্রশিক্ষিত যোদ্ধা কুকুর, যা অসংখ্য বন্য ঝগড়ার শিকার হয়েছিল।

Dallo Spitzbergen al Canada, aveva sconfitto molti nemici.

স্পিটজবার্গেন থেকে কানাডা পর্যন্ত, তিনি অনেক শত্রুকে পরাজিত করেছিলেন।

Era pieno di rabbia, ma non cedette mai il controllo alla rabbia.

তিনি ক্রোধে ভরা ছিলেন, কিন্তু কখনও রাগ নিয়ন্ত্রণ করেননি।

La sua passione era acuta, ma sempre temperata dal duro istinto.

তার আবেগ ছিল তীক্ষ্ণ, কিন্তু সর্বদা কঠোর প্রবৃত্তি দ্বারা দমিত।

Non ha mai attaccato finché non ha avuto la sua difesa pronta.

নিজের প্রতিরক্ষা ঠিক না হওয়া পর্যন্ত তিনি কখনও আক্রমণ করেননি।

Buck provò più volte a raggiungere il collo vulnerabile di Spitz.

বাক বারবার স্পিটজের দুর্বল ঘাড়ে পৌঁছানোর চেষ্টা করল।

Ma ogni colpo veniva accolto da un fendente dei denti affilati di Spitz.

কিন্তু প্রতিটি আঘাতই স্পিটজের ধারালো দাঁতের আঘাতে ঘটত।

Le loro zanne si scontrarono ed entrambi i cani sanguinarono dalle labbra lacerate.

তাদের দাঁতগুলো সংঘর্ষে লিপ্ত হলো, এবং দুটি কুকুরের ঠোঁট ছিঁড়ে রক্ত ঝরতে লাগল।

Nonostante i suoi sforzi, Buck non riusciva a rompere la difesa.

বাক যতই লাফালাফি করুক না কেন, সে প্রতিরক্ষা ভাঙতে পারেনি।

Divenne sempre più furioso e si lanciò verso di lui con violente esplosioni di potenza.

সে আরও রেগে গেল, তীব্র শক্তির সাথে ছুটে গেল।

Buck colpì ripetutamente la bianca gola di Spitz.

বারবার, বাক স্পিটজের সাদা গলায় আঘাত করলো।

Ogni volta Spitz schivava e contrattaccava con un morso tagliente.

প্রতিবারই স্পিটজ এড়িয়ে যেত এবং একটা কাটা কামড় দিয়ে পাল্টা আঘাত করত।

Poi Buck cambiò tattica, avventandosi di nuovo come se volesse colpirlo alla gola.

তারপর বাক কৌশল বদলালো, যেন আবার গলার দিকে ছুটে গেল।

Ma a metà attacco si è ritirato, girandosi per colpire di lato.

কিন্তু সে আক্রমণের মাঝপথে ফিরে আসে, পাশ থেকে স্ট্রাইকে মোড় নেয়।

Colpì Spitz con una spallata, con l'intento di buttarlo a terra.

সে স্পিটজকে ছিটকে ফেলার লক্ষ্যে তার কাঁধ ছুঁড়ে মারল।

Ogni volta che ci provava, Spitz lo schivava e rispondeva con un fendente.

প্রতিবার চেষ্টা করার সময়, স্পিটজ এড়িয়ে যেত এবং এক লাঠি দিয়ে পাল্টা আক্রমণ করত।

La spalla di Buck si faceva scorticare mentre Spitz si liberava dopo ogni colpo.

প্রতিটি আঘাতের পর স্পিটজ যখন লাফিয়ে লাফিয়ে বেরিয়ে আসছিলেন, তখন বাকের কাঁধে ব্যথা হচ্ছিল।

Spitz non era stato toccato, mentre Buck sanguinava dalle numerose ferite.

স্পিটজকে স্পর্শ করা হয়নি, আর বাক অনেক ক্ষত থেকে রক্তক্ষরণ করছিল।

Il respiro di Buck era affannoso e pesante, il suo corpo era viscido di sangue.

বাকের নিঃশ্বাস দ্রুত এবং ভারী হয়ে উঠল, তার শরীর রক্তে ভিজে গেল।

La lotta diventava più brutale a ogni morso e carica.

প্রতিটি কামড় এবং আক্রমণের সাথে সাথে লড়াই আরও নিষ্ঠুর হয়ে ওঠে।

Attorno a loro, sessanta cani silenziosi aspettavano che il primo cadesse.

তাদের চারপাশে, ষাটটি নীরব কুকুর প্রথমটি পড়ার জন্য অপেক্ষা করছিল।

Se un cane fosse caduto, il branco avrebbe posto fine alla lotta.

যদি একটি কুকুর পড়ে যায়, তাহলে দলটি লড়াই শেষ করে দেবে।

Spitz vide Buck indebolirsi e cominciò ad attaccare.

স্পিটজ বাককে দুর্বল হতে দেখলেন, এবং আক্রমণে চাপ দিতে শুরু করলেন।

Mantenne Buck sbilanciato, costringendolo a lottare per restare in piedi.

সে বাককে ভারসাম্যহীন করে রেখেছিল, তাকে পা রাখার জন্য লড়াই করতে বাধ্য করেছিল।

Una volta Buck inciampò e cadde, e tutti i cani si rialzarono.

একবার বাক হোঁচট খেয়ে পড়ে গেল, আর সব কুকুর উঠে পড়ল।

Ma Buck si raddrizzò a metà caduta e tutti ricaddero.

কিন্তু বাক শরতের মাঝামাঝি নিজেকে ঠিক করে নিল, এবং সবাই আবার ডুবে গেল।

Buck aveva qualcosa di raro: un'immaginazione nata da un profondo istinto.

বাকের কিছু বিরল ছিল—গভীর প্রবৃত্তি থেকে জন্ম নেওয়া কল্পনা।

Combatté per istinto naturale, ma combatté anche con astuzia.

তিনি স্বাভাবিকভাবেই লড়াই করেছিলেন, কিন্তু তিনি ধূর্ততার সাথেও লড়াই করেছিলেন।

Tornò ad attaccare come se volesse ripetere il trucco dell'attacco alla spalla.

সে আবার আক্রমণ করল যেন তার কাঁধে আক্রমণের কৌশলটি পুনরাবৃত্তি করছে।

Ma all'ultimo secondo si abbassò e passò sotto Spitz.

কিন্তু শেষ মুহূর্তে, সে নীচে নেমে স্পিটজের নিচে নেমে গেল।

I suoi denti si bloccarono sulla zampa anteriore sinistra di Spitz con uno schiocco.

স্পিটজের সামনের বাম পায়ে এক ধাক্কায় তার দাঁত আটকে গেল।

Spitz ora era instabile e il suo peso gravava solo su tre zampe.

স্পিটজ এখন অস্থিরভাবে দাঁড়িয়ে আছে, তার ওজন মাত্র তিনটি পায়ে।

Buck colpì di nuovo e tentò tre volte di atterrarlo.

বাক আবার আঘাত করল, তিনবার চেষ্টা করল তাকে নামানোর জন্য।

Al quarto tentativo ha usato la stessa mossa con successo

চতুর্থ প্রচেষ্টায় তিনি একই চাল ব্যবহার করে সফল হন।

Questa volta Buck riuscì a mordere la zampa destra di Spitz.

এবার বাক স্পিটজের ডান পা কামড়ে ধরতে সক্ষম হল।

Spitz, benché storpio e in agonia, continuò a lottare per sopravvivere.

স্পিটজ, যদিও পঙ্গু এবং যন্ত্রণায় ভুগছিলেন, তবুও বেঁচে থাকার জন্য সংগ্রাম চালিয়ে যাচ্ছিলেন।

Vide il cerchio degli husky stringersi, con le lingue fuori e gli occhi luminosi.

সে দেখতে পেল ভুষির বৃত্তটি শক্ত হয়ে গেছে, জিভ বের করে আনা হয়েছে, চোখ জ্বলছে।

Aspettarono di divorarlo, proprio come avevano fatto con gli altri.

তারা তাকে গ্রাস করার জন্য অপেক্ষা করছিল, ঠিক যেমন তারা অন্যদের সাথে করেছিল।

Questa volta era lui al centro, sconfitto e condannato.

এবার, তিনি কেন্দ্রে দাঁড়িয়েছিলেন; পরাজিত এবং ধ্বংসপ্রাপ্ত।

Ormai il cane bianco non aveva più alcuna possibilità di fuga.

সাদা কুকুরটির জন্য এখন পালানোর আর কোন বিকল্প ছিল না।

Buck non mostrò alcuna pietà, perché la pietà non era a posto nella natura selvaggia.

বাক কোন করুণা দেখায়নি, কারণ করুণা বন্যের অধিকারে ছিল না।

Buck si mosse con cautela, preparandosi per la carica finale.

বাক সাবধানে নড়াচড়া করল, চূড়ান্ত চার্জের জন্য প্রস্তুত হল।

Il cerchio degli husky si stringeva; lui sentiva i loro respiri caldi.

হাস্কির বৃত্তটি বন্ধ হয়ে গেল; সে তাদের উষ্ণ নিঃশ্বাস অনুভব করল।

Si accovacciarono, pronti a scattare quando fosse giunto il momento.

তারা নিচু হয়ে বসন্তের জন্য প্রস্তুত ছিল, যখন মুহূর্তটি আসবে।

Spitz tremava nella neve, ringhiando e cambiando posizione.

স্পিটজ তুষারে কাঁপতে লাগলো, ঘেউ ঘেউ করে তার অবস্থান পরিবর্তন করলো।

I suoi occhi brillavano, le labbra si arricciavano, i denti brillavano in un'espressione disperata e minacciosa.

তার চোখ জ্বলজ্বল করছিল, ঠোঁট কুঁচকে যাচ্ছিল, মরিয়া হুমকিতে দাঁত ঝিকিমিকি করছিল।

Barcollò, cercando ancora di resistere al freddo morso della morte.

সে টলমল করে উঠল, মৃত্যুর ঠান্ডা কামড় আটকানোর চেষ্টা করছিল।

Aveva già visto situazioni simili, ma sempre dalla parte dei vincitori.

সে এটা আগেও দেখেছে, কিন্তু সবসময় বিজয়ী পক্ষ থেকে।

Ora era dalla parte perdente; lo sconfitto; la preda; la morte.

এখন সে হেরে যাওয়ার পক্ষে ছিল; পরাজিত; শিকার; মৃত্যু।

Buck si preparò al colpo finale, mentre il cerchio dei cani si faceva sempre più stretto.

বাক শেষ আঘাতের জন্য চক্কর দিল, কুকুরের দলটি আরও কাছে এসে দাঁড়াল।

Poteva sentire i loro respiri caldi; erano pronti a uccidere.

সে তাদের গরম নিঃশ্বাস অনুভব করতে পারছিল; হত্যার জন্য প্রস্তুত।

Calò il silenzio; tutto era al suo posto; il tempo si era fermato.

একটা নীরবতা নেমে এলো; সবকিছু তার জায়গায় ছিল; সময় থেমে গেছে।

Persino l'aria fredda tra loro si congelò per un ultimo istante.

এমনকি তাদের মধ্যেকার ঠান্ডা বাতাসও শেষ মুহূর্তের জন্য স্থবির হয়ে গেল।

Soltanto Spitz si mosse, cercando di trattenere la sua fine amara.

কেবল স্পিটজ নড়েচড়ে বসল, তার তিক্ত পরিণতি ঠেকানোর চেষ্টা করে।

Il cerchio dei cani si stava stringendo attorno a lui, come era suo destino.

কুকুরের বৃত্ত তার চারপাশে ঘনিয়ে আসছিল, ঠিক যেমন তার নিয়তিও ছিল।

Ora era disperato, sapendo cosa stava per accadere.

সে এখন মরিয়া হয়ে উঠল, জানত কী ঘটতে চলেছে।

Buck balzò dentro e la sua spalla incontrò la sua spalla per l'ultima volta.

বাক লাফিয়ে ভেতরে এলো, শেষবারের মতো কাঁধের মুখোমুখি হলো।

I cani si lanciarono in avanti, nascondendo Spitz nell'oscurità della neve.

কুকুরগুলো তুষারময় অন্ধকারে স্পিটজকে ঢেকে সামনের দিকে এগিয়ে গেল।

Buck osservava, eretto e fiero; il vincitore in un mondo selvaggio.

বাক দাঁড়িয়ে তাকিয়ে রইল; এক বর্বর জগতের বিজয়ী।

La bestia primordiale dominante aveva fatto la sua uccisione, e la aveva fatta bene.

প্রভাবশালী আদিম জন্তুটি তার হত্যা করেছে, এবং এটি ভালো ছিল।

## Colui che ha conquistato la maestria
## যিনি প্রভুত্ব অর্জন করেছেন

"Eh? Cosa ho detto? Dico la verità quando dico che Buck è un diavolo."

"এহ? আমি কি বলেছিলাম? আমি যখন বলি বাক একটা শয়তান, তখন আমি সত্যি বলি।"

François raccontò questo la mattina dopo aver scoperto la scomparsa di Spitz.

পরের দিন সকালে স্পিটজকে নিখোঁজ দেখে ফ্রাঁসোয়া এই কথা বলেন।

Buck rimase lì, coperto di ferite causate dal violento combattimento.

বাক সেখানে দাঁড়িয়ে ছিল, ভয়াবহ লড়াইয়ের ক্ষত দিয়ে ঢাকা।

François tirò Buck vicino al fuoco e indicò le ferite.

ফ্রাঁসোয়া বাককে আগুনের কাছে টেনে নিলেন এবং আঘাতের দিকে আঙুল তুলে দেখালেন।

«Quello Spitz ha combattuto come il Devik», disse Perrault, osservando i profondi tagli.

"সেই স্পিটজ দেবিকের মতোই লড়াই করেছিল," গভীর ক্ষতের দিকে তাকিয়ে পেরাল্ট বলল।

«E quel Buck si batteva come due diavoli», rispose subito François.

"আর সেই বাক দুটি শয়তানের মতো লড়াই করেছিল," ফ্রাঁসোয়া তৎক্ষণাৎ উত্তর দিল।

"Ora faremo buon passo; niente più Spitz, niente più guai."

"এখন আমরা ভালো সময় কাটাবো; আর কোন স্পিটজ নেই, আর কোন ঝামেলা নেই।"

Perrault stava preparando l'attrezzatura e caricò la slitta con cura.

পেরোল্ট সরঞ্জাম গুছিয়ে নিচ্ছিলেন এবং স্লেজটি সাবধানে লোড করছিলেন।

François bardò i cani per prepararli alla corsa della giornata.

দিনের দৌড়ের প্রস্তুতি হিসেবে ফ্রাঁসোয়া কুকুরগুলোকে কাজে লাগিয়েছিলেন।

Buck trotterellò dritto verso la posizione di testa, precedentemente occupata da Spitz.

বাক সোজা এগিয়ে গেলেন স্পিটজের দখলে থাকা শীর্ষস্থানে।

Ma François, senza accorgersene, condusse Solleks in prima linea.

কিন্তু ফ্রাঁসোয়া, খেয়াল না করে, সোলেক্সকে সামনের দিকে এগিয়ে নিয়ে গেলেন।

Secondo François, Solleks era ora il miglior cane da corsa.

ফ্রাঁসোয়াদের মতে, সোলেক্স এখন সেরা লিড-ডগ ছিলেন।

Buck si scagliò furioso contro Solleks e lo respinse indietro in segno di protesta.

বাক ক্রোধে সোলেক্সের উপর ঝাঁপিয়ে পড়ে এবং প্রতিবাদে তাকে তাড়িয়ে দেয়।

Si fermò dove un tempo si era fermato Spitz, rivendicando la posizione di comando.

স্পিটজ যেখানে একসময় দাঁড়িয়েছিলেন, তিনি সেখানেই দাঁড়িয়েছিলেন, নেতৃত্বের পদ দাবি করেছিলেন।

"Eh? Eh?" esclamò François, dandosi una pacca sulle cosce divertito.

"এহ? এহ?" ফ্রাঁসোয়া চিৎকার করে উঠল, আনন্দে তার উরুতে থাপ্পড় মারল।

"Guarda Buck: ha ucciso Spitz, ora vuole prendersi il posto!"

"বাককে দেখো—সে স্পিটজকে মেরে ফেলেছে, এখন সে চাকরিটা নিতে চায়!"

"Vattene via, Chook!" urlò, cercando di scacciare Buck.

"চলে যাও, চুক!" সে চিৎকার করে বলল, বাককে তাড়িয়ে দেওয়ার চেষ্টা করছে।

Ma Buck si rifiutò di muoversi e rimase immobile nella neve.

কিন্তু বাক নড়তে অস্বীকৃতি জানালেন এবং তুষারের উপর দৃঢ়ভাবে দাঁড়িয়ে রইলেন।

François afferrò Buck per la collottola e lo trascinò da parte.
ফ্রাঁসোয়া বাককে হাতের মুঠোয় ধরে একপাশে টেনে নিয়ে গেল।

Buck ringhiò basso e minaccioso, ma non attaccò.
বাক নিচু স্বরে এবং হুমকিস্বরূপ গর্জন করল কিন্তু আক্রমণ করল না।

François rimette Solleks in testa, cercando di risolvere la disputa
ফ্রাঁসোয়া সোলেকসকে আবারও নেতৃত্ব দেন, বিরোধ নিষ্পত্তির চেষ্টা করেন।

Il vecchio cane mostrò paura di Buck e non voleva restare.
বুড়ো কুকুরটি বাককে ভয় পেল এবং থাকতে চাইল না।

Quando François gli voltò le spalle, Buck scacciò di nuovo Solleks.
ফ্রাঁসোয়া যখন মুখ ফিরিয়ে নিলেন, বাক আবার সোলেক্সকে তাড়িয়ে দিলেন।

Solleks non oppose resistenza e si fece di nuovo da parte in silenzio.
সোলেক্স আর প্রতিরোধ করলেন না এবং আবারও চুপচাপ সরে গেলেন।

François si arrabbiò e urlò: "Per Dio, ti sistemo!"
ফ্রাঁসোয়া রেগে গেলেন এবং চিৎকার করে বললেন, "ঈশ্বরের কসম, আমি তোমাকে ঠিক করে দিচ্ছি!"

Si avvicinò a Buck tenendo in mano una pesante mazza.
সে একটা ভারী লাঠি হাতে নিয়ে বাকের দিকে এগিয়ে এলো।

Buck ricordava bene l'uomo con il maglione rosso.
বাকের লাল সোয়েটার পরা লোকটির কথা ভালো করে মনে আছে।

Si ritirò lentamente, osservando François ma ringhiando profondamente.

সে ধীরে ধীরে পিছু হটল, ফ্রাঁসোয়াকে দেখছিল, কিন্তু গভীরভাবে গর্জন করছিল।

Non si affrettò a tornare indietro, nemmeno quando Solleks si mise al suo posto.

সোলেক্স যখন তার জায়গায় দাঁড়িয়েছিল, তখনও সে তাড়াহুড়ো করে পিছু হটেনি।

Buck si girò in cerchio, appena fuori dalla sua portata, ringhiando furioso e protestando.

বাক নাগালের বাইরে ঘুরতে ঘুরতে রাগে আর প্রতিবাদে চিৎকার করতে লাগল।

Teneva gli occhi fissi sulla mazza, pronto a schivare il colpo se François l'avesse lanciata.

সে ক্লাবের দিকে চোখ রেখেছিল, ফ্রাঁসোয়া যদি ছুড়ে মারে তাহলে তা এড়াতে প্রস্তুত ছিল।

Era diventato saggio e cauto nei confronti degli uomini che maneggiavano le armi.

অস্ত্রধারী মানুষের আচরণে সে জ্ঞানী এবং সতর্ক হয়ে উঠেছিল।

François si arrese e chiamò di nuovo Buck al suo vecchio posto.

ফ্রাঁসোয়া হাল ছেড়ে দিলেন এবং বাককে আবার তার আগের জায়গায় ডেকে পাঠালেন।

Ma Buck fece un passo indietro con cautela, rifiutandosi di obbedire all'ordine.

কিন্তু বাক সাবধানে পিছিয়ে গেলেন, আদেশ মানতে অস্বীকৃতি জানালেন।

François lo seguì, ma Buck indietreggiò solo di pochi passi.

ফ্রাঁসোয়া পিছু পিছু এলেন, কিন্তু বাক আরও কয়েক ধাপ পিছিয়ে গেলেন।

Dopo un po' François gettò a terra l'arma, frustrato.

কিছুক্ষণ পর, ফ্রাঁসোয়া হতাশায় অস্ত্রটি নিচে ছুঁড়ে ফেলে দিল।

Pensava che Buck avesse paura di essere picchiato e che avrebbe fatto lo stesso senza far rumore.

সে ভেবেছিল বাক মারধরের ভয় পাচ্ছে এবং চুপচাপ চলে আসবে।

Ma Buck non stava evitando la punizione: stava lottando per ottenere un rango.

কিন্তু বাক শাস্তি এড়াচ্ছিলেন না – তিনি পদমর্যাদার জন্য লড়াই করছিলেন।

Si era guadagnato il posto di capobranco combattendo fino alla morte

মৃত্যুর সাথে লড়াই করে সে লিড-ডগ স্থান অর্জন করেছিল।

non si sarebbe accontentato di niente di meno che di essere il leader.

তিনি নেতা হওয়ার চেয়ে কম কিছুতেই সন্তুষ্ট থাকতে রাজি ছিলেন না।


Perrault si unì all'inseguimento per aiutare a catturare il ribelle Buck.

বিদ্রোহী বাককে ধরতে পেরেল্ট তাড়া করতে সাহায্য করেছিলেন।

Insieme lo portarono in giro per l'accampamento per quasi un'ora.

একসাথে, তারা তাকে প্রায় এক ঘন্টা ধরে ক্যাম্পে ঘুরিয়ে বেড়ায়।

Gli scagliarono contro dei bastoni, ma Buck li schivò abilmente uno per uno.

তারা তার দিকে লাঠি ছুঁড়ে মারল, কিন্তু বাক দক্ষতার সাথে প্রতিটি লাঠি এড়িয়ে গেল।

Maledissero lui, i suoi antenati, i suoi discendenti e ogni suo capello.

তারা তাকে, তার পূর্বপুরুষদের, তার বংশধরদের এবং তার শরীরের প্রতিটি চুলকে অভিশাপ দিল।

Ma Buck si limitò a ringhiare e a restare appena fuori dalla loro portata.

কিন্তু বাক কেবল পিছু হটল এবং তাদের নাগালের বাইরেই রইল।

Non cercò mai di scappare, ma continuò a girare intorno all'accampamento deliberatamente.

সে কখনও পালানোর চেষ্টা করেনি বরং ইচ্ছাকৃতভাবে শিবিরের চারপাশে ঘুরেছে।

Disse chiaramente che avrebbe obbedito una volta ottenuto ciò che voleva.

সে স্পষ্ট করে দিয়েছিল যে, যখন সে যা চাইবে তা তাকে দেওয়া হবে, তখন সে তা মেনে চলবে।

Alla fine François si sedette e si grattò la testa, frustrato.

ফ্রাঁসোয়া অবশেষে বসে পড়লেন এবং হতাশায় মাথা চুলকালেন।

Perrault controllò l'orologio, imprecò e borbottò qualcosa sul tempo perso.

পেরাল্ট তার ঘড়িটা দেখল, শপথ করল, আর হারিয়ে যাওয়া সময়ের কথা বিড়বিড় করল।

Era già trascorsa un'ora, mentre avrebbero dovuto essere sulle tracce.

যখন তাদের পথ চলার কথা ছিল, তখন এক ঘন্টা পেরিয়ে গেছে।

François alzò le spalle timidamente, guardando il corriere, che sospirò sconfitto.

ফ্রাঁসোয়া লজ্জায় কুরিয়ারের দিকে কাঁধ ঝাঁকিয়ে বললেন, যিনি পরাজয়ের দীর্ঘশ্বাস ফেললেন।

Poi François si avvicinò a Solleks e chiamò ancora una volta Buck.

তারপর ফ্রাঁসোয়া সোলেক্সের কাছে গেলেন এবং আবারও বাককে ডাকলেন।

Buck rise come ride un cane, ma mantenne una cauta distanza.

বাক কুকুরের মতো হেসে উঠল, কিন্তু সাবধানে দূরত্ব বজায় রাখল।

**François tolse l'imbracatura a Solleks e lo rimise al suo posto.**

ফ্রাঁসোয়া সোলেক্সের জোতা খুলে ফেলে তাকে তার জায়গায় ফিরিয়ে আনেন।

**La squadra di slittini era completamente imbracata, con un solo posto libero.**

স্লেজ দলটি সম্পূর্ণরূপে প্রস্তুত ছিল, কেবল একটি জায়গা খালি ছিল।

**La posizione di comando rimase vuota, chiaramente riservata solo a Buck.**

লিড পজিশনটি খালিই রয়ে গেল, স্পষ্টতই কেবল বাকের জন্যই।

**François chiamò di nuovo e di nuovo Buck rise e mantenne la sua posizione.**

ফ্রাঁসোয়া আবার ফোন করলেন, এবং আবারও হেসে নিজের অবস্থান ধরে রাখলেন।

**«Gettate giù la mazza», ordinò Perrault senza esitazione.**

"ক্লাবটি ফেলে দাও," পেরাল্ট দ্বিধা ছাড়াই আদেশ দিলেন।

**François obbedì e Buck si lanciò subito avanti con orgoglio.**

ফ্রাঁসোয়া কথা মানলেন, এবং বাক তৎক্ষণাৎ গর্বের সাথে সামনের দিকে এগিয়ে গেলেন।

**Rise trionfante e assunse la posizione di comando.**

সে জয়ধ্বনি করে হেসে উঠল এবং প্রধান অবস্থানে পা রাখল।

**François fissò le corde e la slitta si staccò.**

ফ্রাঁসোয়া তার চিহ্নগুলো সুরক্ষিত করল, এবং স্লেজটি ভেঙে ফেলা হল।

**Entrambi gli uomini corsero fianco a fianco mentre la squadra si lanciava lungo il sentiero del fiume.**

দলটি নদীর ধারে দৌড়ে যাওয়ার সময় দুজনেই পাশাপাশি দৌড়েছিল।

François aveva avuto una grande stima dei "due diavoli" di Buck,

ফ্রাঁসোয়া বাকের "দুই শয়তান" সম্পর্কে খুব ভালোভাবে চিন্তা করেছিলেন,

ma ben presto si rese conto di aver in realtà sottovalutato il cane.

কিন্তু শীঘ্রই সে বুঝতে পারল যে সে আসলে কুকুরটিকে অবমূল্যায়ন করেছে।

Buck assunse rapidamente la leadership e si comportò in modo eccellente.

বাক দ্রুত নেতৃত্ব গ্রহণ করেন এবং উৎকৃষ্টতার সাথে কাজ করেন।

Buck superò Spitz per capacità di giudizio, rapidità di pensiero e rapidità di azione.

বিচারবুদ্ধি, দ্রুত চিন্তাভাবনা এবং দ্রুত পদক্ষেপের ক্ষেত্রে, বাক স্পিটজকে ছাড়িয়ে গেছেন।

François non aveva mai visto un cane pari a quello che Buck mostrava ora.

বাক এখন যা দেখাচ্ছে, তার সমান কুকুর ফ্রাঁসোয়া কখনও দেখেনি।

Ma Buck eccelleva davvero nel far rispettare l'ordine e nel imporre rispetto.

কিন্তু বাক সত্যিই শৃঙ্খলা রক্ষা এবং সম্মান অর্জনে অসাধারণ ছিলেন।

Dave e Solleks accettarono il cambiamento senza preoccupazioni o proteste.

ডেভ এবং সোলেক্স কোনও উদ্বেগ বা প্রতিবাদ ছাড়াই পরিবর্তনটি মেনে নিয়েছিলেন।

Si concentravano solo sul lavoro e tiravano forte le redini.

তারা কেবল কাজ এবং কঠোর পরিশ্রমের উপর মনোনিবেশ করেছিল।

A loro importava poco chi guidasse, purché la slitta continuasse a muoversi.

যতক্ষণ স্লেজটি চলতে থাকে, ততক্ষণ কে নেতৃত্ব দিচ্ছে তা নিয়ে তাদের খুব একটা মাথাব্যথা ছিল না।

Billee, quella allegra, avrebbe potuto comandare per quel che volevano.

বিলি, সেই হাসিখুশি, তাদের যতটুকু প্রয়োজন ছিল, নেতৃত্ব দিতে পারত।

Ciò che contava per loro era la pace e l'ordine tra i ranghi.

তাদের কাছে যা গুরুত্বপূর্ণ ছিল তা হল সৈন্যদের মধ্যে শান্তি ও শৃঙ্খলা।


Il resto della squadra era diventato indisciplinato durante il declino di Spitz.

স্পিটজের পতনের সময় দলের বাকিরা অশান্ত হয়ে উঠেছিল।

Rimasero scioccati quando Buck li riportò immediatamente all'ordine.

বাক যখন তাৎক্ষণিকভাবে সেগুলো অর্ডার করে আনলেন, তখন তারা হতবাক হয়ে গেলেন।

Pike era sempre stato pigro e aveva sempre tergiversato dietro a Buck.

পাইক সবসময় অলস ছিল এবং বাকের পিছনে পা টেনে নিয়ে যেত।

Ma ora è stato severamente disciplinato dalla nuova leadership.

কিন্তু এখন নতুন নেতৃত্ব তাকে কঠোরভাবে শাসিত করেছে।

E imparò rapidamente a dare il suo contributo alla squadra.

এবং সে দ্রুত দলে নিজের ওজন কমাতে শিখে গেল।

Alla fine della giornata, Pike lavorò più duramente che mai.

দিনের শেষে, পাইক আগের চেয়েও বেশি পরিশ্রম করল।

Quella notte all'accampamento, Joe, il cane scontroso, fu finalmente domato.

ক্যাম্পে সেই রাতে, জো, টক কুকুর, অবশেষে পরাজিত হয়েছিল।

Spitz non era riuscito a disciplinarlo, ma Buck non aveva fallito.

স্পিটজ তাকে শাসন করতে ব্যর্থ হয়েছিল, কিন্তু বাক ব্যর্থ হয়নি।

Sfruttando il suo peso maggiore, Buck sopraffece Joe in pochi secondi.

তার বেশি ওজন ব্যবহার করে, বাক কয়েক সেকেন্ডের মধ্যেই জোকে পরাজিত করে।

Morse e picchiò Joe finché questi non si mise a piagnucolare e smise di opporre resistenza.

সে জোকে কামড় দিয়ে মারধর করে যতক্ষণ না সে ফিসফিস করে এবং প্রতিরোধ বন্ধ করে দেয়।

Da quel momento in poi l'intera squadra migliorò.

সেই মুহূর্ত থেকে পুরো দল উন্নতি করতে থাকে।

I cani ritrovarono la loro antica unità e disciplina.

কুকুরগুলো তাদের পুরনো ঐক্য এবং শৃঙ্খলা ফিরে পেল।

A Rink Rapids si sono uniti al gruppo due nuovi husky autoctoni, Teek e Koona.

রিঙ্ক র্যাপিডসে, দুটি নতুন দেশীয় হাস্কি, টিক এবং কুনা, যোগ দিয়েছে।

La rapidità con cui Buck li addestramento stupì perfino François.

বাকের দ্রুত প্রশিক্ষণ ফ্রাঁসোয়াকেও অবাক করে দিয়েছিল।

"Non è mai esistito un cane come quel Buck!" esclamò stupito.

"ওই বাকের মতো কুকুর আর কখনও ছিল না!" সে অবাক হয়ে চিৎকার করে উঠল।

"No, mai! Vale mille dollari, per Dio!"

"না, কখনোই না! ঈশ্বরের কসম, সে এক হাজার ডলারেরও মূল্যবান!"

"Eh? Che ne dici, Perrault?" chiese con orgoglio.

"এহ? তুমি কী বলো, পেরাল্ট?" সে গর্বের সাথে জিজ্ঞাসা করল।

Perrault annuì in segno di assenso e controllò i suoi appunti.
পেরাল্ট সম্মতিতে মাথা নাড়লেন এবং তার নোটগুলি পরীক্ষা করলেন।

Siamo già in anticipo sui tempi e guadagniamo sempre di più ogni giorno.
আমরা ইতিমধ্যেই নির্ধারিত সময়ের চেয়ে এগিয়ে আছি এবং প্রতিদিন আরও বেশি লাভ করছি।

Il sentiero era compatto e liscio, senza neve fresca.
পথটি ছিল কঠিন এবং মসৃণ, কোনও নতুন তুষারপাত হয়নি।

Il freddo era costante, con temperature che si aggiravano sempre sui cinquanta gradi sotto zero.
ঠান্ডা স্থির ছিল, সর্বত্র শূন্যের নিচে পঞ্চাশে।

Per scaldarsi e guadagnare tempo, gli uomini si alternavano a cavallo e a correre.
পুরুষরা পালাক্রমে ঘোড়ায় চড়ে এবং দৌড়াতে লাগলো উষ্ণ থাকার জন্য এবং সময় কাটানোর জন্য।

I cani correvano veloci, fermandosi di rado, spingendosi sempre in avanti.
কুকুরগুলো খুব দ্রুত দৌড়াচ্ছিল, কয়েকবার থামলেও, সবসময় সামনের দিকে ঠেলে দৌড়াচ্ছিল।

Il fiume Thirty Mile era per la maggior parte ghiacciato e facile da attraversare.
থার্টি মাইল নদীর বেশিরভাগ অংশই হিমায়িত ছিল এবং সহজেই পারাপারের উপযোগী ছিল।

In un giorno realizzarono ciò che per arrivare aveva impiegato dieci giorni.
যেদিন আসতে দশ দিন লেগেছিল, সেদিন তারা একদিনেই বেরিয়ে গেল।

Percorsero circa 96 chilometri dal lago Le Barge a White Horse.
তারা লেক লে বার্জ থেকে হোয়াইট হর্স পর্যন্ত ষাট মাইল দৌড়েছিল।

**Si muovevano a velocità incredibile attraverso i laghi Marsh, Tagish e Bennett.**

মার্শ, ট্যাগিশ এবং বেনেট লেক জুড়ে তারা অবিশ্বাস্যভাবে দ্রুত এগিয়ে গেল।

**L'uomo che correva veniva trainato dietro la slitta con una corda.**

দৌড়ে থাকা লোকটি দড়ির উপর দিয়ে স্লেজের পেছনে টেনে নিল।

**L'ultima notte della seconda settimana giunsero a destinazione.**

দ্বিতীয় সপ্তাহের শেষ রাতে তারা তাদের গন্তব্যে পৌঁছে গেল।

**Insieme avevano raggiunto la cima del White Pass.**

তারা একসাথে হোয়াইট পাসের চূড়ায় পৌঁছেছিল।

**Scesero fino al livello del mare, con le luci dello Skaguay sotto di loro.**

তারা সমুদ্রপৃষ্ঠে নেমে গেল, স্কাগুয়ের আলো তাদের নীচে।

**Era stata una corsa da record attraverso chilometri di fredda natura selvaggia.**

এটি ছিল মাইলের পর মাইল ঠান্ডা প্রান্তরের মধ্য দিয়ে একটি রেকর্ড-স্থাপনকারী দৌড়।

**Per quattordici giorni di fila percorsero in media circa quaranta miglia.**

টানা চৌদ্দ দিন ধরে, তারা গড়ে চল্লিশ মাইল শক্তিশালী পথ পাড়ি দিয়েছিল।

**A Skaguay, Perrault e François trasportavano merci attraverso la città.**

স্কাগুয়েতে, পেরাল্ট এবং ফ্রাঁসোয়া শহরের মধ্য দিয়ে পণ্য পরিবহন করতেন।

**Furono applauditi e ricevettero numerose bevande dalla folla ammirata.**

জনতা তাদের উল্লাসিত করে এবং প্রচুর পানীয় পরিবেশন করে।

I cacciatori di cani e gli operai si sono riuniti attorno alla famosa squadra cinofila.

কুকুর–নিধনকারী এবং শ্রমিকরা বিখ্যাত কুকুর দলের চারপাশে জড়ো হয়েছিল।

Poi i fuorilegge del West giunsero in città e subirono una violenta sconfitta.

তারপর পশ্চিমা দস্যুরা শহরে এসে সহিংস পরাজয়ের সম্মুখীন হয়।

La gente si dimenticò presto della squadra e si concentrò sul nuovo dramma.

লোকেরা শীঘ্রই দলটিকে ভুলে গেল এবং নতুন নাটকের দিকে মনোনিবেশ করল।

Poi arrivarono i nuovi ordini che cambiarono tutto in un colpo.

তারপর নতুন আদেশ এল যা মুহূর্তের মধ্যে সবকিছু বদলে দিল।

François chiamò Buck e lo abbracciò con orgoglio e lacrime.

ফ্রাঁসোয়া বাককে কাছে ডেকে অশ্রুসিক্ত গর্বের সাথে জড়িয়ে ধরলেন।

Quel momento fu l'ultima volta che Buck vide di nuovo François.

সেই মুহূর্তটিই ছিল বাক ফ্রাঁসোয়াকে আবার শেষবারের মতো দেখেছিলেন।

Come molti altri uomini prima di lui, sia François che Perrault se n'erano andati.

আগের অনেক পুরুষের মতো, ফ্রাঁসোয়া এবং পেরাও দুজনেই চলে গেলেন।

Un meticcio scozzese si prese cura di Buck e dei suoi compagni di squadra con i cani da slitta.

একটি স্কচ অর্ধ–জাত কুকুর বাক এবং তার স্লেজ কুকুরের সতীর্থদের দায়িত্ব নিয়েছিল।

Con una dozzina di altre mute di cani, ritornarono lungo il sentiero fino a Dawson.

আরও এক ডজন কুকুরের দল নিয়ে, তারা পথ ধরে ডসনের দিকে ফিরে গেল।

Non si trattava più di una corsa veloce, ma solo di un duro lavoro con un carico pesante ogni giorno.

এখন আর দ্রুত দৌড় ছিল না—শুধু প্রতিদিন ভারী বোঝা সহ ভারী পরিশ্রম।

Si trattava del treno postale che portava notizie ai cercatori d'oro vicino al Polo.

এটি ছিল মেইল ট্রেন, যা মেরুর কাছে সোনা শিকারিদের কাছে খবর পৌঁছে দিচ্ছিল।

Buck non amava il lavoro, ma lo sopportò bene, essendo orgoglioso del suo impegno.

বাক কাজটি অপছন্দ করতেন কিন্তু তিনি কাজটি ভালোভাবেই সামলে নিতেন, নিজের প্রচেষ্টায় গর্বিত ছিলেন।

Come Dave e Solleks, Buck dimostrava dedizione in ogni compito quotidiano.

ডেভ এবং সোলেক্সের মতো, বাকও প্রতিদিনের প্রতিটি কাজে নিষ্ঠা দেখিয়েছিলেন।

Si è assicurato che tutti i suoi compagni di squadra dessero il massimo.

তিনি নিশ্চিত করেছিলেন যে তার সতীর্থরা প্রত্যেকেই তাদের ন্যায্য ওজন টেনেছে।

La vita sui sentieri divenne noiosa e si ripeteva con la precisione di una macchina.

পথের জীবন একঘেয়ে হয়ে উঠল, যন্ত্রের নির্ভুলতার সাথে পুনরাবৃত্তি হল।

Ogni giorno era uguale, una mattina si fondeva con quella successiva.

প্রতিটি দিন একই রকম অনুভূত হচ্ছিল, একটা সকাল অন্যটার সাথে মিশে যাচ্ছিল।

Alla stessa ora, i cuochi si alzarono per accendere il fuoco e preparare il cibo.

একই সময়ে, রাঁধুনিরা আগুন জ্বালাতে এবং খাবার তৈরি করতে উঠে পড়ল।

Dopo colazione alcuni lasciarono l'accampamento mentre altri attaccarono i cani.

নাস্তার পর, কেউ কেউ ক্যাম্প ছেড়ে চলে গেল, আবার কেউ কেউ কুকুরগুলোকে কাজে লাগাল।

Raggiunsero il sentiero prima che il pallido segnale dell'alba sfiorasse il cielo.

ভোরের মৃদু সতর্কীকরণ আকাশ স্পর্শ করার আগেই তারা পথ ধরে এগিয়ে গেল।

Di notte si fermavano per accamparsi, e a ogni uomo veniva assegnato un compito.

রাতে, তারা ক্যাম্প করার জন্য থামল, প্রত্যেকেরই নির্দিষ্ট দায়িত্ব ছিল।

Alcuni montarono le tende, altri tagliarono la legna da ardere e raccolsero rami di pino.

কেউ তাঁবু খাটালো, কেউ জ্বালানি কাঠ কাটলো আর পাইন গাছের ডাল কুড়ালো।

Acqua o ghiaccio venivano portati ai cuochi per la cena serale.

রাতের খাবারের জন্য রাঁধুনিদের কাছে জল বা বরফ ফিরিয়ে আনা হত।

I cani vennero nutriti e per loro quello fu il momento migliore della giornata.

কুকুরগুলোকে খাওয়ানো হয়েছিল, আর এটাই ছিল তাদের জন্য দিনের সেরা সময়।

Dopo aver mangiato il pesce, i cani si rilassarono e oziarono vicino al fuoco.

মাছ খাওয়ার পর, কুকুরগুলো আরাম করে আগুনের কাছে শুয়ে পড়ল।

Nel convoglio c'erano un centinaio di altri cani con cui socializzare.

কনভয়ে আরও একশটি কুকুর ছিল যাদের সাথে মিশতে হয়েছিল।

**Molti di quei cani erano feroci e pronti a combattere senza preavviso.**

সেই কুকুরগুলির মধ্যে অনেকগুলিই ছিল হিংস্র এবং সতর্কতা ছাড়াই দ্রুত লড়াই করত।

**Ma dopo tre vittorie, Buck riuscì a domare anche i combattenti più feroci.**

কিন্তু তিনটি জয়ের পর, বাক সবচেয়ে ভয়ঙ্কর যোদ্ধাদেরও আয়ত্ত করতে সক্ষম হন।

**Ora, quando Buck ringhiò e mostrò i denti, loro si fecero da parte.**

এখন যখন বাক গর্জন করে দাঁত দেখালো, তখন তারা সরে গেল।

**Forse la cosa più bella di tutte era che a Buck piaceva sdraiarsi vicino al fuoco tremolante.**

সম্ভবত সবচেয়ে ভালো কথা, বাক জ্বলন্ত ক্যাম্প ফায়ারের কাছে শুয়ে থাকতে ভালোবাসত।

**Si accovacciò, con le zampe posteriori ripiegate e quelle anteriori distese in avanti.**

সে পিছনের পা দুটো আটকে রেখে এবং সামনের পা দুটো সামনের দিকে প্রসারিত করে কুঁচকে গেল।

**Teneva la testa sollevata e sbatteva dolcemente le palpebre verso le fiamme ardenti.**

জ্বলন্ত আগুনের দিকে তাকিয়ে মৃদুভাবে পলক ফেলতে পড়তেই তার মাথা উঁচু হয়ে গেল।

**A volte ricordava la grande casa del giudice Miller a Santa Clara.**

মাঝে মাঝে তার সান্তা ক্লারায় জজ মিলারের বড় বাড়ির কথা মনে পড়ত।

**Pensò alla piscina di cemento, a Ysabel e al carlino di nome Toots.**

সে সিমেন্টের পুলের কথা ভাবল, ইসাবেলের কথা, আর টুটস নামক পাগের কথা।

Ma più spesso si ricordava del bastone dell'uomo con il maglione rosso.

কিন্তু তার বেশি মনে পড়ত লাল সোয়েটার ক্লাব পরা লোকটির কথা।

Ricordava la morte di Curly e la sua feroce battaglia con Spitz.

সে কার্লির মৃত্যু এবং স্পিটজের সাথে তার তীব্র যুদ্ধের কথা মনে রাখল।

Ricordava anche il buon cibo che aveva mangiato o che ancora sognava.

সে সেই সুস্বাদু খাবারের কথাও মনে করলো যেগুলো সে খেয়েছিল অথবা এখনও স্বপ্নে দেখেছে।

Buck non aveva nostalgia di casa: la valle calda era lontana e irreale.

বাকের বাড়ির জন্য খুব একটা মন খারাপ ছিল না—উষ্ণ উপত্যকাটি ছিল অনেক দূরে এবং অবাস্তব।

I ricordi della California non avevano più alcun fascino su di lui.

ক্যালিফোর্নিয়ার স্মৃতি আর তাকে আর টানতে পারেনি।

Più forti della memoria erano gli istinti radicati nella sua stirpe.

স্মৃতির চেয়েও শক্তিশালী ছিল তার রক্তধারার গভীরে প্রবৃত্তি।

Le abitudini un tempo perdute erano tornate, ravvivate dal sentiero e dalla natura selvaggia.

একবার হারিয়ে যাওয়া অভ্যাসগুলো আবার ফিরে এসেছিল, পথ আর বন্য পরিবেশের কারণে আবার নতুন করে সঞ্জীবিত হয়েছিল।

Mentre Buck osservava la luce del fuoco, a volte questa diventava qualcos'altro.

বাক যখন আগুনের আলো দেখত, তখন মাঝে মাঝে এটি অন্যরকম হয়ে যেত।

Vide alla luce del fuoco un altro fuoco, più vecchio e più profondo di quello attuale.

আগুনের আলোয় সে আরেকটি আগুন দেখতে পেল, বর্তমানের চেয়েও পুরোনো এবং গভীর।

Accanto all'altro fuoco era accovacciato un uomo che non somigliava per niente al cuoco meticcio.

সেই আগুনের পাশেই আরেকজন লোক বসে ছিল, যে অর্ধ-জাতের রাঁধুনির মতো নয়।

Questa figura aveva gambe corte, braccia lunghe e muscoli duri e contratti.

এই মূর্তিটির পা ছোট, বাহু লম্বা এবং শক্ত, গিঁটে বাঁধা পেশী ছিল।

I suoi capelli erano lunghi e arruffati, e gli scendevano all'indietro a partire dagli occhi.

তার চুল লম্বা এবং জট পাকানো ছিল, চোখ থেকে পিছনের দিকে ঢালু ছিল।

Emetteva strani suoni e fissava l'oscurità con paura.

সে অদ্ভুত শব্দ করল এবং ভয়ে অন্ধকারের দিকে তাকিয়ে রইল।

Teneva bassa una mazza di pietra, stretta saldamente nella sua mano lunga e ruvida.

সে একটা পাথরের গদা নিচু করে ধরেছিল, তার লম্বা রুক্ষ হাতে শক্ত করে ধরেছিল।

L'uomo indossava ben poco: solo una pelle carbonizzata che gli pendeva lungo la schiena.

লোকটি খুব কম পোশাক পরেছিল; কেবল একটি পোড়া চামড়া যা তার পিঠে ঝুলছিল।

Il suo corpo era ricoperto da una folta peluria sulle braccia, sul petto e sulle cosce.

তার শরীর বাহু, বুক এবং উরু জুড়ে ঘন লোমে ঢাকা ছিল।

Alcune parti del pelo erano aggrovigliate e formavano chiazze di pelo ruvido.

চুলের কিছু অংশ রুক্ষ পশমের টুকরোয় জট পাকিয়ে গিয়েছিল।

Non stava dritto, ma era piegato in avanti dai fianchi alle ginocchia.

সে সোজা হয়ে দাঁড়ালো না বরং কোমর থেকে হাঁটু পর্যন্ত সামনের দিকে ঝুঁকে রইলো।

I suoi passi erano elastici e felini, come se fosse sempre pronto a scattare.

তার পদক্ষেপগুলি ছিল বসন্তের মতো এবং বিড়ালের মতো, যেন সর্বদা লাফ দেওয়ার জন্য প্রস্তুত।

C'era una forte allerta, come se vivesse nella paura costante.

একটা তীব্র সতর্কতা ছিল, যেন সে ক্রমাগত ভয়ের মধ্যে বাস করছিল।

Quest'uomo anziano sembrava aspettarsi il pericolo, indipendentemente dal fatto che questo venisse visto o meno.

এই প্রাচীন মানুষটি বিপদের আশা করেছিলেন বলে মনে হচ্ছিল, বিপদ দেখা যাক বা না যাক।

A volte l'uomo peloso dormiva accanto al fuoco, con la testa tra le gambe.

মাঝে মাঝে লোমশ লোকটি আগুনের ধারে ঘুমাতো, মাথাটা তার দুই পায়ের মাঝখানে লুকিয়ে রাখতো।

Teneva i gomiti sulle ginocchia e le mani giunte sopra la testa.

তার কনুই হাঁটুর উপর রাখা ছিল, হাত মাথার উপরে আঁকড়ে ধরে ছিল।

Come un cane, usava le sue braccia pelose per proteggersi dalla pioggia che cadeva.

কুকুরের মতো সে তার লোমশ বাহু ব্যবহার করে বৃষ্টি ঝরালো।

Oltre la luce del fuoco, Buck vide due carboni ardenti che ardevano nell'oscurità.

আগুনের আলোর ওপারে, বাক অন্ধকারে জোড়া কয়লা জ্বলতে দেখল।

Sempre a due a due, erano gli occhi delle bestie da preda.

সর্বদা দুই একজন করে, তারা ছিল শিকারী পশুদের চোখ।

Sentì corpi che si infrangevano tra i cespugli e rumori provenienti dalla notte.

সে শুনতে পেল ঝোপঝাড়ের মধ্য দিয়ে মৃতদেহগুলো ভেঙে পড়ার শব্দ এবং রাতে তৈরি হওয়া শব্দ।

Sdraiato sulla riva dello Yukon, sbattendo le palpebre, Buck sognò accanto al fuoco.

ইউকন নদীর তীরে শুয়ে, পলক ফেলতে ফেলতে, বাক আগুনের ধারে স্বপ্ন দেখল।

Le immagini e i suoni di quel mondo selvaggio gli fecero rizzare i capelli.

সেই বন্য পৃথিবীর দৃশ্য এবং শব্দ তার লোম দাঁড়িয়ে দিল।

La pelliccia gli si drizzò lungo la schiena, sulle spalle e sul collo.

পশমটি তার পিঠ, কাঁধ এবং ঘাড় পর্যন্ত উঠে গেল।

Gemeva piano o emetteva un ringhio basso dal profondo del petto.

সে মৃদুভাবে ফিসফিস করে বলল অথবা বুকের গভীরে একটা নিচু গর্জন করল।

Allora il cuoco meticcio urlò: "Ehi, Buck, svegliati!"

তারপর অর্ধ-জাত রাঁধুনি চিৎকার করে বলল, "এই, তুমি বাক, জেগে ওঠো!"

Il mondo dei sogni svanì e la vera vita tornò agli occhi di Buck.

স্বপ্নের জগৎ অদৃশ্য হয়ে গেল, এবং বাস্তব জীবন বাকের চোখে ফিরে এল।

Si sarebbe alzato, si sarebbe stiracchiato e avrebbe sbadigliato, come se si fosse svegliato da un pisolino.

সে উঠে দাঁড়াবে, হাত–পা ঝাড়বে, আর হাই তুলবে, যেন ঘুম থেকে জেগে উঠেছে।

Il viaggio era duro, con la slitta postale che li trascinava dietro.

যাত্রাটা কঠিন ছিল, মেইল স্লেজটা তাদের পিছনে টেনে নিয়ে যাচ্ছিল।

Carichi pesanti e lavoro duro sfinivano i cani ogni lunga giornata.

ভারী বোঝা এবং কঠোর পরিশ্রম কুকুরগুলিকে প্রতিদিন ক্লান্ত করে তুলত।

Arrivarono a Dawson magro, stanco e con bisogno di più di una settimana di riposo.

তারা ডসনে পৌঁছেছিল, রোগা, ক্লান্ত এবং এক সপ্তাহেরও বেশি সময় বিশ্রামের প্রয়োজন ছিল।

Ma solo due giorni dopo ripartirono per lo Yukon.

কিন্তু মাত্র দুই দিন পরে, তারা আবার ইউকন দ্বীপে যাত্রা শুরু করে।

Erano carichi di altre lettere dirette al mondo esterno.

বাইরের জগতের জন্য আরও চিঠিপত্রে ভরপুর ছিল।

I cani erano esausti e gli uomini si lamentavano in continuazione.

কুকুরগুলো ক্লান্ত ছিল এবং পুরুষরা ক্রমাগত অভিযোগ করছিল।

Ogni giorno cadeva la neve, ammorbidendo il sentiero e rallentando le slitte.

প্রতিদিন তুষারপাত হচ্ছিল, পথ নরম করছিল এবং স্লেজ চালানোর গতি কমিয়ে দিচ্ছিল।

Ciò rendeva la trazione più dura e aumentava la resistenza delle guide.

এর ফলে দৌড়বিদদের টানাটানি আরও কঠিন হয়ে পড়ে এবং তাদের টেনে আনা আরও কঠিন হয়ে পড়ে।

Nonostante ciò, i piloti si sono dimostrati leali e hanno avuto cura delle loro squadre.

তা সত্ত্বেও, চালকরা সৎ ছিলেন এবং তাদের দলের প্রতি যত্নবান ছিলেন।

**Ogni notte, i cani venivano nutriti prima che gli uomini mangiassero.**

প্রতি রাতে, পুরুষরা খেতে পাওয়ার আগে কুকুরগুলোকে খাওয়ানো হত।

**Nessun uomo dormiva prima di controllare le zampe del proprio cane.**

নিজের কুকুরের পা পরীক্ষা না করে কেউ ঘুমায়নি।

**Tuttavia, i cani diventavano sempre più deboli man mano che i chilometri consumavano i loro corpi.**

তবুও, মাইলগুলো তাদের শরীরে লাগার সাথে সাথে কুকুরগুলো দুর্বল হয়ে পড়ল।

**Avevano viaggiato per milleottocento miglia durante l'inverno.**

শীতকালে তারা আঠারোশো মাইল ভ্রমণ করেছিল।

**Percorrevano ogni miglio di quella distanza brutale trainando le slitte.**

তারা সেই নির্মম দূরত্বের প্রতি মাইল জুড়ে স্লেজ টেনেছে।

**Anche i cani da slitta più resistenti provano tensione dopo tanti chilometri.**

এমনকি সবচেয়ে শক্তিশালী স্লেজ কুকুরগুলিও এত মাইল চালানোর পরে চাপ অনুভব করে।

**Buck tenne duro, fece sì che la sua squadra lavorasse e mantenne la disciplina.**

বাক ধরে রেখেছিলেন, তার দলকে কাজ চালিয়ে গেছেন এবং শৃঙ্খলা বজায় রেখেছিলেন।

**Ma Buck era stanco, proprio come gli altri durante il lungo viaggio.**

কিন্তু বাক ক্লান্ত ছিল, ঠিক দীর্ঘ যাত্রার অন্যদের মতো।

**Billee piagnucolava e piangeva nel sonno ogni notte, senza sosta.**

বিলি প্রতি রাতে ঘুমের মধ্যে ফিসফিস করে কাঁদত এবং ব্যর্থ হত না।

**Joe diventò ancora più amareggiato e Solleks rimase freddo e distante.**

জো আরও তিক্ত হয়ে উঠল, এবং সোলেক্স ঠান্ডা এবং দূরে রইল।

**Ma è stato Dave a soffrire di più di tutta la squadra.**

কিন্তু পুরো দলের মধ্যে ডেভই সবচেয়ে বেশি ক্ষতিগ্রস্থ হয়েছিল।

**Qualcosa dentro di lui era andato storto, anche se nessuno sapeva cosa.**

তার ভেতরে কিছু একটা সমস্যা হয়েছে, যদিও কেউ জানত না কী।

**Divenne più lunatico e aggredì gli altri con rabbia crescente.**

সে আরও মেজাজ খারাপ করে ফেলল এবং ক্রমশ রাগের সাথে অন্যদের দিকে ঝাপিয়ে পড়ল।

**Ogni notte andava dritto al suo nido, in attesa di essere nutrito.**

প্রতি রাতে সে সরাসরি তার নীড়ে যেত, খাবারের জন্য অপেক্ষা করত।

**Una volta a terra, Dave non si alzò più fino al mattino.**

একবার ঘুম থেকে ওঠার পর, ডেভ সকাল পর্যন্ত আর ওঠেনি।

**Sulle redini, gli improvvisi strattoni o sussulti lo facevano gridare di dolore.**

লাগামের উপর হঠাৎ ঝাঁকুনি বা স্টার্টের ফলে সে ব্যথায় চিৎকার করে উঠল।

**L'autista ha cercato di capirne la causa, ma non ha trovato ferite.**

তার ড্রাইভার কারণ অনুসন্ধান করেছিল, কিন্তু তার শরীরে কোনও আঘাত পায়নি।

**Tutti gli autisti cominciarono a osservare Dave e a discutere del suo caso.**

সমস্ত ড্রাইভার ডেভের দিকে নজর রাখতে শুরু করল এবং তার কেস নিয়ে আলোচনা করতে লাগল।

Parlarono durante i pasti e durante l'ultima sigaretta della giornata.

খাবারের সময় এবং দিনের শেষ ধূমপানের সময় তারা কথা বলত।

Una notte tennero una riunione e portarono Dave al fuoco.

এক রাতে তারা একটি সভা করে এবং ডেভকে আগুনে পুড়িয়ে দেয়।

Gli premevano e palpavano il corpo e lui gridava spesso.

তারা তার শরীর টিপে টিপে পরীক্ষা করল, আর সে প্রায়ই চিৎকার করত।

Era evidente che qualcosa non andava, anche se non sembrava esserci nessuna frattura.

স্পষ্টতই, কিছু একটা সমস্যা ছিল, যদিও কোনও হাড় ভাঙা মনে হয়নি।

Quando arrivarono al Cassiar Bar, Dave stava cadendo.

যখন তারা ক্যাসিয়ার বারে পৌঁছালো, তখন ডেভ পড়ে যাচ্ছিল।

Il meticcio scozzese impose uno stop e rimosse Dave dalla squadra.

স্কচ হাফ-ব্রিড থামিয়ে ডেভকে দল থেকে সরিয়ে দিল।

Fissò Solleks al posto di Dave, il più vicino possibile alla parte anteriore della slitta.

সে ডেভের জায়গায় সোলেক্সকে বেঁধে দিল, স্লেজের সামনের দিকের সবচেয়ে কাছে।

Voleva lasciare che Dave riposasse e corresse libero dietro la slitta in movimento.

সে ডেভকে বিশ্রাম দিতে এবং চলন্ত স্লেজের পিছনে মুক্তভাবে দৌড়াতে দিতে চেয়েছিল।

Ma nonostante la malattia, Dave odiava che gli venisse tolto il lavoro che aveva ricoperto.

কিন্তু অসুস্থ থাকা সত্ত্বেও, ডেভ তার মালিকানাধীন চাকরি থেকে বরখাস্ত হওয়াকে ঘৃণা করত।

**Ringhiò e piagnucolò quando gli strapparono le redini dal corpo.**

তার শরীর থেকে লাগাম টেনে নেওয়ার সাথে সাথে সে গর্জন করে উঠল এবং ফিসফিস করে উঠল।

**Quando vide Solleks al suo posto, pianse disperato.**

যখন সে সোলেক্সকে তার জায়গায় দেখতে পেল, তখন সে ভগ্নহৃদয় ব্যথায় কেঁদে উঠল।

**L'orgoglio per il lavoro sui sentieri era profondo in Dave, anche quando la morte si avvicinava.**

মৃত্যুর সময় ঘনিয়ে আসার পরেও, ডেভের মনে ট্রেইল কাজের গর্ব গভীরভাবে কাজ করছিল।

**Mentre la slitta si muoveva, Dave arrancava nella neve soffice vicino al sentiero.**

স্লেজটি যখন নড়াচড়া করছিল, তখন ডেভ পথের কাছে নরম তুষারের মধ্য দিয়ে হেঁটে যাচ্ছিল।

**Attaccò Solleks, mordendolo e spingendolo giù dal lato della slitta.**

সে সোলেক্সকে আক্রমণ করে, স্লেজের পাশ থেকে কামড় দিয়ে ধাক্কা দেয়।

**Dave cercò di saltare nell'imbracatura e di riprendersi il suo posto di lavoro.**

ডেভ জোতায় লাফিয়ে ঢুকে তার কাজের জায়গা ফিরে পেতে চেষ্টা করল।

**Lui guaiva, si lamentava e piangeva, diviso tra il dolore e l'orgoglio del parto.**

সে চিৎকার করল, কান্নাকাটি করল, প্রসব যন্ত্রণা আর গর্বের মাঝে ছিঁড়ে গেল।

**Il meticcio usò la frusta per cercare di allontanare Dave dalla squadra.**

অর্ধ-জাতটি তার চাবুক ব্যবহার করে ডেভকে দল থেকে দূরে সরিয়ে দেওয়ার চেষ্টা করেছিল।

Ma Dave ignorò la frustata e l'uomo non riuscì a colpirlo più forte.

কিন্তু ডেভ চাবুকটি উপেক্ষা করল, এবং লোকটি তাকে আরও জোরে আঘাত করতে পারল না।

Dave rifiutò il sentiero più facile dietro la slitta, dove la neve era compatta.

ডেভ স্লেজের পিছনের সহজ পথটি প্রত্যাখ্যান করেছিল, যেখানে তুষার জমে ছিল।

Invece, si ritrovò a lottare nella neve profonda, ai lati del sentiero, in preda alla miseria.

বরং, সে পথের পাশে গভীর তুষারে কষ্টের মধ্যে লড়াই করেছিল।

Alla fine Dave crollò, giacendo sulla neve e urlando di dolore.

অবশেষে, ডেভ বরফের মধ্যে শুয়ে যন্ত্রণায় চিৎকার করতে করতে ভেঙে পড়ে।

Lanciò un grido mentre la lunga fila di slitte gli passava accanto una dopo l'altra.

স্লেজের লম্বা ট্রেন একে একে তাকে অতিক্রম করার সময় সে চিৎকার করে উঠল।

Tuttavia, con le poche forze che gli rimanevano, si alzò e barcollò dietro di loro.

তবুও, যতটুকু শক্তি অবশিষ্ট ছিল, সে উঠে পড়ল এবং তাদের পিছনে হোঁচট খেল।

Quando il treno si fermò di nuovo, lo raggiunse e trovò la sua vecchia slitta.

ট্রেন আবার থামলে সে ধরে ফেলল এবং তার পুরনো স্লেজটি খুঁজে পেল।

Superò con difficoltà le altre squadre e tornò a posizionarsi accanto a Solleks.

সে অন্য দলগুলোকে পেছনে ফেলে আবার সোলেক্সের পাশে দাঁড়ালো।

Mentre l'autista si fermava per accendere la pipa, Dave colse l'ultima occasione.

ড্রাইভার যখন তার পাইপ জ্বালানোর জন্য থামল, ডেভ তার শেষ সুযোগটি নিল।

Quando l'autista tornò e urlò, la squadra non avanzò.

যখন ড্রাইভার ফিরে এসে চিৎকার করল, দলটি আর এগোল না।

I cani avevano girato la testa, confusi dall'improvviso arresto.

হঠাৎ থেমে যাওয়ার কারণে কুকুরগুলো মাথা ঘুরিয়ে ফেলেছিল, বিভ্রান্তিতে।

Anche il conducente era scioccato: la slitta non si era mossa di un centimetro in avanti.

ড্রাইভারও হতবাক হয়ে গেল—স্লেজটি এক ইঞ্চিও এগোয়নি।

Chiamò gli altri perché venissero a vedere cosa era successo.

সে অন্যদের ডাকল, এসে দেখতে যাওয়ার জন্য।

Dave aveva masticato le redini di Solleks, spezzandole entrambe.

ডেভ সোলেক্সের লাগাম চিবিয়ে খেয়ে ফেলেছিল, দুটোই ভেঙে ফেলেছিল।

Ora era di nuovo in piedi davanti alla slitta, nella sua giusta posizione.

এবার সে স্লেজের সামনে দাঁড়িয়ে, তার সঠিক অবস্থানে ফিরে।

Dave alzò lo sguardo verso l'autista, implorandolo silenziosamente di restare al passo.

ডেভ ড্রাইভারের দিকে তাকালো, নীরবে ট্রেইলে থাকার জন্য অনুরোধ করলো।

L'autista era perplesso e non sapeva cosa fare per il cane in difficoltà.

ড্রাইভার হতবাক হয়ে গেল, সংগ্রামরত কুকুরটির জন্য কী করবে তা বুঝতে পারছিল না।

Gli altri uomini parlavano di cani morti perché li avevano portati fuori.

অন্যরা কুকুরগুলোকে বাইরে বের করে মারা যাওয়ার কথা বলল।

Raccontavano di cani vecchi o feriti il cui cuore si era spezzato quando erano stati abbandonati.

তারা বৃদ্ধ বা আহত কুকুরদের কথা বলল যাদের ফেলে গেলে হৃদয় ভেঙে যায়।

Concordarono che era un atto di misericordia lasciare che Dave morisse mentre era ancora imbrigliato.

তারা একমত হলো যে ডেভকে তার জোতায় থাকা অবস্থায় মরতে দেওয়াটা করুণা।

Fu rimesso in sicurezza sulla slitta e Dave tirò con orgoglio.

তাকে স্লেজের উপর আবার বেঁধে রাখা হয়েছিল, এবং ডেভ গর্বের সাথে টানছিল।

Anche se a volte gridava, lavorava come se il dolore potesse essere ignorato.

যদিও সে মাঝে মাঝে চিৎকার করত, তবুও সে এমনভাবে কাজ করত যেন ব্যথা উপেক্ষা করা যায়।

Più di una volta cadde e fu trascinato prima di rialzarsi.

একাধিকবার সে পড়ে গিয়েছিল এবং আবার উঠে দাঁড়ানোর আগে তাকে টেনে নিয়ে যাওয়া হয়েছিল।

A un certo punto la slitta gli rotolò addosso e da quel momento in poi zoppicò.

একবার, স্লেজটি তার উপর দিয়ে গড়িয়ে পড়ল, এবং সেই মুহূর্ত থেকে সে খোঁড়াতে লাগল।

Nonostante ciò, lavorò finché non raggiunse l'accampamento e poi si sdraiò accanto al fuoco.

তবুও, ক্যাম্পে পৌঁছানো পর্যন্ত সে কাজ করেছিল, এবং তারপর আগুনের পাশে শুয়েছিল।

Al mattino Dave era troppo debole per muoversi o anche solo per stare in piedi.

সকালের দিকে, ডেভ এতটাই দুর্বল হয়ে পড়েছিল যে সে ভ্রমণ করতে বা সোজা হয়ে দাঁড়াতেও পারছিল না।

Al momento di allacciare l'imbracatura, cercò di raggiungere il suo autista con sforzi tremanti.

জোতা বাঁধার সময়, সে কাঁপা কাঁপা শক্তিতে তার ড্রাইভারের কাছে পৌঁছানোর চেষ্টা করল।

Si sforzò di rialzarsi, barcollò e crollò sul terreno innevato.

সে জোর করে উঠে দাঁড়ালো, টলমল করলো, এবং তুষারাবৃত মাটিতে লুটিয়ে পড়লো।

Utilizzando le zampe anteriori, trascinò il suo corpo verso la zona dell'imbracatura.

তার সামনের পা ব্যবহার করে, সে তার শরীরকে টেনে নিয়ে গেল জোতা লাগানোর জায়গার দিকে।

Si fece avanti, centimetro dopo centimetro, verso i cani da lavoro.

সে নিজেকে ইঞ্চি ইঞ্চি করে এগিয়ে দিল, কর্মরত কুকুরগুলোর দিকে।

Le forze gli cedettero, ma continuò a muoversi nel suo ultimo disperato tentativo.

তার শক্তি ক্ষীণ হয়ে গেল, কিন্তু শেষ মরিয়া ধাক্কায় সে এগিয়ে যেতে থাকল।

I suoi compagni di squadra lo videro ansimare nella neve, ancora desideroso di unirsi a loro.

তার সতীর্থরা তাকে তুষারে হাঁপাতে দেখেছে, তবুও তাদের সাথে যোগ দিতে আগ্রহী।

Lo sentirono urlare di dolore mentre si lasciavano alle spalle l'accampamento.

শিবির ছেড়ে যাওয়ার সময় তারা তাকে দুঃখে চিৎকার করতে শুনতে পেল।

Mentre la squadra svaniva tra gli alberi, il grido di Dave risuonava dietro di loro.

দলটি যখন গাছে অদৃশ্য হয়ে গেল, তখন ডেভের কান্না তাদের পিছনে প্রতিধ্বনিত হল।

**Il treno delle slitte si fermò brevemente dopo aver attraversato un tratto di fiume ricco di boschi.**

নদীর কাঠের এক প্রান্ত অতিক্রম করার পর স্লেজ ট্রেনটি কিছুক্ষণের জন্য থামল।

**Il meticcio scozzese tornò lentamente verso l'accampamento alle sue spalle.**

স্কচ হাফ-ব্রিডটি ধীরে ধীরে পিছনের ক্যাম্পের দিকে হেঁটে গেল।

**Gli uomini smisero di parlare quando lo videro scendere dal treno delle slitte.**

তাকে স্লেজ ট্রেন থেকে নামতে দেখে লোকগুলো কথা বলা বন্ধ করে দিল।

**Poi un singolo colpo di pistola risuonò chiaro e netto attraverso il sentiero.**

তারপর পথ জুড়ে স্পষ্ট এবং ধারালো একটি গুলির শব্দ শোনা গেল।

**L'uomo tornò rapidamente e prese il suo posto senza dire una parola.**

লোকটি দ্রুত ফিরে এলো এবং কোন কথা না বলে নিজের জায়গায় চলে গেল।

**Le fruste schioccavano, i campanelli tintinnavano e le slitte avanzavano sulla neve.**

চাবুক বাজছিল, ঘন্টাধ্বনি হচ্ছিল, আর স্লেজগুলো তুষারের মধ্য দিয়ে গড়িয়ে যাচ্ছিল।

**Ma Buck sapeva cosa era successo, come tutti gli altri cani.**

কিন্তু বাক জানত কী ঘটেছে—আর অন্য সব কুকুরও তাই জানত।

## La fatica delle redini e del sentiero
## লাগাম এবং পথের পরিশ্রম

**Trenta giorni dopo aver lasciato Dawson, la Salt Water Mail raggiunse Skaguay.**

ডসন ছেড়ে যাওয়ার ত্রিশ দিন পর, সল্ট ওয়াটার মেইল স্কাগুয়েতে পৌঁছে।

**Buck e i suoi compagni di squadra presero il comando e arrivarono in condizioni pietose.**

বাক এবং তার সতীর্থরা করুণ অবস্থায় পৌঁছে লিড টেনে আনেন।

**Buck era sceso da 140 a 150 chili.**

বাকের ওজন একশ চল্লিশ পাউন্ড থেকে একশ পনেরো পাউন্ডে নেমে এসেছিল।

**Gli altri cani, sebbene più piccoli, avevano perso ancora più peso corporeo.**

অন্যান্য কুকুরগুলো, যদিও ছোট, তাদের শরীরের ওজন আরও বেশি কমে গিয়েছিল।

**Pike, che una volta zoppicava fingendo, ora trascinava dietro di sé una gamba veramente ferita.**

পাইক, একসময় ভুয়া লম্পার, এখন তার সত্যিকারের আহত পা টেনে নিয়ে যাচ্ছে।

**Solleks zoppicava gravemente e Dub aveva una scapola slogata.**

সোলেক্স খুব খুঁড়িয়ে খুঁড়িয়ে হাঁটছিল, আর ডাবের কাঁধে একটা মুচড়ে গিয়েছিল।

**Tutti i cani del team avevano i piedi doloranti a causa delle settimane trascorse sul sentiero ghiacciato.**

দলের প্রতিটি কুকুরের পায়ে ব্যথা হচ্ছিল কয়েক সপ্তাহ ধরে হিমায়িত পথে থাকার কারণে।

**Non avevano più slancio nei loro passi, solo un movimento lento e trascinato.**

তাদের পদক্ষেপে কোন স্প্রিং অবশিষ্ট ছিল না, কেবল ধীর, টানা গতি ছিল।

**I loro piedi colpivano il sentiero con forza e ogni passo aggiungeva ulteriore sforzo al loro corpo.**

তাদের পা দুটো পথের ধারে জোরে ধাক্কা খাচ্ছিল, প্রতিটি পদক্ষেপ তাদের শরীরে আরও চাপ যোগ করছিল।

**Non erano malati, erano solo stremati oltre ogni possibile guarigione naturale.**

তারা অসুস্থ ছিল না, কেবল স্বাভাবিকভাবে আরোগ্য লাভের বাইরে ক্লান্ত ছিল।

**Non si trattava della stanchezza di una giornata faticosa, curata con una notte di riposo.**

এটা এক কঠিন দিনের ক্লান্তি ছিল না, রাতের বিশ্রামে সেরে গেছে।

**Era una stanchezza accumulata lentamente attraverso mesi di sforzi estenuanti.**

মাসের পর মাস কঠোর পরিশ্রমের ফলে ধীরে ধীরে তৈরি হওয়া ক্লান্তিই ছিল এর মূল কারণ।

**Non era rimasta alcuna riserva di forze: avevano esaurito ogni energia a loro disposizione.**

আর কোন রিজার্ভ শক্তি অবশিষ্ট ছিল না—তাদের যা কিছু ছিল সব শেষ হয়ে গেছে।

**Ogni muscolo, fibra e cellula del loro corpo era consumato e usurato.**

তাদের শরীরের প্রতিটি পেশী, তন্তু এবং কোষ ক্ষয়প্রাপ্ত এবং জীর্ণ হয়ে গিয়েছিল।

**E c'era un motivo: avevano percorso duemilacinquecento miglia.**

আর এর একটা কারণ ছিল—তারা পঁচিশশো মাইল পথ পাড়ি দিয়েছিল।

**Si erano riposati solo cinque giorni durante le ultime milleottocento miglia.**

গত আঠারোশো মাইল চলাকালীন তারা মাত্র পাঁচ দিন বিশ্রাম নিয়েছিল।

Quando giunsero a Skaguay, sembrava che riuscissero a malapena a stare in piedi.

যখন তারা স্কাগুয়েতে পৌঁছালো, তখন তাদের সোজা হয়ে দাঁড়াতে খুব একটা অসুবিধা হচ্ছিল না।

Facevano fatica a tenere le redini strette e a restare davanti alla slitta.

তারা লাগাম শক্ত করে ধরে রাখতে এবং স্লেজের আগে থাকতে লড়াই করেছিল।

Nei pendii in discesa riuscivano solo a evitare di essere investiti.

উতরাইয়ের ঢালে, তারা কেবল ধাক্কা খেয়ে মারা যাওয়া এড়াতে পেরেছিল।

"Continuate a marciare, poveri piedi doloranti", disse l'autista mentre zoppicavano.

"এগিয়ে যাও, বেচারা ব্যথা পায়ে যাও," ড্রাইভার বললো, তারা খুঁড়ে হেঁটে যাচ্ছিল।

"Questo è l'ultimo tratto, poi ci prenderemo tutti un lungo riposo, di sicuro."

"এটা শেষ ধাপ, তারপর আমরা সবাই একটা দীর্ঘ বিশ্রাম পাবো, নিশ্চিত। "

"Un riposo davvero lungo", promise, guardandoli barcollare in avanti.

"একটা সত্যিকারের দীর্ঘ বিশ্রাম," তিনি প্রতিশ্রুতি দিলেন, তাদের টলমল করে এগিয়ে যেতে দেখলেন।

Gli autisti si aspettavano una lunga e necessaria pausa.

চালকরা আশা করেছিলেন যে তারা এখন একটি দীর্ঘ, প্রয়োজনীয় বিরতি পাবেন।

Avevano percorso milleduecento miglia con solo due giorni di riposo.

মাত্র দুই দিনের বিশ্রাম নিয়ে তারা বারোশো মাইল ভ্রমণ করেছিল।

Per correttezza e ragione, ritenevano di essersi guadagnati un po' di tempo per rilassarsi.

ন্যায্যতা এবং যুক্তির দ্বারা, তারা অনুভব করেছিল যে তারা বিশ্রামের জন্য সময় অর্জন করেছে।

Ma troppi erano giunti nel Klondike e troppo pochi erano rimasti a casa.

কিন্তু ক্লোনডাইকে অনেক লোক এসেছিল, এবং খুব কম লোকই বাড়িতে থেকেছিল।

Le lettere delle famiglie continuavano ad arrivare, creando pile di posta in ritardo.

পরিবারগুলি থেকে চিঠি এসে জমেছে, বিলম্বিত চিঠির স্তূপ তৈরি করেছে।

Arrivarono gli ordini ufficiali: i nuovi cani della Hudson Bay avrebbero preso il sopravvento.

অফিসিয়াল অর্ডার এসে গেছে—নতুন হাডসন বে কুকুররা দায়িত্ব নিতে চলেছে।

I cani esausti, ormai considerati inutili, dovevano essere eliminati.

ক্লান্ত কুকুর, যাদের এখন অকেজো বলা হচ্ছে, তাদের ফেলে দিতে হবে।

Poiché i soldi erano più importanti dei cani, venivano venduti a basso prezzo.

যেহেতু কুকুরের চেয়ে টাকা বেশি গুরুত্বপূর্ণ, তাই সেগুলো সস্তায় বিক্রি হতে চলেছে।

Passarono altri tre giorni prima che i cani si accorgessero di quanto fossero deboli.

আরও তিন দিন কেটে যাওয়ার পর কুকুরগুলো অনুভব করলো যে তারা কতটা দুর্বল।

La quarta mattina, due uomini provenienti dagli Stati Uniti acquistarono l'intera squadra.

চতুর্থ সকালে, আমেরিকা থেকে দুজন লোক পুরো দলটি কিনে নিল।

La vendita comprendeva tutti i cani e le loro imbracature usate.

বিক্রয়ের মধ্যে সমস্ত কুকুর, এবং তাদের জীর্ণ হারনেস সরঞ্জাম অন্তর্ভুক্ত ছিল।

Mentre concludevano l'affare, gli uomini si chiamavano tra loro "Hal" e "Charles".

চুক্তি সম্পন্ন করার সময় তারা একে অপরকে "হাল" এবং "চার্লস" বলে ডাকত।

Charles era un uomo di mezza età, pallido, con labbra molli e folti baffi.

চার্লস ছিলেন মধ্যবয়সী, ফ্যাকাশে, ঠোঁট নরম আর গোঁফের ডগা লম্বা।

Hal era un giovane, forse diciannove anni, che indossava una cintura imbottita di cartucce.

হ্যাল ছিল একজন যুবক, সম্ভবত উনিশ বছর বয়সী, কার্তুজ ভর্তি বেল্ট পরা।

Nella cintura erano contenuti un grosso revolver e un coltello da caccia, entrambi inutilizzati.

বেল্টটিতে একটি বড় রিভলবার এবং একটি শিকারের ছুরি ছিল, উভয়ই অব্যবহৃত ছিল।

Dimostrava quanto fosse inesperto e inadatto alla vita nel Nord.

এটি দেখিয়েছিল যে তিনি উত্তরাঞ্চলীয় জীবনের জন্য কতটা অনভিজ্ঞ এবং অযোগ্য ছিলেন।

Nessuno dei due uomini viveva in natura; la loro presenza sfidava ogni ragionevolezza.

কোন মানুষই বনের ছিল না; তাদের উপস্থিতি সমস্ত যুক্তিকে অস্বীকার করেছিল।

Buck osservava lo scambio di denaro tra l'acquirente e l'agente.

বাক ক্রেতা এবং এজেন্টের মধ্যে অর্থ বিনিময়ের দৃশ্য দেখছিলেন।

**Sapeva che i conducenti dei treni postali stavano abbandonando la sua vita come tutti gli altri.**

সে জানত যে মেইল-ট্রেন চালকরা বাকিদের মতো তার জীবন ছেড়ে চলে যাচ্ছে।

**Seguirono Perrault e François, ormai scomparsi.**

তারা পেরাল্ট এবং ফ্রাঁসোয়াকে অনুসরণ করেছিল, এখন তাদের স্মরণকালের বাইরে চলে গেছে।

**Buck e la squadra vennero condotti al disordinato accampamento dei loro nuovi proprietari.**

বাক এবং দলকে তাদের নতুন মালিকদের অগোছালো ক্যাম্পে নিয়ে যাওয়া হয়েছিল।

**La tenda cedeva, i piatti erano sporchi e tutto era in disordine.**

তাঁবুটি ঝুলে পড়েছিল, থালা-বাসন নোংরা ছিল, এবং সবকিছু এলোমেলো অবস্থায় পড়ে ছিল।

**Anche Buck notò una donna lì: Mercedes, moglie di Charles e sorella di Hal.**

বাক সেখানে একজন মহিলাকেও লক্ষ্য করলেন—চার্লসের স্ত্রী এবং হ্যালের বোন মার্সিডিজ।

**Formavano una famiglia completa, anche se erano tutt'altro che adatti al sentiero.**

তারা একটি সম্পূর্ণ পরিবার তৈরি করেছিল, যদিও পথের সাথে খুব একটা মানানসই ছিল না।

**Buck osservava nervosamente mentre il trio iniziava a impacchettare le provviste.**

তিনজন যখন জিনিসপত্র গুছিয়ে নিতে শুরু করল, তখন বাক ভয়ে তাকিয়ে রইল।

**Lavoravano duro ma senza ordine, solo confusione e sforzi sprecati.**

তারা কঠোর পরিশ্রম করেছিল কিন্তু কোনও শৃঙ্খলা ছাড়াই - কেবল হট্টগোল এবং ব্যর্থ প্রচেষ্টা।

**La tenda era arrotolata fino a formare una sagoma ingombrante, decisamente troppo grande per la slitta.**

তাঁবুটি ভারী আকৃতিতে গড়িয়ে ফেলা হয়েছিল, স্লেজের জন্য অনেক বড়।

I piatti sporchi venivano imballati senza essere stati né lavati né asciugati.

নোংরা থালা–বাসনগুলো পরিষ্কার বা শুকানো ছাড়াই প্যাক করা হয়েছিল।

Mercedes svolazzava in giro, parlando, correggendo e intromettendosi in continuazione.

মার্সিডিজ এদিক–ওদিক ঘুরপাক খাচ্ছিল, ক্রমাগত কথা বলছিল, সংশোধন করছিল এবং হস্তক্ষেপ করছিল।

Quando le misero un sacco davanti, lei insistette perché lo mettesse dietro.

যখন একটি বস্তা সামনে রাখা হয়েছিল, তখন সে জোর দিয়ে বলল যে এটি পিছনের দিকে রাখতে হবে।

Mise il sacco in fondo e un attimo dopo ne ebbe bisogno.

সে বস্তাটা নীচের অংশে গুছিয়ে নিল, আর পরের মুহূর্তেই তার সেটার প্রয়োজন পড়ল।

Quindi la slitta venne disimballata di nuovo per raggiungere quella specifica borsa:

তাই স্লেজটি আবার খুলে নির্দিষ্ট ব্যাগে পৌঁছানো হল।

Lì vicino, tre uomini stavano fuori da una tenda e osservavano la scena che si svolgeva.

কাছাকাছি, তিনজন লোক একটি তাঁবুর বাইরে দাঁড়িয়ে দৃশ্যটি পর্যবেক্ষণ করছিল।

Sorrisero, ammiccarono e sogghignarono di fronte all'evidente confusione dei nuovi arrivati.

নতুনদের স্পষ্ট বিভ্রান্তিতে তারা হাসল, চোখ টিপল এবং হাসল।

"Hai già un carico parecchio pesante", disse uno degli uomini.

"তোমার কাঁধে ইতিমধ্যেই একটা ভারী বোঝা চাপিয়ে দেওয়া হয়েছে," একজন লোক বলল।

"Non credo che dovresti portare quella tenda, ma la scelta è tua."

"আমার মনে হয় না তোমার ঐ তাঁবুটা বহন করা উচিত, কিন্তু এটা তোমার পছন্দ।"

"Impensabile!" esclamò Mercedes, alzando le mani in segno di disperazione.

"স্বপ্নেও ভাবিনি!" হতাশায় হাত তুলে চিৎকার করে উঠল মার্সিডিজ।

"Come potrei viaggiare senza una tenda sotto cui dormire?"

"আমি কীভাবে তাঁবুর নিচে থাকার ব্যবস্থা ছাড়া ভ্রমণ করতে পারি?"

«È primavera, non vedrai più il freddo», rispose l'uomo.

"এখন বসন্তকাল – তুমি আর ঠান্ডা আবহাওয়া দেখতে পাবে না," লোকটি উত্তর দিল।

Ma lei scosse la testa e loro continuarono ad accumulare oggetti sulla slitta.

কিন্তু সে মাথা নাড়ল, আর তারা স্লেজের উপর জিনিসপত্র স্তূপ করে রাখতে লাগল।

Il carico era pericolosamente alto mentre aggiungevano gli ultimi oggetti.

শেষ জিনিসগুলো যোগ করার সাথে সাথে বোঝা বিপজ্জনকভাবে বেড়ে গেল।

"Pensi che la slitta andrà avanti?" chiese uno degli uomini con aria scettica.

"কি মনে হয় স্লেজটা চড়বে?" সন্দেহপ্রবণ দৃষ্টিতে একজন লোক জিজ্ঞাসা করল।

"E perché non dovrebbe?" ribatté Charles con netto fastidio.

"কেন এটা করা উচিত নয়?" চার্লস তীব্র বিরক্তির সাথে পাল্টা জবাব দিল।

"Oh, va bene", disse rapidamente l'uomo, evitando di offendersi.

"ওহ, ঠিক আছে," লোকটি দ্রুত বলল, আক্রমণ থেকে সরে গেল।

"Mi chiedevo solo: mi sembrava un po' troppo pesante nella parte superiore."

"আমি শুধু ভাবছিলাম—এটা আমার কাছে একটু বেশি ভারী মনে হচ্ছিল।"

Charles si voltò e legò il carico meglio che poté.

চার্লস মুখ ফিরিয়ে নিল এবং যতটা সম্ভব বোঝাটা বেঁধে ফেলল।

Ma le legature erano allentate e l'imballaggio nel complesso era fatto male.

কিন্তু ল্যাশিংগুলো আলগা ছিল এবং সামগ্রিকভাবে প্যাকিং খারাপভাবে করা হয়েছিল।

"Certo, i cani tireranno così tutto il giorno", disse sarcasticamente un altro uomo.

"অবশ্যই, কুকুরগুলো সারাদিন ওটা টেনে ধরবে," আরেকজন লোক ব্যঙ্গাত্মকভাবে বলল।

«Certamente», rispose Hal freddamente, afferrando il lungo timone della slitta.

"অবশ্যই," হ্যাল ঠান্ডা গলায় উত্তর দিল, স্লেজের লম্বা গী-পোল ধরে।

Tenendo una mano sul palo, faceva roteare la frusta nell'altra.

এক হাত লাঠিতে রেখে, অন্য হাতে চাবুকটি ঘুরিয়ে দিল।

"Andiamo!" urlò. "Muovetevi!", incitando i cani a partire.

"চল যাই!" সে চিৎকার করে বলল। "এটা সরাও!" কুকুরগুলোকে শুরু করার জন্য অনুরোধ করল।

I cani si appoggiarono all'imbracatura e si sforzarono per qualche istante.

কুকুরগুলো জোতায় ঝুঁকে পড়ল এবং কয়েক মুহূর্ত ধরে টান দিল।

Poi si fermarono, incapaci di spostare di un centimetro la slitta sovraccarica.

তারপর তারা থামল, অতিরিক্ত বোঝাই স্লেজটি এক ইঞ্চিও নড়তে না পেরে।

**"Quei fannulloni!" urlò Hal, alzando la frusta per colpirli.**
"অলস পশুরা!" হ্যাল চিৎকার করে উঠল, তাদের আঘাত করার জন্য চাবুক তুলে নিল।

**Ma Mercedes si precipitò dentro e strappò la frusta dalle mani di Hal.**
কিন্তু মার্সিডিজ ছুটে এসে হ্যালের হাত থেকে চাবুকটি কেড়ে নিল।

**«Oh, Hal, non osare far loro del male», gridò allarmata.**
"ওহ, হ্যাল, ওদের ক্ষতি করার সাহস করো না," সে আতঙ্কে চিৎকার করে উঠল।

**"Promettimi che sarai gentile con loro, altrimenti non farò un altro passo."**
"আমাকে কথা দাও যে তুমি তাদের প্রতি সদয় হবে, নাহলে আমি আর এক পাও এগোবো না।"

**"Non sai niente di cani", scattò Hal contro la sorella.**
"তুমি কুকুর সম্পর্কে কিছুই জানো না," হ্যাল তার বোনের দিকে তাকিয়ে বলল।

**"Sono pigri e l'unico modo per smuoverli è frustarli."**
"তারা অলস, এবং তাদের সরানোর একমাত্র উপায় হল চাবুক মারা।"

**"Chiedi a chiunque, chiedi a uno di quegli uomini laggiù se dubiti di me."**
"যাকে জিজ্ঞেস করো—আমার ব্যাপারে সন্দেহ থাকলে ওখানকার লোকদের একজনকে জিজ্ঞেস করো।"

**Mercedes guardò gli astanti con occhi imploranti e pieni di lacrime.**
মার্সিডিজ দর্শকদের দিকে অনুনয়-বিনয়, অশ্রুসিক্ত চোখে তাকাল।

**Il suo viso rivelava quanto odiasse la vista di qualsiasi dolore.**
তার মুখমণ্ডলে বোঝা যাচ্ছিল যে, যেকোনো ব্যথা দেখতে সে কতটা ঘৃণা করে।

**"Sono deboli, tutto qui", ha detto un uomo. "Sono sfiniti."**

"ওরা দুর্বল, এইটুকুই," একজন বলল। "ওরা জীর্ণ।"

"Hanno bisogno di riposare: hanno lavorato troppo a lungo senza una pausa."

"তাদের বিশ্রামের প্রয়োজন – বিরতি ছাড়াই তাদের অনেকক্ষণ ধরে কাজ করতে হয়েছে।"

«Che il resto sia maledetto», borbottò Hal arricciando il labbro.

"অবশ্যই অভিশপ্ত হোক," হ্যাল ঠোঁট কুঁচকে বিড়বিড় করে বলল।

Mercedes sussultò, visibilmente addolorata per le parole volgari pronunciate da lui.

মার্সিডিজ হাঁপাতে হাঁপাতে বলল, স্পষ্টতই তার মুখের রুক্ষ কথায় সে ব্যথা পেয়েছে।

Ciononostante, lei rimase leale e difese immediatamente il fratello.

তবুও, সে অনুগত ছিল এবং তাৎক্ষণিকভাবে তার ভাইকে রক্ষা করেছিল।

"Non badare a quell'uomo", disse ad Hal. "Sono i nostri cani."

"ওই লোকটাকে কিছু মনে করো না," সে হ্যালকে বলল। "ওরা আমাদের কুকুর।"

"Li guidi come meglio credi: fai ciò che ritieni giusto."

"তুমি যেভাবে উপযুক্ত মনে করো, সেগুলো চালাও – তুমি যা ঠিক মনে করো তাই করো।"

Hal sollevò la frusta e colpì di nuovo i cani senza pietà.

হ্যাল চাবুক তুলে আবার কুকুরগুলোকে কোন দয়া না করে আঘাত করল।

Si lanciarono in avanti, con i corpi bassi e i piedi che affondavano nella neve.

তারা সামনের দিকে লাফিয়ে উঠল, শরীর নিচু করে, পা তুষারে ঠেলে দিল।

Tutta la loro forza era concentrata nel traino, ma la slitta non si muoveva.

তাদের সমস্ত শক্তি টানতে লাগল, কিন্তু স্লেজটি নড়ছিল না।

La slitta rimase bloccata, come un'ancora congelata nella neve compatta.

স্লেজটি আটকে রইল, যেন বরফের মধ্যে নোঙর জমে গেছে।

Dopo un secondo tentativo, i cani si fermarono di nuovo, ansimando forte.

দ্বিতীয়বার চেষ্টা করার পর, কুকুরগুলো আবার থেমে গেল, জোরে হাঁপাতে লাগল।

Hal sollevò di nuovo la frusta, proprio mentre Mercedes interferiva di nuovo.

হ্যাল আবারও চাবুক তুলল, ঠিক যখন মার্সিডিজ আবার বাধা দিল।

Si lasciò cadere in ginocchio davanti a Buck e gli abbracciò il collo.

সে বাকের সামনে হাঁটু গেড়ে বসে তার ঘাড় জড়িয়ে ধরল।

Le lacrime le riempivano gli occhi mentre implorava il cane esausto.

ক্লান্ত কুকুরটিকে অনুরোধ করতে করতে তার চোখ অশ্রুতে ভরে গেল।

"Poveri cari", disse, "perché non tirate più forte?"

"তোমরা বেচারা," সে বলল, "কেন তোমরা আরও জোরে টানছো না?"

"Se tiri, non verrai frustato così."

"যদি তুমি টান দাও, তাহলে তোমাকে এভাবে বেত্রাঘাত করা হবে না।"

A Buck non piaceva Mercedes, ma ormai era troppo stanco per resisterle.

বাক মার্সিডিজকে অপছন্দ করত, কিন্তু এখন সে এত ক্লান্ত যে তাকে প্রতিরোধ করতে পারছিল না।

Lui accettò le sue lacrime come se fossero solo un'altra parte di quella giornata miserabile.

সে তার চোখের জলকে সেই দুঃখের দিনের আরেকটি অংশ হিসেবে গ্রহণ করেছিল।

Uno degli uomini che osservavano, dopo aver represso la rabbia, finalmente parlò.

পর্যবেক্ষকদের একজন অবশেষে তার রাগ সংবরণ করে কথা বলল।

"Non mi interessa cosa succede a voi, ma quei cani sono importanti."

"তোমাদের সাথে কী হবে তা আমার পরোয়া নেই, কিন্তু ওই কুকুরগুলো গুরুত্বপূর্ণ।"

"Se vuoi aiutare, stacca quella slitta: è ghiacciata e innevata."

"যদি তুমি সাহায্য করতে চাও, তাহলে স্লেজটা খুলে ফেলো—এটা বরফে জমে গেছে।"

"Spingi con forza il palo della luce, a destra e a sinistra, e rompi il sigillo di ghiaccio."

"জি-পোলটিতে ডানে-বামে জোরে ধাক্কা দাও, এবং বরফের সীল ভেঙে ফেলো।"

Fu fatto un terzo tentativo, questa volta seguendo il suggerimento dell'uomo.

লোকটির পরামর্শ অনুসরণ করে এবার তৃতীয়বার চেষ্টা করা হয়েছিল।

Hal fece oscillare la slitta da una parte all'altra, facendo staccare i pattini.

হ্যাল স্লেজটিকে এদিক-ওদিক নাড়াচাড়া করে, দৌড়বিদদের ছেড়ে দেয়।

La slitta, benché sovraccarica e scomoda, alla fine sobbalzò in avanti.

স্লেজটি, যদিও অতিরিক্ত বোঝাই এবং বিশ্রী ছিল, অবশেষে সামনের দিকে ঝুঁকে পড়ল।

Buck e gli altri tirarono selvaggiamente, spinti da una tempesta di frustate.

বাক এবং অন্যরা হুইপল্যাশের ঝড়ের তাণ্ডবে উন্মত্তভাবে এগিয়ে গেল।

**Un centinaio di metri più avanti, il sentiero curvava e scendeva in pendenza verso la strada.**

একশ গজ এগিয়ে, পথটি বাঁকা হয়ে রাস্তার দিকে ঢালু হয়ে গেল।

**Ci sarebbe voluto un guidatore esperto per tenere la slitta in posizione verticale.**

স্লেজটি সোজা রাখার জন্য একজন দক্ষ চালকের প্রয়োজন হত।

**Hal non era abile e la slitta si ribaltò mentre svoltava.**

হ্যাল দক্ষ ছিল না, এবং বাঁকের চারপাশে ঘোরার সময় স্লেজটি উল্টে যেত।

**Le cinghie allentate cedettero e metà del carico si rovesciò sulla neve.**

আলগা আঘাতগুলো সরে গেল, এবং অর্ধেক বোঝা তুষারের উপর ছিটকে পড়ল।

**I cani non si fermarono; la slitta più leggera continuò a procedere su un fianco.**

কুকুরগুলো থামেনি; হালকা স্লেজটি তার পাশ দিয়ে উড়ে গেল।

**I cani, furiosi per i maltrattamenti e per il peso del carico, corsero più veloci.**

গালিগালাজ এবং ভারী বোঝায় রেগে কুকুরগুলো আরও দ্রুত দৌড়াতে লাগল।

**Buck, infuriato, si lanciò a correre, seguito dalla squadra.**

বাক, রেগে, দৌড়ে পালালো, আর দলটিও তাদের পিছনে পিছনে গেল।

**Hal urlò "Whoa! Whoa!" ma la squadra non gli prestò attenzione.**

হ্যাল চিৎকার করে বলল, "ওহ! ওহ!" কিন্তু দলটি তার দিকে কোন মনোযোগ দিল না।

**Inciampò, cadde e fu trascinato a terra dall'imbracatura.**

সে হোঁচট খেয়ে পড়ে গেল, এবং জোতা তাকে মাটিতে টেনে নিয়ে গেল।

La slitta rovesciata lo travolse mentre i cani continuavano a correre avanti.

কুকুরগুলো যখন সামনের দিকে ছুটে যাচ্ছিল, তখন উল্টে যাওয়া স্লেজটি তার উপর দিয়ে ধাক্কা মারল।

Il resto delle provviste è sparso lungo la trafficata strada di Skaguay.

বাকি সরবরাহ স্কাগুয়ের ব্যস্ত রাস্তায় ছড়িয়ে ছিটিয়ে আছে।

Le persone di buon cuore si precipitarono a fermare i cani e a raccogliere l'attrezzatura.

দয়ালু লোকেরা কুকুরগুলোকে থামাতে এবং সরঞ্জাম সংগ্রহ করতে ছুটে গেল।

Diedero anche consigli schietti e pratici ai nuovi viaggiatori.

তারা নতুন ভ্রমণকারীদের স্পষ্ট এবং ব্যবহারিক পরামর্শও দিয়েছিলেন।

"Se vuoi raggiungere Dawson, prendi metà del carico e raddoppia i cani."

"যদি তুমি ডসনে পৌঁছাতে চাও, তাহলে অর্ধেক বোঝা নাও এবং কুকুরের দ্বিগুণ বোঝা নাও।"

Hal, Charles e Mercedes ascoltarono, anche se non con entusiasmo.

হ্যাল, চার্লস এবং মার্সিডিজ শুনল, যদিও উৎসাহের সাথে নয়।

Montarono la tenda e cominciarono a sistemare le loro provviste.

তারা তাদের তাঁবু স্থাপন করল এবং তাদের জিনিসপত্র বাছাই শুরু করল।

Ne uscirono dei cibi in scatola, che fecero ridere a crepapelle gli astanti.

টিনজাত পণ্য বেরিয়ে এলো, যা দেখে দর্শকরা জোরে হেসে উঠলো।

"Roba in scatola sul sentiero? Morirai di fame prima che si sciolga", disse uno.

"পথে টিনজাত জিনিসপত্র? ওগুলো গলে যাওয়ার আগে তুমি ক্ষুধার্ত থাকবে," একজন বলল।

"Coperte d'albergo? Meglio buttarle via tutte."

"হোটেলের কম্বল? সব ফেলে দেওয়াই ভালো।"

"Togli anche la tenda e qui nessuno laverà più i piatti."

"তাঁবুটাও খুলে ফেলো, আর এখানে কেউ থালা-বাসন ধোয় না।"

"Pensi di viaggiare su un treno Pullman con dei servitori a bordo?"

"তুমি কি মনে করো তুমি চাকরদের সাথে পুলম্যান ট্রেনে চড়ছো?"

Il processo ebbe inizio: ogni oggetto inutile venne gettato da parte.

প্রক্রিয়া শুরু হলো—প্রতিটি অকেজো জিনিসপত্র পাশে ফেলে দেওয়া হলো।

Mercedes pianse quando le sue borse furono svuotate sul terreno innevato.

মার্সিডিজের ব্যাগগুলো তুষারাবৃত মাটিতে খালি করার সময় সে কেঁদে ফেলে।

Singhiozzava per ogni oggetto buttato via, uno per uno, senza sosta.

সে থেমে না গিয়ে একে একে ফেলে দেওয়া প্রতিটি জিনিসের উপর কাঁদতে লাগল।

Giurò di non fare un altro passo, nemmeno per dieci Charles.

সে প্রতিজ্ঞা করল যে আর এক পাও এগোবে না—এমনকি দশজন চার্লসের জন্যও না।

Pregò ogni persona vicina di lasciarle conservare le sue cose preziose.

সে আশেপাশের প্রত্যেককে অনুরোধ করল যেন সে তার মূল্যবান জিনিসপত্রগুলো রাখতে পারে।

Alla fine si asciugò gli occhi e cominciò a gettare via anche i vestiti più importanti.

অবশেষে, সে চোখ মুছে ফেলল এবং এমনকি গুরুত্বপূর্ণ পোশাকও ছুঁড়ে ফেলতে শুরু করল।

Una volta terminato il suo, cominciò a svuotare le scorte degli uomini.

নিজের কাজ শেষ হলে, সে পুরুষদের জিনিসপত্র খালি করতে শুরু করল।

Come un turbine, fece a pezzi gli effetti personali di Charles e Hal.

ঘূর্ণিঝড়ের মতো সে চার্লস এবং হ্যালের জিনিসপত্র ছিঁড়ে ফেলল।

Sebbene il carico fosse dimezzato, era comunque molto più pesante del necessario.

যদিও বোঝা অর্ধেক কমে গিয়েছিল, তবুও এটি প্রয়োজনের তুলনায় অনেক বেশি ভারী ছিল।

Quella notte, Charles e Hal uscirono e comprarono sei nuovi cani.

সেই রাতে, চার্লস এবং হ্যাল বাইরে গিয়ে ছয়টি নতুন কুকুর কিনে আনল।

Questi nuovi cani si unirono ai sei originali, più Teek e Koona.

এই নতুন কুকুরগুলো মূল ছয়টি কুকুরের সাথে যোগ দিয়েছে, এবং টিক এবং কুনাও।

Insieme formarono una squadra di quattordici cani attaccati alla slitta.

তারা একসাথে চৌদ্দটি কুকুরের একটি দল তৈরি করল যারা স্লেজে বাঁধা ছিল।

Ma i nuovi cani erano inadatti e poco addestrati per il lavoro con la slitta.

কিন্তু নতুন কুকুরগুলো স্লেজ চালানোর জন্য অযোগ্য এবং দুর্বলভাবে প্রশিক্ষিত ছিল।

Tre dei cani erano cani da caccia a pelo corto, mentre uno era un Terranova.

কুকুরগুলির মধ্যে তিনটি ছিল ছোট চুলের পয়েন্টার, এবং একটি ছিল নিউফাউন্ডল্যান্ডের।

Gli ultimi due cani erano meticci senza alcuna razza o scopo ben definito.

শেষ দুটি কুকুর ছিল মট, যার কোনও স্পষ্ট জাত বা উদ্দেশ্য ছিল না।

Non capivano il percorso e non lo imparavano in fretta.

তারা পথটি বুঝতে পারেনি, এবং তারা তা দ্রুত শিখতে পারেনি।

Buck e i suoi compagni li osservavano con disprezzo e profonda irritazione.

বাক এবং তার সঙ্গীরা তাদের ঘৃণা এবং গভীর বিরক্তির সাথে দেখছিল।

Sebbene Buck insegnasse loro cosa non fare, non poteva insegnare loro il dovere.

যদিও বাক তাদের কী করা উচিত নয় তা শিখিয়েছিলেন, তিনি কর্তব্য শেখাতে পারেননি।

Non amavano la vita sui sentieri né la trazione delle redini e delle slitte.

জীবনকে অনুসরণ করা বা লাগাম এবং স্লেজের টান তাদের ভালো লাগেনি।

Soltanto i bastardi cercarono di adattarsi, e anche a loro mancava lo spirito combattivo.

কেবল মংগ্রেলরাই মানিয়ে নেওয়ার চেষ্টা করেছিল, এমনকি তাদের মধ্যেও লড়াইয়ের মনোভাবের অভাব ছিল।

Gli altri cani erano confusi, indeboliti e distrutti dalla loro nuova vita.

অন্যান্য কুকুরগুলি তাদের নতুন জীবনের দ্বারা বিভ্রান্ত, দুর্বল এবং ভেঙে পড়েছিল।

Con i nuovi cani all'oscuro e i vecchi esausti, la speranza era flebile.

নতুন কুকুরগুলো অজ্ঞ এবং পুরনোগুলো ক্লান্ত হয়ে পড়ায়, আশা ক্ষীণ হয়ে গেল।

La squadra di Buck aveva percorso duemilacinquecento miglia di sentiero accidentato.

বাকের দল পঁচিশশ মাইল কঠিন পথ অতিক্রম করেছিল।

Ciononostante, i due uomini erano allegri e orgogliosi della loro grande squadra di cani.

তবুও, দুই ব্যক্তি তাদের বিশাল কুকুর দল নিয়ে খুশি এবং গর্বিত ছিল।

Pensavano di viaggiare con stile, con quattordici cani al seguito.

তারা ভেবেছিল তারা বেশ স্টাইলিশভাবে ভ্রমণ করছে, চৌদ্দটি কুকুরকে বেঁধে।

Avevano visto delle slitte partire per Dawson e altre arrivarne.

তারা স্লেজগুলো ডসনের উদ্দেশ্যে রওনা হতে দেখেছিল, এবং অন্যগুলো সেখান থেকে আসতেও দেখেছিল।

Ma non ne avevano mai vista una trainata da ben quattordici cani.

কিন্তু তারা কখনও দেখেনি যে চৌদ্দটি কুকুরের মতো একটি কুকুরকেও তারা টেনে নিয়ে গেছে।

C'era un motivo per cui squadre del genere erano rare nelle terre selvagge dell'Artico.

আর্কটিক প্রান্তরে এই ধরনের দল বিরল হওয়ার একটা কারণ ছিল।

Nessuna slitta poteva trasportare cibo sufficiente a sfamare quattordici cani per l'intero viaggio.

কোনও স্লেজেই ভ্রমণের জন্য চৌদ্দটি কুকুরকে খাওয়ানোর জন্য পর্যাপ্ত খাবার বহন করা যেত না।

Ma Charles e Hal non lo sapevano: avevano fatto i calcoli.

কিন্তু চার্লস আর হ্যাল সেটা জানত না—তারা হিসাবটা করে ফেলেছিল।

**Hanno pianificato la razione di cibo: una certa quantità per cane, per un certo numero di giorni, fatta.**

তারা খাবারের তালিকা লিখে রাখল: কুকুর প্রতি এত, এত দিনে, শেষ।

**Mercedes guardò i numeri e annuì come se avessero senso.**

মার্সিডিজ তাদের আকৃতির দিকে তাকিয়ে মাথা নাড়ল যেন এটা যুক্তিসঙ্গত।

**Tutto le sembrava molto semplice, almeno sulla carta.**

অন্তত কাগজে–কলমে তার কাছে সবকিছুই খুব সহজ মনে হয়েছিল।


**La mattina seguente, Buck guidò lentamente la squadra lungo la strada innevata.**

পরের দিন সকালে, বাক দলটিকে ধীরে ধীরে তুষারাবৃত রাস্তা দিয়ে উপরে নিয়ে গেলেন।

**Non c'era né energia né spirito in lui e nei cani dietro di lui.**

তার মধ্যে বা তার পিছনের কুকুরগুলিতে কোনও শক্তি বা প্রাণশক্তি ছিল না।

**Erano stanchi morti fin dall'inizio: non avevano più riserve.**

তারা শুরু থেকেই ক্লান্ত ছিল—কোনও রিজার্ভ অবশিষ্ট ছিল না।

**Buck aveva già fatto quattro viaggi tra Salt Water e Dawson.**

বাক ইতিমধ্যেই সল্ট ওয়াটার এবং ডসনের মধ্যে চারটি ট্রিপ করেছে।

**Ora, di fronte alla stessa pista, non provava altro che amarezza.**

এখন, আবার একই পথের মুখোমুখি হয়ে, সে তিক্ততা ছাড়া আর কিছুই অনুভব করল না।

**Il suo cuore non c'era, e nemmeno quello degli altri cani.**

তার হৃদয় এতে ছিল না, অন্য কুকুরদের হৃদয়ও ছিল না।

**I nuovi cani erano timidi e gli husky non si fidavano per niente.**

নতুন কুকুরগুলো ছিল ভীতু, আর হাস্কিদের মধ্যে একেবারেই আস্থার অভাব ছিল।

Buck capì che non poteva fare affidamento su quei due uomini o sulla loro sorella.

বাক বুঝতে পারল যে সে এই দুই ব্যক্তি বা তাদের বোনের উপর নির্ভর করতে পারছে না।

Non sapevano nulla e non mostravano alcun segno di apprendimento lungo il percorso.

তারা কিছুই জানত না এবং পথে কোন শিক্ষার লক্ষণও দেখাল না।

Erano disorganizzati e privi di qualsiasi senso di disciplina.

তারা ছিল অসংগঠিত এবং তাদের মধ্যে শৃঙ্খলার কোনও অভাব ছিল।

Ogni volta impiegavano metà della notte per allestire un accampamento malmesso.

প্রতিবারই একটা এলোমেলো ক্যাম্প তৈরি করতে তাদের অর্ধেক রাত লেগে যেত।

E metà della mattina successiva la trascorsero di nuovo armeggiando con la slitta.

আর পরের দিন সকালের অর্ধেকটা তারা আবার স্লেজটা নিয়ে ঝামেলায় কাটিয়েছে।

Spesso a mezzogiorno si fermavano solo per sistemare il carico irregolare.

দুপুরের দিকে, তারা প্রায়শই অসম লোড ঠিক করার জন্য থামত।

In alcuni giorni percorsero meno di dieci miglia in totale.

কিছু দিন, তারা মোট দশ মাইলেরও কম ভ্রমণ করেছে।

Altri giorni non riuscivano proprio ad abbandonare l'accampamento.

অন্যান্য দিন, তারা ক্যাম্প ছেড়ে যেতে পারত না।

Non sono mai riusciti a coprire la distanza alimentare prevista.

তারা কখনই পরিকল্পিত খাবারের দূরত্ব অতিক্রম করতে পারেনি।

**Come previsto, il cibo per i cani finì molto presto.**

যেমনটা আশা করা হয়েছিল, খুব দ্রুত তাদের কুকুরের জন্য খাবারের অভাব হয়ে গেল।

**Nei primi tempi hanno peggiorato ulteriormente la situazione con l'eccesso di cibo.**

প্রথম দিকে অতিরিক্ত খাওয়ানোর মাধ্যমে তারা পরিস্থিতি আরও খারাপ করে তুলেছিল।

**Ciò rendeva la carestia sempre più vicina, con ogni razione disattenta.**

এটি প্রতিটি অসাবধান খাদ্যের সাথে সাথে ক্ষুধা আরও কাছে এনেছে।

**I nuovi cani non avevano ancora imparato a sopravvivere con molto poco.**

নতুন কুকুরগুলো খুব কম জিনিস দিয়ে বেঁচে থাকতে শেখেনি।

**Mangiarono avidamente, con un appetito troppo grande per il sentiero.**

তারা ক্ষুধার্ত অবস্থায় খেয়েছে, পথ চলার জন্য ক্ষুধা খুব বেশি।

**Vedendo i cani indebolirsi, Hal pensò che il cibo non fosse sufficiente.**

কুকুরগুলো দুর্বল হয়ে পড়া দেখে হ্যাল বিশ্বাস করলো যে খাবার যথেষ্ট নয়।

**Raddoppiò le razioni, peggiorando ulteriormente l'errore.**

সে রেশন দ্বিগুণ করে দিল, যার ফলে ভুলটা আরও খারাপ হয়ে গেল।

**Mercedes aggravò il problema con le sue lacrime e le sue suppliche sommesse.**

মার্সিডিজ চোখের জল আর মৃদু অনুনয়-বিনয় দিয়ে সমস্যা আরও বাড়িয়ে দিল।

**Quando non riuscì a convincere Hal, diede da mangiare ai cani di nascosto.**

যখন সে হ্যালকে রাজি করাতে পারল না, তখন সে গোপনে কুকুরগুলোকে খাবার দিত।

**Rubò il pesce dai sacchi e glielo diede alle spalle.**

সে মাছের বস্তা থেকে চুরি করে তার পিছন থেকে তাদের দিয়ে দিল।

**Ma ciò di cui i cani avevano veramente bisogno non era altro cibo: era riposo.**

কিন্তু কুকুরগুলোর আসলে যা প্রয়োজন ছিল তা ছিল আরও খাবারের নয়—তা ছিল বিশ্রামের।

**Nonostante la loro scarsa velocità, la pesante slitta continuava a procedere.**

তাদের সময় খুব একটা ভালো যাচ্ছিল না, কিন্তু ভারী স্লেজটি এখনও টিকে ছিল।

**Quel peso da solo esauriva ogni giorno le loro forze rimanenti.**

এই ওজনই প্রতিদিন তাদের অবশিষ্ট শক্তি নিঃশেষ করে দিচ্ছিল।

**Poi arrivò la fase della sottoalimentazione, quando le scorte scarseggiavano.**

তারপর সরবরাহ কমে যাওয়ায় কম খাওয়ানোর পর্যায় এসে দাঁড়াল।

**Una mattina Hal si accorse che metà del cibo per cani era già finito.**

একদিন সকালে হ্যাল বুঝতে পারল যে কুকুরের খাবারের অর্ধেক ইতিমধ্যেই শেষ হয়ে গেছে।

**Avevano percorso solo un quarto della distanza totale del sentiero.**

তারা মোট পথের দূরত্বের মাত্র এক চতুর্থাংশ ভ্রমণ করেছিল।

**Non si poteva più comprare cibo, a qualunque prezzo.**

আর কোন খাবার কেনা সম্ভব ছিল না, যত দামই দেওয়া হোক না কেন।

**Ridusse le porzioni dei cani al di sotto della razione giornaliera standard.**

তিনি কুকুরের খাবার স্বাভাবিক দৈনিক রেশনের চেয়ে কম করে দিলেন।

**Allo stesso tempo, chiese di viaggiare più a lungo per compensare la perdita.**

একই সাথে, তিনি ক্ষতি পুষিয়ে নিতে দীর্ঘ ভ্রমণের দাবি জানান।

**Mercedes e Charles appoggiarono questo piano, ma fallirono nella sua realizzazione.**

মার্সিডিজ এবং চার্লস এই পরিকল্পনাকে সমর্থন করেছিলেন, কিন্তু বাস্তবায়নে ব্যর্থ হন।

**La loro pesante slitta e la mancanza di abilità rendevano il progresso quasi impossibile.**

তাদের ভারী স্লেজ এবং দক্ষতার অভাব অগ্রগতি প্রায় অসম্ভব করে তুলেছিল।

**Era facile dare meno cibo, ma impossibile forzare uno sforzo maggiore.**

কম খাবার দেওয়া সহজ ছিল, কিন্তু বেশি পরিশ্রম করা অসম্ভব ছিল।

**Non potevano partire prima, né viaggiare per ore extra.**

তারা তাড়াতাড়ি শুরু করতে পারত না, অতিরিক্ত ঘন্টা ভ্রমণও করতে পারত না।

**Non sapevano come gestire i cani, e nemmeno loro stessi, a dire il vero.**

তারা কুকুরদের কীভাবে কাজ করাতে হয় তা জানত না, এমনকি নিজেদেরও জানত না।

**Il primo cane a morire fu Dub, lo sfortunato ma laborioso ladro.**

প্রথম মারা যাওয়া কুকুরটি ছিল ডাব, একজন দুর্ভাগ্যবান কিন্তু পরিশ্রমী চোর।

Sebbene spesso punito, Dub aveva fatto la sua parte senza lamentarsi.

যদিও প্রায়শই শাস্তি পেতেন, ডাব কোনও অভিযোগ ছাড়াই তার ওজন কমিয়েছিলেন।

La sua spalla ferita peggiorò se non ricevette cure adeguate e non ebbe bisogno di riposo.

তার আহত কাঁধের অবস্থা আরও খারাপ হয়ে গেল, যত্ন বা বিশ্রামের প্রয়োজন ছিল না।

Alla fine, Hal usò la pistola per porre fine alle sofferenze di Dub.

অবশেষে, হ্যাল ডাবের কষ্টের অবসান ঘটাতে রিভলবার ব্যবহার করে।

Un detto comune afferma che i cani normali muoiono se vengono nutriti con razioni di husky.

একটি প্রচলিত প্রবাদে দাবি করা হয়েছে যে সাধারণ কুকুররা ভুসিযুক্ত খাবার খেয়ে মারা যায়।

I sei nuovi compagni di Buck avevano ricevuto solo metà della quota di cibo riservata all'husky.

বাকের ছয় নতুন সঙ্গীর কাছে হাস্কির খাবারের অর্ধেকই ছিল।

Il Terranova morì per primo, seguito dai tre cani da caccia a pelo corto.

প্রথমে নিউফাউন্ডল্যান্ড মারা গেল, তারপর তিনটি ছোট চুলের পয়েন্টার।

I due bastardi resistettero più a lungo ma alla fine morirono come gli altri.

দুই মংগ্রেল বেশিক্ষণ টিকে রইল কিন্তু অবশেষে বাকিদের মতোই মারা গেল।

Ormai tutti i comfort e la gentilezza del Southland erano scomparsi.

এই সময়ের মধ্যে, সাউথল্যান্ডের সমস্ত সুযোগ-সুবিধা এবং ভদ্রতা চলে গেছে।

Le tre persone avevano perso le ultime tracce della loro educazione civile.

তিনজন তাদের সভ্য লালন–পালনের শেষ চিহ্নও হারিয়ে ফেলেছিল।

Spogliato di glamour e romanticismo, il viaggio nell'Artico è diventato brutalmente reale.

গ্ল্যামার এবং রোমান্স বাদ দিয়ে, আর্কটিক ভ্রমণ নিষ্ঠুরভাবে বাস্তবে পরিণত হয়েছিল।

Era una realtà troppo dura per il loro senso di virilità e femminilità.

তাদের পুরুষত্ব এবং নারীত্বের অনুভূতির জন্য এটি ছিল অত্যন্ত কঠোর বাস্তবতা।

Mercedes non piangeva più per i cani, ma piangeva solo per se stessa.

মার্সিডিজ আর কুকুরগুলোর জন্য কাঁদেনি, এখন কেবল নিজের জন্য কাঁদে।

Trascorreva il tempo piangendo e litigando con Hal e Charles.

সে হ্যাল এবং চার্লসের সাথে কাঁদতে এবং ঝগড়া করে তার সময় কাটাত।

Litigare era l'unica cosa per cui non si stancavano mai.

ঝগড়া করাই ছিল এমন একটা জিনিস যা করতে তারা কখনোই খুব বেশি ক্লান্ত হতো না।

La loro irritabilità derivava dalla miseria, cresceva con essa e la superava.

তাদের বিরক্তি দুঃখ থেকে এসেছিল, তার সাথে সাথে বেড়েছে এবং তাকে ছাড়িয়ে গেছে।

La pazienza del cammino, nota a coloro che faticano e soffrono con generosità, non è mai arrivata.

যারা পরিশ্রম করে এবং কষ্ট সহ্য করে তাদের কাছে পরিচিত পথের ধৈর্য কখনও আসেনি।

Quella pazienza che rende dolce la parola nonostante il dolore, era a loro sconosciuta.

যে ধৈর্য, যা যন্ত্রণার মধ্যেও কথাকে মধুর করে তোলে, তা তাদের অজানা ছিল।

**Non avevano alcun briciolo di pazienza, nessuna forza derivante dalla sofferenza con grazia.**

তাদের ধৈর্যের কোন চিহ্ন ছিল না, অনুগ্রহের সাথে কষ্ট থেকে প্রাপ্ত কোন শক্তিও ছিল না।

**Erano irrigiditi dal dolore: dolori nei muscoli, nelle ossa e nel cuore.**

তারা ব্যথায় শক্ত হয়ে যাচ্ছিল—তাদের পেশী, হাড় এবং হৃদয়ে ব্যথা হচ্ছিল।

**Per questo motivo, divennero taglienti nella lingua e pronti a pronunciare parole dure.**

এই কারণে, তারা জিহ্বায় তীক্ষ্ণ এবং কঠোর কথায় দ্রুত হয়ে ওঠে।

**Ogni giorno iniziava e finiva con voci arrabbiate e lamentele amare.**

প্রতিটি দিন শুরু হতো এবং শেষ হতো রাগান্বিত কন্ঠস্বর এবং তিক্ত অভিযোগ দিয়ে।

**Charles e Hal litigavano ogni volta che Mercedes ne dava loro l'occasione.**

মার্সিডিজ যখনই সুযোগ দিত চার্লস এবং হ্যাল ঝগড়া করত।

**Ogni uomo credeva di aver fatto più del dovuto.**

প্রত্যেকেই বিশ্বাস করত যে সে তার কাজের ন্যায্য অংশের চেয়ে বেশি কাজ করেছে।

**Nessuno dei due ha mai perso l'occasione di dirlo, ancora e ancora.**

বারবার বলার সুযোগটাও হাতছাড়া করেনি কেউই।

**A volte Mercedes si schierava con Charles, a volte con Hal.**

কখনও মার্সিডিজ চার্লসের পক্ষে ছিল, কখনও হ্যালের পক্ষে।

**Ciò portò a una grande e infinita lite tra i tre.**

এর ফলে তিনজনের মধ্যে এক বিরাট ও অন্তহীন ঝগড়া শুরু হয়।

La disputa su chi dovesse tagliare la legna da ardere divenne incontrollabile.

কে জ্বালানি কাঠ কাটবে তা নিয়ে বিরোধ নিয়ন্ত্রণের বাইরে চলে গেল।

Ben presto vennero nominati padri, madri, cugini e parenti defunti.

শীঘ্রই, বাবা, মা, চাচাতো ভাই এবং মৃত আত্মীয়দের নামকরণ করা হয়।

Le opinioni di Hal sull'arte o sulle opere teatrali di suo zio divennero parte della lotta.

শিল্পকলা বা তার মামার নাটক সম্পর্কে হ্যালের দৃষ্টিভঙ্গি লড়াইয়ের অংশ হয়ে ওঠে।

Anche le convinzioni politiche di Carlo entrarono nel dibattito.

চার্লসের রাজনৈতিক বিশ্বাসও বিতর্কে প্রবেশ করে।

Per Mercedes, perfino i pettegolezzi della sorella del marito sembravano rilevanti.

মার্সিডিজের কাছে, এমনকি তার স্বামীর বোনের গসিপও প্রাসঙ্গিক বলে মনে হয়েছিল।

Espresse la sua opinione su questo e su molti dei difetti della famiglia di Charles.

তিনি সেই বিষয়ে এবং চার্লসের পরিবারের অনেক ত্রুটি সম্পর্কে মতামত প্রকাশ করেছিলেন।

Mentre discutevano, il fuoco rimase spento e l'accampamento mezzo allestito.

তাদের তর্কের সময়, আগুন জ্বলে ওঠেনি এবং ক্যাম্প অর্ধেক নিভে যায়।

Nel frattempo i cani erano rimasti infreddoliti e senza cibo.

এদিকে, কুকুরগুলো ঠান্ডা ছিল এবং কোন খাবার ছাড়াই।

Mercedes nutriva un risentimento che considerava profondamente personale.

মার্সিডিজের একটা অভিযোগ ছিল যা সে গভীরভাবে ব্যক্তিগত বলে মনে করত।

Si sentiva maltrattata in quanto donna e le venivano negati i suoi gentili privilegi.

একজন নারী হিসেবে তার সাথে দুর্ব্যবহার করা হয়েছে বলে মনে হয়েছিল, তার কোমল সুযোগ-সুবিধা থেকে বঞ্চিত করা হয়েছে।

Era carina e gentile, e per tutta la vita era stata abituata alla cavalleria.

সে সুন্দরী এবং নরম ছিল, এবং সারা জীবন বীরত্বের সাথে অভ্যস্ত ছিল।

Ma suo marito e suo fratello ora la trattavano con impazienza.

কিন্তু তার স্বামী এবং ভাই এখন তার সাথে অধৈর্য আচরণ করছে।

Aveva l'abitudine di comportarsi in modo impotente e loro cominciarono a lamentarsi.

তার অভ্যাস ছিল অসহায় আচরণ করা, এবং তারা অভিযোগ করতে শুরু করে।

Offesa da ciò, rese loro la vita ancora più difficile.

এতে বিরক্ত হয়ে, সে তাদের জীবনকে আরও কঠিন করে তুলেছিল।

Ignorò i cani e insistette per guidare lei stessa la slitta.

সে কুকুরদের উপেক্ষা করে নিজেই স্লেজ চালানোর জন্য জোর দিল।

Sebbene sembrasse esile, pesava centoventi libbre (circa quaranta chili).

দেখতে হালকা হলেও, তার ওজন ছিল একশ বিশ পাউন্ড।

Quel peso aggiuntivo era troppo per i cani affamati e deboli.

ক্ষুধার্ত, দুর্বল কুকুরগুলোর জন্য সেই অতিরিক্ত বোঝা অনেক বেশি ছিল।

Nonostante ciò, continuò a cavalcare per giorni, finché i cani non crollarono nelle redini.

তবুও, সে কয়েকদিন ধরে বাইক চালিয়েছে, যতক্ষণ না কুকুরগুলো লাগাম ধরে ভেঙে পড়ে।

La slitta si fermò e Charles e Hal la implorarono di proseguire a piedi.

স্লেজটি স্থির হয়ে গেল, আর চার্লস আর হ্যাল তাকে হাঁটার জন্য অনুরোধ করল।

Loro la implorarono e la scongiurarono, ma lei pianse e li definì crudeli.

তারা অনুনয় বিনয় করল, কিন্তু সে কাঁদতে কাঁদতে তাদের নিষ্ঠুর বলল।

In un'occasione, la tirarono giù dalla slitta con pura forza e rabbia.

একবার, তারা তীব্র ক্রোধ এবং জোরে তাকে স্লেজ থেকে টেনে নামিয়ে দেয়।

Dopo quello che accadde quella volta non ci riprovarono più.

সেই ঘটনার পর তারা আর কখনও চেষ্টা করেনি।

Si accasciò come una bambina viziata e si sedette nella neve.

সে নষ্ট শিশুর মতো খোঁড়া হয়ে বরফে বসে রইল।

Continuarono a muoversi, ma lei si rifiutò di alzarsi o di seguirli.

তারা এগিয়ে গেল, কিন্তু সে উঠতে বা পিছনে পিছনে যেতে রাজি হল না।

Dopo tre miglia si fermarono, tornarono indietro e la riportarono indietro.

তিন মাইল যাওয়ার পর, তারা থামল, ফিরে এল এবং তাকে আবার বহন করে আনল।

La ricaricarono sulla slitta, usando ancora una volta la forza bruta.

তারা আবারও নিষ্ঠুর শক্তি ব্যবহার করে তাকে স্লেজে ভরে তুলল।

Nella loro profonda miseria, erano insensibili alla sofferenza dei cani.

তাদের গভীর দুঃখের মধ্যে, তারা কুকুরদের কষ্টের প্রতি উদাসীন ছিল।

**Hal credeva che fosse necessario indurirsi e impose questa convinzione agli altri.**

হ্যাল বিশ্বাস করতেন যে, একজনকে কঠোর হতে হবে এবং সেই বিশ্বাস অন্যের উপর চাপিয়ে দিতে হবে।

**Inizialmente ha cercato di predicare la sua filosofia a sua sorella**

তিনি প্রথমে তার বোনের কাছে তার দর্শন প্রচার করার চেষ্টা করেছিলেন

**e poi, senza successo, predicò al cognato.**

এবং তারপর, কোন সাফল্য ছাড়াই, সে তার শ্যালকের কাছে প্রচার করল।

**Ebbe più successo con i cani, ma solo perché li ferì.**

কুকুরদের সাথে তার সাফল্য বেশি ছিল, কিন্তু শুধুমাত্র তাদের ক্ষতি করার কারণে।

**Da Five Fingers, il cibo per cani è rimasto completamente vuoto.**

ফাইভ ফিঙ্গারসে, কুকুরের খাবার সম্পূর্ণরূপে ফুরিয়ে গেল।

**Una vecchia squaw sdentata vendette qualche chilo di pelle di cavallo congelata**

একটি দাঁতহীন বৃদ্ধ স্কোয়া কয়েক পাউন্ড হিমায়িত ঘোড়ার চামড়া বিক্রি করেছে

**Hal scambiò la sua pistola con la pelle di cavallo secca.**

হ্যাল তার রিভলবারটি শুকনো ঘোড়ার চামড়ার জন্য বিক্রি করে দিল।

**La carne proveniva dai cavalli affamati di allevatori di bovini, morti mesi prima.**

মাংসটা এসেছিল কয়েক মাস আগে পশুপালকদের ক্ষুধার্ত ঘোড়া থেকে।

**Congelata, la pelle era come ferro zincato: dura e immangiabile.**

হিমায়িত অবস্থায়, চামড়াটি ছিল গ্যালভানাইজড লোহার মতো; শক্ত এবং অখাদ্য।

Per riuscire a mangiarla, i cani dovevano masticare la pelle senza sosta.

কুকুরদের চামড়া খেতে অবিরাম চিবিয়ে খেতে হত।

Ma le corde coriacee e i peli corti non erano certo un nutrimento.

কিন্তু চামড়ার সুতা আর ছোট চুলগুলো খুব একটা পুষ্টিকর ছিল না।

La maggior parte della pelle era irritante e non era cibo in senso stretto.

বেশিরভাগ চামড়াই বিরক্তিকর ছিল, সত্যিকার অর্থে খাবার ছিল না।

E nonostante tutto, Buck barcollava davanti a tutti, come in un incubo.

আর এই সবকিছুর মধ্যেও, বাক সামনের দিকে টলমল করে রইল, যেন দুঃস্বপ্নে।

Quando poteva, tirava; quando non poteva, restava lì finché non veniva sollevato dalla frusta o dal bastone.

যখন পারত তখন টানত; যখন পারত না, তখন শুয়ে থাকত যতক্ষণ না চাবুক বা লাঠি তাকে তুলে নিয়ে যেত।

Il suo pelo fine e lucido aveva perso tutta la rigidità e la lucentezza di un tempo.

তার সূক্ষ্ম, চকচকে কোটটি আগের মতো শক্ত এবং উজ্জ্বল ছিল না।

I suoi capelli erano flosci, spettinati e pieni di sangue rappreso a causa dei colpi.

তার চুলগুলো ঝুলে ছিল, টেনে তোলা হয়েছিল, এবং আঘাতের ফলে শুকনো রক্তে জমাট বেঁধেছিল।

I suoi muscoli si ridussero a midolli e i cuscinetti di carne erano tutti consumati.

তার পেশীগুলো সঙ্কুচিত হয়ে দড়িতে পরিণত হয়েছে, এবং তার মাংসের প্যাডগুলো সব জীর্ণ হয়ে গেছে।

Ogni costola, ogni osso erano chiaramente visibili attraverso le pieghe della pelle rugosa.

প্রতিটি পাঁজর, প্রতিটি হাড় কুঁচকে যাওয়া ত্বকের ভাঁজের মধ্য দিয়ে স্পষ্ট দেখা যাচ্ছিল।

Fu straziante, ma il cuore di Buck non riuscì a spezzarsi.

এটা হৃদয়বিদারক ছিল, তবুও বাকের হৃদয় ভাঙতে পারেনি।

L'uomo con il maglione rosso lo aveva testato e dimostrato molto tempo prima.

লাল সোয়েটার পরা লোকটি অনেক আগেই সেটা পরীক্ষা করে দেখেছিল এবং প্রমাণও করেছিল।

Così come accadde a Buck, accadde anche a tutti i suoi compagni di squadra rimasti.

বাকের ক্ষেত্রে যেমন হয়েছিল, তার বাকি সকল সতীর্থদের ক্ষেত্রেও তাই হয়েছিল।

Ce n'erano sette in totale, ognuno uno scheletro ambulante di miseria.

মোট সাতজন ছিল, প্রত্যেকেই ছিল দুর্দশার হাঁটা কঙ্কাল।

Erano diventati insensibili alle fruste e sentivano solo un dolore distante.

তারা বেত্রাঘাত করার মতো অসাড় হয়ে গিয়েছিল, কেবল দূরবর্তী ব্যথা অনুভব করছিল।

Anche la vista e i suoni li raggiungevano debolmente, come attraverso una fitta nebbia.

ঘন কুয়াশার মধ্য দিয়েও দৃষ্টি এবং শব্দ তাদের কাছে অল্প অল্প করে পৌঁছেছিল।

Non erano mezzi vivi: erano ossa con deboli scintille al loro interno.

তারা অর্ধেক জীবিত ছিল না – তারা ছিল হাড়ের মতো যার ভেতরে মৃদু স্ফুলিঙ্গ ছিল।

Una volta fermati, crollarono come cadaveri, con le scintille quasi del tutto spente.

থামলে, তারা মৃতদেহের মতো ভেঙে পড়ে, তাদের স্ফুলিঙ্গ প্রায় নিভে গেল।

E quando la frusta o il bastone colpivano di nuovo, le scintille sfarfallavano debolmente.

আর যখন চাবুক বা লাঠি আবার আঘাত করত, তখন স্ফুলিঙ্গগুলো দুর্বলভাবে উড়ে যেত।

Poi si alzarono, barcollarono in avanti e trascinarono le loro membra in avanti.

তারপর তারা উঠে দাঁড়াল, টলমল করে সামনের দিকে এগিয়ে গেল, এবং তাদের অঙ্গ-প্রত্যঙ্গ টেনে সামনের দিকে এগিয়ে দিল।

Un giorno il gentile Billee cadde e non riuscì più a rialzarsi.

একদিন দয়ালু বিলি পড়ে গেল এবং আর উঠতে পারল না।

Hal aveva scambiato la sua pistola con quella di Billee, così decise di ucciderla con un'ascia.

হ্যাল তার রিভলবারটি বিক্রি করেছিল, তাই সে বিলিকে হত্যা করার জন্য কুড়াল ব্যবহার করেছিল।

Lo colpì alla testa, poi gli tagliò il corpo e lo trascinò via.

সে তার মাথায় আঘাত করে, তারপর তার শরীর কেটে মুক্ত করে টেনে নিয়ে যায়।

Buck se ne accorse, e così fecero anche gli altri: sapevano che la morte era vicina.

বাক এটা দেখেছিল, আর অন্যরাও তাই দেখেছিল; তারা জানত মৃত্যু কাছে এসে গেছে।

Il giorno dopo Koona se ne andò, lasciando solo cinque cani nel gruppo affamato.

পরের দিন কুনা চলে গেল, ক্ষুধার্ত দলে মাত্র পাঁচটি কুকুর রেখে।

Joe, non più cattivo, era ormai troppo fuori di sé per rendersi conto di nulla.

জো, আর খারাপ নয়, এতটাই দূরে চলে গিয়েছিল যে সে খুব বেশি কিছু জানতেও পারত না।

Pike, ormai non fingeva più di essere ferito, era appena
cosciente.

পাইক, আর তার আঘাতের ভান করছিল না, প্রায় অজ্ঞান
ছিল।

Solleks, ancora fedele, si rammaricava di non avere più la
forza di dare.

সোলেক্স, এখনও বিশ্বস্ত, শোক প্রকাশ করলেন যে তার দান
করার শক্তি নেই।

Teek fu battuto più di tutti perché era più fresco, ma stava
calando rapidamente.

টিক সবচেয়ে বেশি ক্ষতিগ্রস্ত হয়েছিল কারণ সে আরও
নবীন ছিল, কিন্তু দ্রুত বিবর্ণ হয়ে যাচ্ছিল।

E Buck, ancora in testa, non mantenne più l'ordine né lo fece
rispettare.

এবং বাক, এখনও নেতৃত্বে, আর শৃঙ্খলা রক্ষা করেনি বা
তা প্রয়োগ করেনি।

Mezzo accecato dalla debolezza, Buck seguì la pista solo a
tentoni.

দুর্বলতার সাথে আধো অন্ধ, বাক একা বোধ করে পথ
অনুসরণ করলেন।

Era una bellissima primavera, ma nessuno di loro se ne
accorse.

বসন্তের আবহাওয়া ছিল সুন্দর, কিন্তু তাদের কেউই তা
লক্ষ্য করেনি।

Ogni giorno il sole sorgeva prima e tramontava più tardi.

প্রতিদিন সূর্য আগের চেয়ে আগে উঠত এবং পরে অস্ত
যেত।

Alle tre del mattino era già spuntata l'alba; il crepuscolo
durò fino alle nove.

ভোর তিনটে নাগাদ ভোর হয়ে গেল; গোধূলি নয়টা পর্যন্ত
স্থায়ী ছিল।

Le lunghe giornate erano illuminate dal sole primaverile.

দীর্ঘ দিনগুলো বসন্তের রোদের পূর্ণ আলোয় ভরে উঠল।

Il silenzio spettrale dell'inverno si era trasformato in un caldo mormorio.

শীতের ভৌতিক নীরবতা উষ্ণ গুঞ্জনে রূপান্তরিত হয়েছিল।

Tutta la terra si stava svegliando, animata dalla gioia degli esseri viventi.

সমস্ত ভূমি জেগে উঠছিল, জীবন্ত জিনিসের আনন্দে সজীব।

Il suono proveniva da ciò che era rimasto morto e immobile per tutto l'inverno.

শব্দটা এমন একটা জিনিস থেকে আসছিল যা শীতের মধ্য দিয়ে মৃত অবস্থায় পড়ে ছিল।

Ora quelle cose si mossero di nuovo, scrollandosi di dosso il lungo sonno del gelo.

এখন, সেই জিনিসগুলি আবার সরে গেল, দীর্ঘ হিমশীতল ঘুমকে ঝেড়ে ফেলল।

La linfa saliva attraverso i tronchi scuri dei pini in attesa.

অপেক্ষারত পাইন গাছের অন্ধকার গুঁড়ি দিয়ে রস বের হচ্ছিল।

Salici e pioppi tremuli fanno sbocciare giovani gemme luminose su ogni ramoscello.

উইলো এবং অ্যাস্পেন গাছের প্রতিটি ডালে উজ্জ্বল তরুণ কুঁড়ি ফুটে ওঠে।

Arbusti e viti si tingono di un verde fresco mentre il bosco si anima.

বন জীবন্ত হয়ে ওঠার সাথে সাথে ঝোপঝাড় এবং লতাগুলি তাজা সবুজে পরিপূর্ণ হয়ে ওঠে।

Di notte i grilli cantavano e di giorno gli insetti strisciavano nella luce del sole.

রাতে ঝিঁঝিঁ পোকা কিচিরমিচির করত, আর দিনের আলোয় পোকামাকড় হামাগুড়ি দিত।

Le pernici gridavano e i picchi picchiavano in profondità tra gli alberi.

তিতির পাখিরা গর্জন করতে লাগল, আর কাঠঠোকরা গাছের গভীরে ঢুকে পড়ল।

**Gli scoiattoli chiacchieravano, gli uccelli cantavano e le oche starnazzavano per richiamare l'attenzione dei cani.**

কাঠবিড়ালিরা কিচিরমিচির করছিল, পাখিরা গান গাইছিল, আর হাঁস কুকুরের উপর হর্ন বাজাচ্ছিল।

**Gli uccelli selvatici arrivavano a cunei affilati, volando in alto da sud.**

বুনো পাখিটি ধারালো ছিদ্র দিয়ে দক্ষিণ দিক থেকে উড়ে এল।

**Da ogni pendio giungeva la musica di ruscelli nascosti e impetuosi.**

প্রতিটি পাহাড়ের ঢাল থেকে ভেসে আসছিল লুকানো, তীব্র স্রোতের সঙ্গীত।

**Tutto si scongelava e si spezzava, si piegava e ricominciava a muoversi.**

সবকিছু গলে গেল, ভেঙে পড়ল, বাঁকল এবং আবার গতিতে ফেটে গেল।

**Lo Yukon si sforzò di spezzare le fredde catene del ghiaccio ghiacciato.**

ইউকন হিমায়িত বরফের ঠান্ডা শৃঙ্খল ভাঙার জন্য জোর চেষ্টা করছিল।

**Il ghiaccio si scioglieva sotto, mentre il sole lo scioglieva dall'alto.**

নীচের বরফ গলে গেল, আর উপর থেকে সূর্যের আলো গলে গেল।

**Si aprirono dei buchi, si allargarono delle crepe e dei pezzi caddero nel fiume.**

বাতাসের গর্ত খুলে গেল, ফাটল ছড়িয়ে পড়ল এবং টুকরোগুলো নদীতে পড়ে গেল।

**In mezzo a tutta questa vita sfrenata e sfrenata, i viaggiatori barcollavano.**

এই সমস্ত উত্তাল ও উত্তাল জীবনের মাঝে, ভ্রমণকারীরা টলমল করছিল।

Due uomini, una donna e un branco di husky camminavano come morti.

দুজন পুরুষ, একজন মহিলা, আর এক প্যাকেট ভুসি মৃতের মতো হেঁটে চলল।

I cani cadevano, Mercedes piangeva, ma continuava a guidare la slitta.

কুকুরগুলো পড়ে যাচ্ছিল, মার্সিডিজ কাঁদছিল, কিন্তু তবুও স্লেজ চালাচ্ছিল।

Hal imprecò debolmente e Charles sbatté le palpebre con gli occhi lacrimanti.

হ্যাল দুর্বলভাবে অভিশাপ দিল, আর চার্লস জলভরা চোখ দিয়ে পলক ফেলল।

Si imbatterono nell'accampamento di John Thornton, nei pressi della foce del White River.

তারা হোয়াইট রিভারের মুখ দিয়ে জন থর্নটনের ক্যাম্পে হোঁচট খেয়ে পড়ে।

Quando si fermarono, i cani caddero a terra, come se fossero stati tutti colpiti a morte.

যখন তারা থামল, কুকুরগুলো এমনভাবে মাটিতে পড়ে গেল যেন সবগুলোই মারা গেছে।

Mercedes si asciugò le lacrime e guardò John Thornton.

মার্সিডিজ তার চোখের জল মুছে জন থর্নটনের দিকে তাকাল।

Charles si sedette su un tronco, lentamente e rigidamente, dolorante per il sentiero.

চার্লস একটা কাঠের উপর বসে পড়ল, ধীরে ধীরে এবং শক্তভাবে, পথের ব্যথায়।

Hal parlava mentre Thornton intagliava l'estremità del manico di un'ascia.

থর্নটন যখন কুঠার-হাতের শেষ প্রান্তটি খোদাই করছিল, তখন হ্যাল কথা বলছিলেন।

Tagliò il legno di betulla e rispose con frasi brevi e decise.

সে বার্চ কাঠ ঝাড়ল এবং সংক্ষিপ্ত, দৃঢ় উত্তর দিল।

Quando gli veniva chiesto, dava un consiglio, certo che non sarebbe stato seguito.

জিজ্ঞাসা করা হলে, তিনি পরামর্শ দিয়েছিলেন, নিশ্চিত যে এটি অনুসরণ করা হবে না।

Hal spiegò: "Ci avevano detto che il ghiaccio lungo la pista si stava staccando".

হ্যাল ব্যাখ্যা করলেন, "তারা আমাদের বলেছিল যে পথের বরফ ঝরে পড়ছে।"

"Ci avevano detto che dovevamo restare fermi, ma siamo arrivati a White River."

"তারা বলেছিল আমাদের এখানেই থাকা উচিত – কিন্তু আমরা হোয়াইট রিভারে পৌঁছে গেছি।"

Concluse con un tono beffardo, come per cantare vittoria nelle difficoltà.

তিনি বিদ্রূপাত্মক সুরে কথা শেষ করলেন, যেন কষ্টের মধ্যে জয় দাবি করছেন।

"E ti hanno detto la verità", rispose John Thornton a bassa voce ad Hal.

"এবং তারা তোমাকে সত্য বলেছে," জন থর্নটন হ্যালকে শান্তভাবে উত্তর দিলেন।

"Il ghiaccio potrebbe cedere da un momento all'altro: è pronto a staccarsi."

"বরফ যেকোনো মুহূর্তে পথ ছেড়ে দিতে পারে – এটি ঝরে পড়ার জন্য প্রস্তুত।"

"Solo la fortuna cieca e gli sciocchi avrebbero potuto arrivare vivi fin qui."

"কেবল অন্ধ ভাগ্য এবং বোকারাই এতদূর আসতে পারত।"

"Te lo dico senza mezzi termini: non rischierei la vita per tutto l'oro dell'Alaska."

"আমি তোমাকে সরাসরি বলছি, আলাস্কার সমস্ত সোনার জন্য আমি আমার জীবনের ঝুঁকি নেব না।"

"Immagino che tu non sia uno stupido", rispose Hal.

"এর কারণ তুমি বোকা নও, আমার মনে হয়," হ্যাল
উত্তর দিল।

"Comunque, andiamo avanti con Dawson." Srotolò la frusta.
"যাই হোক, আমরা ডসনের কাছে যাব।" সে তার
চাবুকের কড়াই খুলে ফেলল।

"Sali, Buck! Ehi! Alzati! Forza!" urlò con voce roca.
"ওঠো, বাক! হাই! ওঠো! যাও!" সে জোরে চিৎকার
করে উঠল।

Thornton continuò a intagliare, sapendo che gli sciocchi non
volevano sentire ragioni.
থর্নটন বারবার বলতে লাগলো, কারণ সে জানতো বোকারা
যুক্তি শুনতে পাবে না।

Fermare uno stupido era inutile, e due o tre stupidi non
cambiavano nulla.
একজন বোকাকে থামানো বৃথা ছিল—আর দুই বা তিনজন
বোকা কিছুই বদলাতে পারেনি।

Ma la squadra non si mosse al suono del comando di Hal.
কিন্তু হ্যালের নির্দেশের শব্দে দলটি নড়েনি।

Ormai solo i colpi potevano farli sollevare e avanzare.
এতক্ষণে, কেবল আঘাতই তাদের উঠতে এবং এগিয়ে যেতে
সাহায্য করতে পারত।

La frusta schioccava ripetutamente sui cani indeboliti.
দুর্বল কুকুরগুলোর উপর বারবার চাবুকটি আঘাত করছিল।

John Thornton strinse forte le labbra e osservò in silenzio.
জন থর্নটন ঠোঁট শক্ত করে চেপে ধরে নীরবে তাকিয়ে
রইল।

Solleks fu il primo a rialzarsi sotto la frusta.
সোলেক্সই প্রথম হামাগুড়ি দিয়ে চাবুকের নিচে পা রাখতে
সক্ষম হল।

Poi Teek lo seguì, tremando. Joe urlò mentre barcollava.
তারপর টিক কাঁপতে কাঁপতে পিছু পিছু এলো। জো হোঁচট
খেতে খেতে চিৎকার করে উঠলো।

Pike cercò di alzarsi, fallì due volte, poi alla fine si rialzò barcollando.

পাইক ওঠার চেষ্টা করল, দুবার ব্যর্থ হল, তারপর অবশেষে অস্থির হয়ে দাঁড়াল।

Ma Buck rimase lì dov'era caduto, senza muoversi affatto.

কিন্তু বাক যেখানে পড়ে গিয়েছিল সেখানেই পড়ে রইল, এই সময়টাতে সে মোটেও নড়ছে না।

La frusta lo colpì più volte, ma lui non emise alcun suono.

চাবুকটি তাকে বারবার আঘাত করছিল, কিন্তু সে কোনও শব্দ করছিল না।

Lui non sussultò né oppose resistenza, rimase semplicemente immobile e in silenzio.

তিনি নড়লেন না বা প্রতিরোধ করলেন না, কেবল স্থির ও নীরব রইলেন।

Thornton si mosse più di una volta, come per dire qualcosa, ma non lo fece.

থর্নটন একাধিকবার নাড়াচাড়া করলেন, যেন কথা বলার জন্য, কিন্তু বললেন না।

I suoi occhi si inumidirono, ma la frusta continuava a schioccare contro Buck.

তার চোখ ভিজে উঠল, তবুও চাবুকটি বাকের গায়ে লাগল।

Alla fine Thornton cominciò a camminare lentamente, incerto sul da farsi.

অবশেষে, থর্নটন ধীরে ধীরে চলতে শুরু করলেন, কী করবেন বুঝতে না পেরে।

Era la prima volta che Buck falliva e Hal si infuriò.

এটি ছিল প্রথমবার যখন বাক ব্যর্থ হয়েছিল, এবং হ্যাল রেগে গেল।

Gettò via la frusta e prese al suo posto il pesante manganello.

সে চাবুকটা ছুঁড়ে ফেলে দিল এবং তার বদলে ভারী লাঠিটা তুলে নিল।

La mazza di legno colpì con violenza, ma Buck non si alzò per muoversi.

কাঠের লাঠিটা জোরে নিচে নেমে এলো, কিন্তু বাক তখনও নড়াচড়া করার জন্য উঠে দাঁড়ালো না।

Come i suoi compagni di squadra, era troppo debole, ma non solo.

তার সতীর্থদের মতো, সেও খুব দুর্বল ছিল—কিন্তু তার চেয়েও বেশি।

Buck aveva deciso di non muoversi, qualunque cosa accadesse.

বাক সিদ্ধান্ত নিয়েছিল যে সে নড়বে না, এরপর যা–ই ঘটুক না কেন।

Sentì qualcosa di oscuro e sicuro incombere proprio davanti a sé.

সে অনুভব করল যে অন্ধকার এবং নিশ্চিত কিছু একটা সামনে ঝুলছে।

Quel terrore lo aveva colto non appena aveva raggiunto la riva del fiume.

নদীর তীরে পৌঁছানোর সাথে সাথেই সেই ভয় তাকে গ্রাস করেছিল।

Quella sensazione non lo aveva abbandonato da quando aveva sentito il ghiaccio assottigliarsi sotto le zampe.

তার থাবার নীচে বরফ পাতলা হয়ে যাওয়ার পর থেকে অনুভূতিটি তাকে ছাড়েনি।

Qualcosa di terribile lo stava aspettando: lo sentiva proprio lungo il sentiero.

ভয়াবহ কিছু অপেক্ষা করছিল—পথের ঠিক নিচেই সে তা অনুভব করল।

Non avrebbe camminato verso quella cosa terribile davanti a lui

সে সামনের দিকে সেই ভয়াবহ জিনিসের দিকে এগিয়ে যাচ্ছিল না।

Non avrebbe obbedito a nessun ordine che lo avrebbe condotto a quella cosa.

সে এমন কোনও আদেশ মানতে রাজি ছিল না যা তাকে এই জিনিসটিতে নিয়ে গিয়েছিল।

Ormai il dolore dei colpi non lo sfiorava più: era troppo stanco.

আঘাতের যন্ত্রণা এখন তাকে স্পর্শ করতে পারছিল না—সে অনেক দূরে চলে গিয়েছিল।

La scintilla della vita tremolava lentamente, affievolita da ogni colpo crudele.

প্রতিটি নিষ্ঠুর আঘাতের নীচে জীবনের স্ফুলিঙ্গ নিস্তেজ হয়ে গেল, ম্লান হয়ে গেল।

Gli arti gli sembravano distanti; tutto il corpo sembrava appartenere a un altro.

তার অঙ্গ-প্রত্যঙ্গ দূরে মনে হচ্ছিল; তার পুরো শরীরটা যেন অন্য কারোর।

Sentì uno strano torpore mentre il dolore scompariva completamente.

ব্যথা সম্পূর্ণরূপে নিভে যাওয়ার সাথে সাথে সে এক অদ্ভুত অসাড়তা অনুভব করল।

Da lontano, sentiva che lo stavano picchiando, ma non se ne rendeva conto.

দূর থেকে সে বুঝতে পারল যে তাকে মারধর করা হচ্ছে, কিন্তু সে বুঝতে পারল না।

Poteva udire debolmente i tonfi, ma ormai non gli facevano più male.

সে ধড়ফড়ের শব্দ হালকা শুনতে পাচ্ছিল, কিন্তু সেগুলো আর সত্যিকার অর্থে ব্যথা দিচ্ছিল না।

I colpi andarono a segno, ma il suo corpo non sembrava più il suo.

আঘাতগুলো লেগেছিল, কিন্তু তার শরীর আর নিজের মতো মনে হচ্ছিল না।

**Poi, all'improvviso, senza alcun preavviso, John Thornton lanciò un grido selvaggio.**

তারপর হঠাৎ, কোনও সতর্কবার্তা ছাড়াই, জন থর্নটন এক অসহায় চিৎকার করে উঠলেন।

**Era inarticolato, più il grido di una bestia che di un uomo.**

এটা ছিল অস্পষ্ট, মানুষের চেয়ে পশুর চিৎকার বেশি।

**Si lanciò sull'uomo con la mazza e fece cadere Hal all'indietro.**

সে লাঠিওয়ালা লোকটির দিকে ঝাঁপিয়ে পড়ল এবং হ্যালকে পিছনের দিকে ঠেলে দিল।

**Hal volò come se fosse stato colpito da un albero, atterrando pesantemente al suolo.**

হ্যাল গাছের সাথে ধাক্কা খাওয়ার মতো উড়ে গেল, মাটিতে শক্ত করে আছড়ে পড়ল।

**Mercedes urlò a gran voce in preda al panico e si portò le mani al viso.**

মার্সিডিজ আতঙ্কে জোরে চিৎকার করে উঠল এবং তার মুখ চেপে ধরল।

**Charles si limitò a guardare, si asciugò gli occhi e rimase seduto.**

চার্লস কেবল তাকিয়ে রইল, চোখ মুছে ফেলল, আর বসে রইল।

**Il suo corpo era troppo irrigidito dal dolore per alzarsi o contribuire alla lotta.**

তার শরীর ব্যথায় এতটাই শক্ত হয়ে গিয়েছিল যে সে উঠতে বা লড়াইয়ে সাহায্য করতে পারছিল না।

**Thornton era in piedi davanti a Buck, tremante di rabbia, incapace di parlare.**

থর্নটন বাকের উপরে দাঁড়িয়ে রইল, রাগে কাঁপছিল, কথা বলতে পারছিল না।

**Tremava di rabbia e lottò per trovare la voce.**

সে রাগে কেঁপে উঠল এবং তার কন্ঠস্বর খুঁজে বের করার জন্য লড়াই করল।

"Se colpisci ancora quel cane, ti uccido", disse infine.

"তুমি যদি আবার ওই কুকুরটিকে আঘাত করো, তাহলে আমি তোমাকে মেরে ফেলব," অবশেষে সে বলল।

Hal si asciugò il sangue dalla bocca e tornò avanti.

হ্যাল তার মুখ থেকে রক্ত মুছে আবার এগিয়ে এলো।

"È il mio cane", borbottò. "Togliti di mezzo o ti sistemo io."

"এটা আমার কুকুর," সে বিড়বিড় করে বলল। "পথ থেকে সরে যাও, নাহলে আমি তোমাকে ঠিক করে দেব।"

"Vado da Dawson e tu non mi fermerai", ha aggiunto.

"আমি ডসন যাচ্ছি, আর তুমি আমাকে থামাচ্ছ না," সে আরও বলল।

Thornton si fermò tra Buck e il giovane arrabbiato.

থর্নটন বাক এবং রাগান্বিত যুবকের মাঝখানে দৃঢ়ভাবে দাঁড়িয়েছিলেন।

Non aveva alcuna intenzione di farsi da parte o di lasciar passare Hal.

তার সরে দাঁড়ানোর বা হ্যালকে যেতে দেওয়ার কোনও ইচ্ছা ছিল না।

Hal tirò fuori il suo coltello da caccia, lungo e pericoloso nella sua mano.

হ্যাল তার শিকারের ছুরিটি বের করল, হাতে লম্বা এবং বিপজ্জনক।

Mercedes urlò, poi pianse, poi rise in preda a un'isteria selvaggia.

মার্সিডিজ চিৎকার করে উঠল, তারপর কেঁদে উঠল, তারপর বন্য হিস্টিরিয়ায় হেসে উঠল।

Thornton colpì la mano di Hal con il manico dell'ascia, con forza e rapidità.

থর্নটন তার কুঠার-হাত দিয়ে হ্যালের হাতে জোরে এবং দ্রুত আঘাত করলেন।

Il coltello si liberò dalla presa di Hal e volò a terra.

ছুরিটি হ্যালের হাত থেকে খুলে মাটিতে পড়ে গেল।

Hal cercò di raccogliere il coltello, ma Thornton gli batté di nuovo le nocche.

হ্যাল ছুরিটা তুলে নেওয়ার চেষ্টা করল, আর থর্নটন আবার তার নাকফুলগুলো টিপে ধরল।

Poi Thornton si chinò, afferrò il coltello e lo tenne fermo.

তারপর থর্নটন ঝুঁকে পড়ল, ছুরিটা ধরল, আর ধরে রাখল।

Con due rapidi colpi del manico dell'ascia, tagliò le redini di Buck.

কুঠার–হাতের দুটি দ্রুত আঘাত দিয়ে সে বাকের লাগাম কেটে দিল।

Hal non aveva più voglia di combattere e si allontanò dal cane.

হ্যালের মনে আর কোন লড়াই রইল না এবং সে কুকুরের কাছ থেকে পিছু হটল।

Inoltre, ora Mercedes aveva bisogno di entrambe le braccia per restare in piedi.

তাছাড়া, মার্সিডিজকে সোজা রাখার জন্য এখন তার দুই হাতেরই প্রয়োজন।

Buck era troppo vicino alla morte per poter nuovamente tirare la slitta.

বাক এতটাই মৃত্যুর কাছাকাছি ছিল যে আবার স্লেজ টানার কাজে লাগতে পারছিল না।

Pochi minuti dopo, ripartirono, dirigendosi verso il fiume.

কয়েক মিনিট পরে, তারা নদীর ধারে নেমে বেরিয়ে পড়ল।

Buck sollevò debolmente la testa e li guardò lasciare la banca.

বাক দুর্বলভাবে মাথা তুলে তাদের ব্যাংক থেকে বেরিয়ে যেতে দেখল।

Pike guidava la squadra, con Solleks dietro al volante.

পাইক দলকে নেতৃত্ব দিয়েছিলেন, সোলেক্স পিছনে ছিলেন হুইল স্পটে।

Joe e Teek camminavano in mezzo, zoppicando entrambi per la stanchezza.

জো আর টিক দুজনেই ক্লান্তিতে খুঁড়ে খুঁড়ে হেঁটে যাচ্ছিল।

Mercedes si sedette sulla slitta e Hal afferrò la lunga pertica.

মার্সিডিজ স্লেজে বসল, আর হ্যাল লম্বা জি-পোলটা ধরে রাখল।

Charles barcollava dietro di lui, con passi goffi e incerti.

চার্লস হোঁচট খেয়ে পিছনে পড়ে গেল, তার পদক্ষেপগুলি আনাড়ি এবং অনিশ্চিত।

Thornton si inginocchiò accanto a Buck e tastò delicatamente per vedere se aveva ossa rotte.

থর্নটন বাকের পাশে হাঁটু গেড়ে বসে ভাঙা হাড়ের জন্য আলতো করে অনুভব করলেন।

Le sue mani erano ruvide, ma si muovevano con gentilezza e cura.

তার হাত রুক্ষ ছিল কিন্তু দয়া ও যত্নের সাথে নাড়াচাড়া করত।

Il corpo di Buck era pieno di lividi, ma non presentava lesioni permanenti.

বাকের শরীরে আঘাতের চিহ্ন ছিল কিন্তু স্থায়ী কোনও আঘাত ছিল না।

Ciò che restava era una fame terribile e una debolezza quasi totale.

বাকি রইলো ভয়াবহ ক্ষুধা আর প্রায় সম্পূর্ণ দুর্বলতা।

Quando la situazione fu più chiara, la slitta era già andata molto a valle.

যখন এটি স্পষ্ট হয়ে উঠল, স্লেজটি নদীর অনেক নিচে চলে গিয়েছিল।

L'uomo e il cane osservavano la slitta avanzare lentamente sul ghiaccio che si rompeva.

মানুষ আর কুকুর দেখল স্লেজটা ধীরে ধীরে বরফের উপর দিয়ে হামাগুড়ি দিচ্ছে।

Poi videro la slitta sprofondare in una cavità.

তারপর, তারা দেখতে পেল স্লেজটি একটি গর্তে ডুবে গেছে।

La pertica volò in alto, ma Hal vi si aggrappò ancora invano.
জি-পোলটি উড়ে গেল, হ্যাল এখনও বৃথাই এটিকে আঁকড়ে ধরে আছে।

L'urlo di Mercedes li raggiunse attraverso la fredda distanza.
মার্সিডিজের চিৎকার ঠান্ডা দূরত্ব পেরিয়ে তাদের কাছে পৌঁছে গেল।

Charles si voltò e fece un passo indietro, ma era troppo tardi.
চার্লস ঘুরে দাঁড়াল এবং পিছিয়ে গেল—কিন্তু সে অনেক দেরি করে ফেলেছিল।

Un'intera calotta di ghiaccio cedette e tutti precipitarono.
একটা পুরো বরফের চাদর সরে গেল, আর সবগুলোই মাটিতে পড়ে গেল।

Cani, slitte e persone scomparvero nelle acque nere sottostanti.
কুকুর, স্লেজ এবং মানুষ নীচের কালো জলে অদৃশ্য হয়ে গেল।

Nel punto in cui erano passati era rimasto solo un largo buco nel ghiaccio.
তারা যেখানে গিয়েছিল সেখানে কেবল বরফের একটি প্রশস্ত গর্ত অবশিষ্ট ছিল।

Il fondo del sentiero era crollato, proprio come aveva previsto Thornton.
থর্নটন যেমন সতর্ক করেছিলেন, ঠিক তেমনই পথের তলদেশটি পড়ে গিয়েছিল।

Thornton e Buck si guardarono l'un l'altro, in silenzio per un momento.
থর্নটন আর বাক একে অপরের দিকে তাকাল, কিছুক্ষণ চুপ করে রইল।

"Povero diavolo", disse Thornton dolcemente, e Buck gli leccò la mano.

"তুমি বেচারা শয়তান," থর্নটন মৃদুস্বরে বলল, আর বাক তার হাত চাটলো।

## Per amore di un uomo
## একজন মানুষের ভালোবাসার জন্য

John Thornton si congelò i piedi per il freddo del dicembre precedente.
গত ডিসেম্বরের ঠান্ডায় জন থর্নটনের পা জমে যায়।
I suoi compagni lo fecero sentire a suo agio e lo lasciarono guarire da solo.
তার সঙ্গীরা তাকে আরামদায়ক করে তুলেছিল এবং তাকে একা সুস্থ হতে দিয়েছিল।
Risalirono il fiume per raccogliere una zattera di tronchi da sega per Dawson.
তারা ডসনের জন্য করাতের কাঠের ভেলা সংগ্রহ করতে নদীর ধারে গেল।
Zoppicava ancora leggermente quando salvò Buck dalla morte.
বাককে মৃত্যুর হাত থেকে বাঁচানোর সময় সে তখনও কিছুটা খোঁড়াচ্ছিল।
Ma con il persistere del caldo, anche quella zoppia è scomparsa.
কিন্তু উষ্ণ আবহাওয়া অব্যাহত থাকার সাথে সাথে, সেই লোমও অদৃশ্য হয়ে গেল।
Sdraiato sulla riva del fiume durante le lunghe giornate primaverili, Buck si riposò.
বসন্তের দীর্ঘ দিনগুলিতে নদীর তীরে শুয়ে, বাক বিশ্রাম নিত।

Osservava l'acqua che scorreva e ascoltava gli uccelli e gli insetti.

সে প্রবাহিত জলের দিকে তাকিয়ে থাকত এবং পাখি ও পোকামাকড়ের কথা শুনত।

Lentamente Buck riacquistò le forze sotto il sole e il cielo.

ধীরে ধীরে, বাক সূর্য ও আকাশের নীচে তার শক্তি ফিরে পেল।

Dopo aver viaggiato tremila miglia, riposarsi è stato meraviglioso.

তিন হাজার মাইল ভ্রমণের পর বিশ্রামটা অসাধারণ লাগলো।

Buck diventò pigro man mano che le sue ferite guarivano e il suo corpo si riempiva.

বাকের ক্ষত সেরে যাওয়ায় এবং তার শরীর ভরে যাওয়ায় সে অলস হয়ে পড়ে।

I suoi muscoli si rassodarono e la carne tornò a ricoprire le sue ossa.

তার পেশী শক্ত হয়ে উঠল, এবং মাংস তার হাড়গুলিকে ঢেকে ফেলল।

Stavano tutti riposando: Buck, Thornton, Skeet e Nig.

তারা সবাই বিশ্রাম নিচ্ছিল—বাক, থর্নটন, স্কিট এবং নিগ।

Aspettarono la zattera che li avrebbe portati a Dawson.

তারা অপেক্ষা করছিল সেই ভেলার জন্য যেটি তাদেরকে ডসনে নিয়ে যাবে।

Skeet era un piccolo setter irlandese che fece amicizia con Buck.

স্কিট ছিল একজন ছোট আইরিশ সেটার, যে বাকের সাথে বন্ধুত্ব করেছিল।

Buck era troppo debole e malato per resisterle al loro primo incontro.

বাক খুব দুর্বল এবং অসুস্থ ছিলেন, প্রথম সাক্ষাতেই তিনি তাকে প্রতিরোধ করতে পারেননি।

Skeet aveva la caratteristica di guaritore che alcuni cani possiedono per natura.

স্কিটের মধ্যে নিরাময়কারী বৈশিষ্ট্য ছিল যা কিছু কুকুরের স্বাভাবিকভাবেই থাকে।

Come una gatta, leccò e pulì le ferite aperte di Buck.

মা বিড়ালের মতো, সে বাকের কাঁচা ক্ষত চেটে পরিষ্কার করত।

Ogni mattina, dopo colazione, ripeteva il suo attento lavoro.

প্রতিদিন সকালে নাস্তার পর, সে তার সাবধানতার সাথে কাজটি পুনরাবৃত্তি করত।

Buck finì per aspettarsi il suo aiuto tanto quanto quello di Thornton.

বাক থর্নটনের মতোই তার সাহায্য আশা করেছিল।

Anche Nig era amichevole, ma meno aperto e meno affettuoso.

নিগও বন্ধুত্বপূর্ণ ছিল, কিন্তু কম খোলামেলা এবং কম স্নেহশীল ছিল।

Nig era un grosso cane nero, in parte segugio e in parte levriero.

নিগ ছিল একটি বড় কালো কুকুর, কিছুটা ব্লাডহাউন্ড আর কিছুটা ডিয়ারহাউন্ড।

Aveva occhi sorridenti e un'infinita bontà d'animo.

তার চোখ ছিল হাস্যোজ্জ্বল আর আত্মায় ছিল অফুরন্ত ভালো স্বভাব।

Con sorpresa di Buck, nessuno dei due cani mostrò gelosia nei suoi confronti.

বাক অবাক হয়ে গেল, কোন কুকুরই তার প্রতি ঈর্ষা দেখাল না।

Sia Skeet che Nig condividevano la gentilezza di John Thornton.

স্কিট এবং নিগ উভয়েই জন থর্নটনের দয়া ভাগ করে নিয়েছিল।

Man mano che Buck diventava più forte, lo attiravano in stupidi giochi da cani.

বাক যত শক্তিশালী হতে থাকে, তারা তাকে বোকা কুকুরের খেলায় প্রলুব্ধ করে।

Anche Thornton giocava spesso con loro, incapace di resistere alla loro gioia.

থর্নটনও প্রায়শই তাদের সাথে খেলতেন, তাদের আনন্দ ঠেকাতে পারতেন না।

In questo modo giocoso, Buck passò dalla malattia a una nuova vita.

এই কৌতুকপূর্ণ উপায়ে, বাক অসুস্থতা থেকে নতুন জীবনে চলে গেলেন।

L'amore, quello vero, ardente e passionale, era finalmente suo.

ভালোবাসা—সত্যিকারের, জ্বলন্ত, এবং আবেগপূর্ণ ভালোবাসা—অবশেষে তার হয়ে উঠল।

Non aveva mai conosciuto questo tipo di amore nella tenuta di Miller.

মিলারের এস্টেটে এই ধরণের ভালোবাসা সে কখনও জানত না।

Con i figli del giudice aveva condiviso lavoro e avventure.

বিচারকের ছেলেদের সাথে, তিনি কাজ এবং দুঃসাহসিক কাজ ভাগ করে নিয়েছিলেন।

Nei nipoti notò un orgoglio rigido e vanitoso.

নাতিদের সাথে, তিনি কঠোর এবং গর্বিত অহংকার দেখেছিলেন।

Con lo stesso giudice Miller aveva un rapporto di rispettosa amicizia.

বিচারক মিলারের সাথেও তার এক শ্রদ্ধাশীল বন্ধুত্ব ছিল।

Ma l'amore che era fuoco, follia e adorazione era ciò che accadeva con Thornton.

কিন্তু থর্নটনের সাথেই এসেছিল আগুন, উন্মাদনা এবং উপাসনাপূর্ণ ভালোবাসা।

Quest'uomo aveva salvato la vita di Buck, e questo di per sé significava molto.

এই লোকটি বাকের জীবন বাঁচিয়েছিল, আর এরই অর্থ ছিল অনেক।

Ma più di questo, John Thornton era il tipo ideale di maestro.

কিন্তু তার চেয়েও বড় কথা, জন থর্নটন ছিলেন আদর্শ ধরণের মাস্টার।

Altri uomini si prendevano cura dei cani per dovere o per necessità lavorative.

অন্য পুরুষরা কর্তব্য বা ব্যবসায়িক প্রয়োজনে কুকুরের যত্ন নিত।

John Thornton si prendeva cura dei suoi cani come se fossero figli.

জন থর্নটন তার কুকুরদের এমনভাবে যত্ন করতেন যেন তারা তার সন্তান।

Si prendeva cura di loro perché li amava e semplicemente non poteva farne a meno.

তিনি তাদের যত্ন নিতেন কারণ তিনি তাদের ভালোবাসতেন এবং তা ঠেকাতে পারতেন না।

John Thornton vide molto più lontano di quanto la maggior parte degli uomini riuscisse mai a vedere.

জন থর্নটন আরও অনেক দূর দেখতে পেলেন যা বেশিরভাগ মানুষ কখনও দেখতে পারেননি।

Non dimenticava mai di salutarli gentilmente o di pronunciare una parola di incoraggiamento.

তিনি তাদের সদয়ভাবে অভ্যর্থনা জানাতে বা উৎসাহমূলক কিছু বলতে কখনও ভোলেননি।

Amava sedersi con i cani per fare lunghe chiacchierate, o "gassy", come diceva lui.

সে কুকুরদের সাথে বসে দীর্ঘক্ষণ কথা বলতে, অথবা "গ্যাসি" বলতে ভালোবাসতো, যেমনটা সে বলতো।

Gli piaceva afferrare bruscamente la testa di Buck tra le sue mani forti.

সে তার শক্ত হাতের মাঝে বাকের মাথাটা মোটামুটি চেপে ধরতে পছন্দ করত।

Poi appoggiò la testa contro quella di Buck e lo scosse delicatamente.

তারপর সে বাকের মাথার উপর নিজের মাথা রাখল এবং তাকে আলতো করে নাড়াল।

Nel frattempo, chiamava Buck con nomi volgari che per lui significavano affetto.

সব সময়, সে বাককে এমন অভদ্র নাম দিত যার অর্থ বাকের প্রতি ভালোবাসা।

Per Buck, quell'abbraccio rude e quelle parole portarono una gioia profonda.

বাকের কাছে, সেই রুক্ষ আলিঙ্গন এবং সেই কথাগুলি গভীর আনন্দ এনেছিল।

A ogni movimento il suo cuore sembrava sussultare di felicità.

প্রতিটি নড়াচড়ায় তার হৃদয় আনন্দে কেঁপে উঠছিল বলে মনে হচ্ছিল।

Quando poi balzò in piedi, la sua bocca sembrava ridere.

পরে যখন সে লাফিয়ে উঠল, তখন তার মুখটা যেন হেসে উঠল।

I suoi occhi brillavano intensamente e la sua gola tremava per una gioia inespressa.

তার চোখ উজ্জ্বলভাবে জ্বলজ্বল করছিল এবং অব্যক্ত আনন্দে তার গলা কাঁপছিল।

Il suo sorriso rimase immobile in quello stato di emozione e affetto ardente.

আবেগ আর স্নেহের সেই উজ্জ্বল অবস্থায় তার হাসি স্থির হয়ে রইল।

Allora Thornton esclamò pensieroso: "Dio! Riesce quasi a parlare!"

তারপর থর্নটন চিন্তা করে বললেন, "ঈশ্বর! সে প্রায় কথা বলতে পারে!"

Buck aveva uno strano modo di esprimere l'amore che quasi gli causava dolore.

বাকের ভালোবাসা প্রকাশের এক অদ্ভুত পদ্ধতি ছিল যা প্রায় যন্ত্রণার কারণ হত।

Spesso stringeva forte la mano di Thornton tra i denti.

সে প্রায়শই থর্নটনের হাত দাঁতে খুব শক্ত করে চেপে ধরত।

Il morso avrebbe lasciato segni profondi che sarebbero rimasti per qualche tempo.

কামড়টি গভীর চিহ্ন রেখে যাচ্ছিল যা কিছুক্ষণ পরেও থেকে যাবে।

Buck credeva che quei giuramenti fossero amore, e Thornton la pensava allo stesso modo.

বাক বিশ্বাস করতেন যে সেই শপথগুলি ভালোবাসা ছিল, এবং থর্নটনও একই কথা জানতেন।

Il più delle volte, l'amore di Buck si manifestava in un'adorazione silenziosa, quasi silenziosa.

বেশিরভাগ ক্ষেত্রেই, বাকের ভালোবাসা নীরব, প্রায় নীরব ভক্তির মাধ্যমে প্রকাশিত হত।

Sebbene fosse emozionato quando veniva toccato o gli si parlava, non cercava attenzione.

স্পর্শ করলে বা কথা বললে তিনি রোমাঞ্চিত হলেও, মনোযোগ আকর্ষণ করেননি।

Skeet spinse il naso sotto la mano di Thornton finché lui non la accarezzò.

স্কিট থর্নটনের হাতের নিচে তার নাক ঠেলে দিল যতক্ষণ না সে তাকে আদর করল।

Nig si avvicinò silenziosamente e appoggiò la sua grande testa sulle ginocchia di Thornton.

নিগ চুপচাপ উঠে গেল এবং থর্নটনের হাঁটুতে তার বিশাল মাথা রাখল।

Buck, al contrario, si accontentava di amare da una rispettosa distanza.

বিপরীতে, বাক সম্মানজনক দূরত্ব থেকে ভালোবাসায় সন্তুষ্ট ছিলেন।

Rimase sdraiato per ore ai piedi di Thornton, vigile e attento.

সে থর্নটনের পায়ের কাছে ঘন্টার পর ঘন্টা মিথ্যা বলেছিল, সতর্ক ছিল এবং খুব কাছ থেকে দেখছিল।

Buck studiò ogni dettaglio del volto del suo padrone, perfino il più piccolo movimento.

বাক তার মালিকের মুখের প্রতিটি খুঁটিনাটি এবং সামান্যতম নড়াচড়া পর্যবেক্ষণ করল।

Oppure sdraiati più lontano, studiando in silenzio la sagoma dell'uomo.

অথবা আরও দূরে শুয়ে, নীরবে লোকটির আকৃতি পর্যবেক্ষণ করে।

Buck osservava ogni piccolo movimento, ogni cambiamento di postura o di gesto.

বাক প্রতিটি ছোট ছোট নড়াচড়া, ভঙ্গিমা বা অঙ্গভঙ্গির প্রতিটি পরিবর্তন লক্ষ্য করতেন।

Questo legame era così potente che spesso catturava lo sguardo di Thornton.

এই সংযোগটি এতটাই শক্তিশালী ছিল যে প্রায়শই থর্নটনের দৃষ্টি আকর্ষণ করত।

Incontrò lo sguardo di Buck senza dire parole, e il suo amore traspariva chiaramente.

কোন কথা ছাড়াই সে বাকের চোখের সাথে দেখা করল, ভালোবাসা স্পষ্টভাবে জ্বলজ্বল করছিল।

Per molto tempo dopo essere stato salvato, Buck non perse mai di vista Thornton.

রক্ষা পাওয়ার পর অনেকক্ষণ ধরে, বাক কখনও থর্নটনকে দৃষ্টির আড়াল হতে দেননি।

Ogni volta che Thornton usciva dalla tenda, Buck lo seguiva da vicino all'esterno.

যখনই থর্নটন তাঁবু থেকে বের হতেন, বাক বাইরে তাকে খুব কাছ থেকে অনুসরণ করতেন।

Tutti i severi padroni delle Terre del Nord avevano fatto sì che Buck non riuscisse più a fidarsi.

নর্থল্যান্ডের সমস্ত কঠোর প্রভু বাককে বিশ্বাস করতে ভয় পেয়েছিল।

Temeva che nessun uomo potesse restare suo padrone se non per un breve periodo.

তিনি ভয় পেতেন যে কোনও মানুষ অল্প সময়ের বেশি তার প্রভু থাকতে পারবে না।

Temeva che John Thornton sarebbe scomparso come Perrault e François.

তিনি আশঙ্কা করেছিলেন যে জন থর্নটনও পেরাল্ট এবং ফ্রাঁসোয়াদের মতো উধাও হয়ে যাবেন।

Anche di notte, la paura di perderlo tormentava il sonno agitato di Buck.

রাতেও, তাকে হারানোর ভয় বাকের অস্থির ঘুমকে তাড়া করত।

Quando Buck si svegliò, si trascinò fuori al freddo e andò nella tenda.

যখন বাক জেগে উঠল, সে ঠান্ডায় লাফিয়ে লাফিয়ে বেরিয়ে গেল এবং তাঁবুতে গেল।

Ascoltò attentamente il leggero suono del suo respiro interiore.

ভেতরে শ্বাস-প্রশ্বাসের মৃদু শব্দ সে মনোযোগ দিয়ে শুনল।

Nonostante il profondo amore di Buck per John Thornton, la natura selvaggia sopravvisse.

জন থর্নটনের প্রতি বাকের গভীর ভালোবাসা সত্ত্বেও, বন্যটি বেঁচে ছিল।

Quell'istinto primitivo, risvegliatosi nel Nord, non scomparve.

উত্তরে জাগ্রত সেই আদিম প্রবৃত্তিটি অদৃশ্য হয়ে যায়নি।

L'amore portava devozione, lealtà e il caldo legame attorno al fuoco.

ভালোবাসা নিষ্ঠা, আনুগত্য এবং অগ্নি–পক্ষের উষ্ণ বন্ধন এনে দেয়।

Ma Buck mantenne anche i suoi istinti selvaggi, acuti e sempre all'erta.

কিন্তু বাক তার বন্য প্রবৃত্তিকেও তীক্ষ্ণ এবং সর্বদা সতর্ক রেখেছিলেন।

Non era solo un animale domestico addomesticato proveniente dalle dolci terre della civiltà.

সে কেবল সভ্যতার নরম ভূমি থেকে আসা একটি পোষা প্রাণী ছিল না।

Buck era un essere selvaggio che si era seduto accanto al fuoco di Thornton.

বাক ছিল একটা বন্য প্রাণী যে থর্নটনের আগুনের পাশে বসেছিল।

Sembrava un cane del Southland, ma in lui albergava la natura selvaggia.

সে দেখতে সাউথল্যান্ডের কুকুরের মতো, কিন্তু তার ভেতরে বন্যতা বাস করত।

Il suo amore per Thornton era troppo grande per permettersi un furto da parte di quell'uomo.

থর্নটনের প্রতি তার ভালোবাসা এতটাই বেশি ছিল যে, লোকটির কাছ থেকে চুরি করা তার পক্ষে সম্ভব ছিল না।

Ma in qualsiasi altro campo ruberebbe con audacia e senza esitazione.

কিন্তু অন্য যেকোনো শিবিরে, সে সাহসের সাথে এবং বিরতি ছাড়াই চুরি করত।

Era così abile nel rubare che nessuno riusciva a catturarlo o accusarlo.

সে চুরিতে এতটাই চালাক ছিল যে কেউ তাকে ধরতে বা অভিযুক্ত করতে পারত না।

Il suo viso e il suo corpo erano coperti di cicatrici dovute a molti combattimenti passati.

তার মুখ এবং শরীর অতীতের অনেক লড়াইয়ের ক্ষতচিহ্নে ঢাকা ছিল।

Buck continuava a combattere con ferocia, ma ora lo faceva con maggiore astuzia.

বাক তখনও প্রচণ্ডভাবে লড়াই করেছিল, কিন্তু এখন সে আরও চালাকির সাথে লড়াই করেছিল।

Skeet e Nig erano troppo docili per combattere, ed erano di Thornton.

স্কিট এবং নিগ লড়াই করার জন্য খুব ভদ্র ছিল, এবং তারা থর্নটনের ছিল।

Ma qualsiasi cane estraneo, non importa quanto forte o coraggioso, cedeva.

কিন্তু যেকোনো অদ্ভুত কুকুর, যতই শক্তিশালী বা সাহসী হোক না কেন, হাল ছেড়ে দিল।

Altrimenti, il cane si ritrovò a combattere contro Buck, lottando per la propria vita.

অন্যথায়, কুকুরটি নিজেকে বাকের সাথে লড়াই করতে দেখল; তার জীবনের জন্য লড়াই করছে।

Buck non ebbe pietà quando decise di combattere contro un altro cane.

অন্য কুকুরের সাথে লড়াই করার সিদ্ধান্ত নেওয়ার পর বাকের কোনও দয়া হয়নি।

Aveva imparato bene la legge del bastone e della zanna nel Nord.

সে নর্থল্যান্ডে ক্লাব এবং ফ্যাং আইন ভালোভাবে শিখেছিল।

Non ha mai rinunciato a un vantaggio e non si è mai tirato indietro dalla battaglia.

তিনি কখনও কোনও সুবিধা ত্যাগ করেননি এবং যুদ্ধ থেকে কখনও পিছু হটেননি।

Aveva studiato Spitz e i cani più feroci della polizia e della posta.

সে স্পিটজ এবং ডাক ও পুলিশের সবচেয়ে হিংস্র কুকুর সম্পর্কে পড়াশোনা করেছিল।

Sapeva chiaramente che non esisteva via di mezzo in un combattimento selvaggio.

তিনি স্পষ্টভাবে জানতেন যে বন্য লড়াইয়ে কোনও মধ্যম পন্থা নেই।

Doveva governare o essere governato; mostrare misericordia significava mostrare debolezza.

তাকে শাসন করতে হবে অথবা শাসিত হতে হবে; করুণা দেখানোর অর্থ দুর্বলতা দেখানো।

La pietà era sconosciuta nel mondo crudo e brutale della sopravvivenza.

বেঁচে থাকার কাঁচা এবং নিষ্ঠুর জগতে করুণা অজানা ছিল।

Mostrare pietà era visto come un atto di paura, e la paura conduceva rapidamente alla morte.

করুণা দেখানোকে ভয় হিসেবে দেখা হত, এবং ভয় দ্রুত মৃত্যুর দিকে নিয়ে যেত।

La vecchia legge era semplice: uccidere o essere uccisi, mangiare o essere mangiati.

পুরনো আইনটি ছিল সহজ: হত্যা করো অথবা নিহত হও, খাও অথবা খাওয়া হও।

Quella legge proveniva dalle profondità del tempo e Buck la seguì alla lettera.

সেই নিয়মটি সময়ের গভীরতা থেকে এসেছে, এবং বাক তা পুরোপুরি অনুসরণ করেছিলেন।

Buck era più vecchio dei suoi anni e del numero dei suoi respiri.

বাক তার বয়স এবং নিঃশ্বাসের সংখ্যার চেয়ে বড় ছিল।

Collegava in modo chiaro il passato remoto con il momento presente.

তিনি প্রাচীন অতীতকে বর্তমানের সাথে স্পষ্টভাবে সংযুক্ত করেছিলেন।

I ritmi profondi dei secoli si muovevano attraverso di lui come le maree.

যুগ যুগের গভীর ছন্দ তার উপর দিয়ে জোয়ারের মতো বয়ে যেত।

Il tempo pulsava nel suo sangue con la stessa sicurezza con cui le stagioni muovevano la terra.

ঋতু যেমন পৃথিবীকে নাড়া দেয়, তেমনি সময়ও তার রক্তে স্পন্দিত হচ্ছিল।

Sedeva accanto al fuoco di Thornton, con il petto forte e le zanne bianche.

সে থর্নটনের আগুনের পাশে বসেছিল, শক্ত বুক এবং সাদা দাঁতওয়ালা।

La sua lunga pelliccia ondeggiava, ma dietro di lui lo osservavano gli spiriti dei cani selvatici.

তার লম্বা পশম দোলাচ্ছিল, কিন্তু তার পিছনে বন্য কুকুরের আত্মারা তাকিয়ে ছিল।

Lupi mezzi e lupi veri si agitavano nel suo cuore e nei suoi sensi.

তার হৃদয় ও ইন্দ্রিয়ের মধ্যে আধ–নেকড়ে এবং পূর্ণ নেকড়েরা নাড়াচাড়া করছিল।

Assaggiarono la sua carne e bevvero la stessa acqua che bevve lui.

তারা তার মাংসের স্বাদ নিল এবং তার মতোই পানি পান করল।

Annusarono il vento insieme a lui e ascoltarono la foresta.

তারা তার পাশে বাতাস শুঁকেছিল এবং বনের কথা শুনছিল।

Sussurravano il significato dei suoni selvaggi nell'oscurità.

অন্ধকারে তারা ফিসফিস করে বুনো শব্দের অর্থ ব্যাখ্যা করল।

Modellavano il suo umore e guidavano ciascuna delle sue reazioni silenziose.

এগুলো তার মেজাজকে আকৃতি দিত এবং তার প্রতিটি নীরব প্রতিক্রিয়াকে পরিচালিত করত।

Giacevano accanto a lui mentre dormiva e diventavano parte dei suoi sogni profondi.

সে যখন ঘুমাচ্ছিল তখন সেগুলো তার সাথে শুয়েছিল এবং তার গভীর স্বপ্নের অংশ হয়ে গিয়েছিল।

Sognavano con lui, oltre lui, e costituivano il suo stesso spirito.

তারা তার সাথে, তার বাইরেও স্বপ্ন দেখেছিল, এবং তার আত্মাকে তৈরি করেছিল।

Gli spiriti della natura selvaggia chiamavano con tanta forza che Buck si sentì attratto.

বন্য আত্মারা এত জোরে ডাকছিল যে বাক টান অনুভব করল।

Ogni giorno che passava, l'umanità e le sue rivendicazioni si indebolivano nel cuore di Buck.

প্রতিদিন, বাকের হৃদয়ে মানবজাতি এবং তার দাবি দুর্বল হয়ে পড়ল।

Nel profondo della foresta si stava per udire un richiamo strano ed emozionante.

গভীর জঙ্গলে, এক অদ্ভুত এবং রোমাঞ্চকর ডাক ভেসে আসছিল।

Ogni volta che sentiva la chiamata, Buck provava un impulso a cui non riusciva a resistere.

প্রতিবার যখনই বাক ডাকটা শুনত, তখনই একটা তাগিদ অনুভব করত যা সে প্রতিরোধ করতে পারত না।

Avrebbe voltato le spalle al fuoco e ai sentieri battuti dagli uomini.

সে আগুন এবং বিধ্বস্ত মানুষের পথ থেকে সরে আসতে যাচ্ছিল।

Stava per addentrarsi nella foresta, avanzando senza sapere il perché.

সে বনে ঝাঁপিয়ে পড়তে যাচ্ছিল, কেন তা না জেনেই এগিয়ে যাচ্ছিল।

Non mise in discussione questa attrazione, perché la chiamata era profonda e potente.

তিনি এই আকর্ষণ নিয়ে প্রশ্ন তোলেননি, কারণ আহ্বানটি ছিল গভীর এবং শক্তিশালী।

Spesso raggiungeva l'ombra verde e la terra morbida e intatta

প্রায়শই, সে সবুজ ছায়া আর নরম, অস্পৃশ্য মাটির কাছে পৌঁছে যেত

Ma poi il forte amore per John Thornton lo riportò al fuoco.

কিন্তু তারপর জন থর্নটনের প্রতি প্রবল ভালোবাসা তাকে আবারও সেই আগুনে টেনে আনল।

Soltanto John Thornton riuscì davvero a tenere stretto il cuore selvaggio di Buck.

একমাত্র জন থর্নটনই সত্যিকার অর্থে বাকের বন্য হৃদয়কে নিজের আঁকড়ে ধরে রেখেছিলেন।

Per Buck il resto dell'umanità non aveva alcun valore o significato duraturo.

বাকের কাছে বাকি মানবজাতির কোন স্থায়ী মূল্য বা অর্থ ছিল না।

Gli sconosciuti potrebbero lodarlo o accarezzargli la pelliccia con mani amichevoli.

অপরিচিতরা হয়তো তার প্রশংসা করতে পারে অথবা বন্ধুত্বপূর্ণ হাত দিয়ে তার পশম স্পর্শ করতে পারে।

Buck rimase impassibile e se ne andò per eccesso di affetto.

বাক অটল রইল এবং অতিরিক্ত স্নেহের কারণে চলে গেল।

Hans e Pete arrivarono con la zattera che era stata attesa a lungo

হ্যান্স এবং পিট বহু প্রতীক্ষিত ভেলাটি নিয়ে এসেছিলেন।

Buck li ignorò finché non venne a sapere che erano vicini a Thornton.

বাক তাদের উপেক্ষা করলেন যতক্ষণ না তিনি জানতে পারলেন যে তারা থর্নটনের কাছাকাছি।

Da allora in poi li tollerò, ma non dimostrò mai loro tutto il suo calore.

এরপর, তিনি তাদের সহ্য করলেন, কিন্তু কখনও পূর্ণ উষ্ণতা দেখালেন না।

Accettava da loro cibo o gentilezza come se volesse fare loro un favore.

তিনি তাদের কাছ থেকে খাবার বা দয়া গ্রহণ করতেন যেন তিনি তাদের প্রতি অনুগ্রহ করছেন।

Erano come Thornton: semplici, onesti e lucidi nei pensieri.

তারা থর্নটনের মতোই ছিলেন—সরল, সৎ এবং চিন্তাভাবনায় স্পষ্ট।

Tutti insieme viaggiarono verso la segheria di Dawson e il grande vortice

তারা সবাই মিলে ডসনের করাতকল এবং গ্রেট এডিতে ভ্রমণ করেছিল

Nel corso del loro viaggio impararono a comprendere profondamente la natura di Buck.

তাদের যাত্রাপথে তারা বাকের প্রকৃতি গভীরভাবে বুঝতে শিখেছে।

Non cercarono di avvicinarsi come avevano fatto Skeet e Nig.

তারা স্কিট এবং নিগের মতো ঘনিষ্ঠ হওয়ার চেষ্টা করেনি।

Ma l'amore di Buck per John Thornton non fece che aumentare con il tempo.

কিন্তু সময়ের সাথে সাথে জন থর্নটনের প্রতি বাকের ভালোবাসা আরও গভীর হতে থাকে।

Solo Thornton poteva mettere uno zaino sulla schiena di Buck durante l'estate.

গ্রীষ্মে কেবল থর্নটনই বাকের পিঠে একটা প্যাকেট রাখতে পারতেন।

Buck era disposto a eseguire senza riserve qualsiasi ordine impartito da Thornton.

থর্নটন যা-ই আদেশ করুক না কেন, বাক পুরোপুরি করতে ইচ্ছুক ছিলেন।

Un giorno, dopo aver lasciato Dawson per le sorgenti del Tanana,

একদিন, তারা ডসন থেকে তানানার উৎসমুখে যাওয়ার পর,

il gruppo era seduto su una rupe che scendeva per un metro fino a raggiungere la nuda roccia.

দলটি একটি খাড়া পাহাড়ের উপর বসেছিল যা তিন ফুট নিচে নেমে খালি পাথরের মতো হয়ে গিয়েছিল।

John Thornton si sedette vicino al bordo e Buck si riposò accanto a lui.

জন থর্নটন ধারের কাছে বসেছিলেন, আর বাক তার পাশে বিশ্রাম নিচ্ছিলেন।

Thornton ebbe un'idea improvvisa e richiamò l'attenzione degli uomini.

থর্নটনের হঠাৎ একটা চিন্তা এলো এবং সে লোকগুলোর দৃষ্টি আকর্ষণ করলো।

Indicò l'altro lato del baratro e diede a Buck un unico comando.

সে খাদের ওপারে আঙুল তুলে বাককে একটাই নির্দেশ দিল।

"Salta, Buck!" disse, allungando il braccio oltre il precipizio.

"লাফ দাও, বাক!" সে বলল, ড্রপের উপর হাত বাড়িয়ে।

Un attimo dopo dovette afferrare Buck, che stava saltando per obbedire.

মুহূর্তের মধ্যে, তাকে বাককে ধরে ফেলতে হল, যে লাফিয়ে লাফিয়ে কথা বলছিল।

Hans e Pete si precipitarono in avanti e tirarono entrambi indietro per metterli in salvo.

হ্যান্স এবং পিট দ্রুত এগিয়ে গেলেন এবং দুজনকেই নিরাপদ স্থানে টেনে আনলেন।

**Dopo che tutto fu finito e che ebbero ripreso fiato, Pete prese la parola.**

সব শেষ হওয়ার পর, আর তাদের নিঃশ্বাস বন্ধ হয়ে যাওয়ার পর, পিট কথা বলল।

**«È un amore straordinario», disse, scosso dalla feroce devozione del cane.**

"ভালোবাসাটা অদ্ভুত," সে বলল, কুকুরের তীব্র ভক্তিতে কেঁপে উঠল।

**Thornton scosse la testa e rispose con calma e serietà.**

থর্নটন মাথা নাড়লেন এবং শান্ত গম্ভীরতার সাথে উত্তর দিলেন।

**«No, l'amore è splendido», disse, «ma anche terribile».**

"না, ভালোবাসাটা অসাধারণ," সে বলল, "কিন্তু ভয়ানকও।"

**"A volte, devo ammetterlo, questo tipo di amore mi fa paura."**

"মাঝে মাঝে, আমাকে স্বীকার করতেই হবে, এই ধরণের ভালোবাসা আমাকে ভয় পাইয়ে দেয়।"

**Pete annuì e disse: "Mi dispiacerebbe tanto essere l'uomo che ti tocca".**

পিট মাথা নাড়িয়ে বলল, "তোমাকে স্পর্শ করা মানুষ হতে আমার ভালো লাগবে না।"

**Mentre parlava, guardava Buck con aria seria e piena di rispetto.**

কথা বলার সময় সে বাকের দিকে তাকাল, গম্ভীর এবং শ্রদ্ধায় ভরা।

**"Py Jingo!" esclamò Hans in fretta. "Neanch'io, no signore."**

"পাই জিঙ্গো!" হ্যান্স তাড়াতাড়ি বলল। "আমিও, না স্যার।"

**Prima che finisse l'anno, i timori di Pete si avverarono a Circle City.**

বছর শেষ হওয়ার আগেই, সার্কেল সিটিতে পিটের আশঙ্কা সত্যি হয়ে গেল।

Un uomo crudele di nome Black Burton attaccò una rissa nel bar.

ব্ল্যাক বার্টন নামে এক নিষ্ঠুর লোক বারে মারামারি শুরু করে।

Era arrabbiato e cattivo, e si scagliava contro un novellino.

সে রাগান্বিত এবং বিদ্বেষপূর্ণ ছিল, নতুন কোমল পায়ের উপর আঘাত করছিল।

John Thornton intervenne, calmo e bonario come sempre.

জন থর্নটন এগিয়ে এলেন, বরাবরের মতো শান্ত এবং সদালাপী।

Buck giaceva in un angolo, con la testa bassa, e osservava Thornton attentamente.

বাক এক কোণে শুয়ে মাথা নিচু করে থর্নটনকে খুব কাছ থেকে দেখছিল।

Burton colpì all'improvviso e il suo pugno fece girare Thornton.

বার্টন হঠাৎ আঘাত করলেন, তার ঘুষি থর্নটনকে ঘুরিয়ে দিল।

Solo la ringhiera della sbarra gli impedì di cadere violentemente a terra.

কেবল বারের রেলিং তাকে মাটিতে জোরে আছড়ে পড়া থেকে রক্ষা করেছিল।

Gli osservatori hanno sentito un suono che non era un abbaio o un guaito

প্রহরীরা এমন একটি শব্দ শুনতে পেল যা ঘেউ ঘেউ বা চিৎকারের শব্দ ছিল না।

Buck emise un profondo ruggito mentre si lanciava verso l'uomo.

লোকটির দিকে ছুটতে ছুটতে বাকের কাছ থেকে একটা গভীর গর্জন ভেসে এলো।

Burton alzò il braccio e per poco non si salvò la vita.

বার্টন তার হাত উপরে তুলে ফেললেন এবং খুব কষ্ট করে নিজের জীবন বাঁচালেন।

**Buck si schiantò contro di lui, facendolo cadere a terra.**

বাক তার সাথে ধাক্কা খায়, তাকে মেঝেতে আছড়ে পড়ে।

**Buck gli diede un morso profondo al braccio, poi si lanciò alla gola.**

বাক লোকটির বাহুতে গভীরভাবে কামড় দিল, তারপর গলার দিকে ঝাঁপিয়ে পড়ল।

**Burton riuscì a parare solo in parte e il suo collo fu squarciato.**

বার্টন কেবল আংশিকভাবে বাধা দিতে পেরেছিলেন, এবং তার ঘাড় ছিঁড়ে গিয়েছিল।

**Gli uomini si precipitarono dentro, brandendo i manganelli e allontanarono Buck dall'uomo sanguinante.**

লোকেরা ছুটে এলো, লাঠি তুলে বাককে রক্তাক্ত লোকটিকে তাড়িয়ে দিল।

**Un chirurgo ha lavorato rapidamente per impedire che il sangue fuoriuscisse.**

একজন সার্জন দ্রুত রক্ত পড়া বন্ধ করার চেষ্টা করলেন।

**Buck camminava avanti e indietro ringhiando, tentando di attaccare ancora e ancora.**

বাক বারবার আক্রমণ করার চেষ্টা করে, গর্জন করে উঠল।

**Soltanto i bastoni oscillanti gli impedirono di raggiungere Burton.**

শুধুমাত্র সুইংিিং ক্লাবগুলি তাকে বার্টনে পৌঁছাতে বাধা দিয়েছিল।

**Proprio lì, sul posto, venne convocata una riunione dei minatori.**

ঘটনাস্থলেই খনি শ্রমিকদের একটি সভা ডাকা হয়েছিল এবং অনুষ্ঠিত হয়েছিল।

**Concordarono sul fatto che Buck era stato provocato e votarono per liberarlo.**

তারা একমত হয়েছিল যে বাককে উসকানি দেওয়া হয়েছে এবং তাকে মুক্ত করার পক্ষে ভোট দিয়েছে।

**Ma il nome feroce di Buck risuonava ormai in ogni accampamento dell'Alaska.**

কিন্তু বাকের ভয়ঙ্কর নাম এখন আলাস্কার প্রতিটি শিবিরে প্রতিধ্বনিত হচ্ছে।

**Più tardi, quello stesso autunno, Buck salvò Thornton di nuovo in un modo nuovo.**

সেই শরতের পরে, বাক আবার নতুন উপায়ে থর্নটনকে রক্ষা করেন।

**I tre uomini stavano guidando una lunga barca lungo delle rapide impetuose.**

তিনজন লোক উত্তাল নদী দিয়ে একটি লম্বা নৌকা চালাচ্ছিল।

**Thornton manovrava la barca, gridando indicazioni per raggiungere la riva.**

থর্নটন নৌকা চালাচ্ছিলেন, তীরের দিকে দিকনির্দেশনা দিচ্ছিলেন।

**Hans e Pete correvano sulla terraferma, tenendo una corda da un albero all'altro.**

হ্যান্স এবং পিট গাছ থেকে গাছে দড়ি ধরে জমিতে দৌড়াতে লাগল।

**Buck procedeva a passo d'uomo sulla riva, tenendo sempre d'occhio il suo padrone.**

বাক তীরে পাড়া দিয়ে চলতে থাকল, সবসময় তার মালিকের দিকে নজর রাখল।

**In un punto pericoloso, delle rocce sporgevano dall'acqua veloce.**

এক নোংরা জায়গায়, দ্রুত জলের তলায় পাথরগুলো বেরিয়ে এসেছে।

**Hans lasciò andare la cima e Thornton tirò la barca verso la larghezza.**

হ্যান্স দড়ি ছেড়ে দিল, আর থর্নটন নৌকাটা আরও দূরে চালাল।

**Hans corse a percorrerla di nuovo, superando le pericolose rocce.**

হ্যান্স বিপজ্জনক পাথর পেরিয়ে আবার নৌকা ধরার জন্য দৌড়ে গেল।

**La barca superò la sporgenza ma trovò una corrente più forte.**

নৌকাটি খাড়া অংশ পরিষ্কার করল কিন্তু স্রোতের আরও শক্তিশালী অংশে আঘাত করল।

**Hans afferrò la cima troppo velocemente e fece perdere l'equilibrio alla barca.**

হ্যান্স খুব দ্রুত দড়ি ধরে নৌকাটিকে ভারসাম্যহীন করে ফেলল।

**La barca si capovolse e sbatté contro la riva, con la parte inferiore rivolta verso l'alto.**

নৌকাটি উল্টে গেল এবং তীরে ধাক্কা মারল, একেবারে নীচের দিকে।

**Thornton venne scaraventato fuori e trascinato nella parte più selvaggia dell'acqua.**

থর্নটনকে বাইরে ফেলে দেওয়া হয়েছিল এবং জলের সবচেয়ে জঙ্গলে ভাসিয়ে দেওয়া হয়েছিল।

**Nessun nuotatore sarebbe sopravvissuto in quelle acque pericolose e pericolose.**

সেই মারাত্মক, তীব্র জলরাশিতে কোনও সাঁতারু বেঁচে থাকতে পারত না।

**Buck si lanciò all'istante e inseguì il suo padrone lungo il fiume.**

বাক তৎক্ষণাৎ লাফিয়ে পড়ে এবং তার মনিবকে নদীর ধারে তাড়া করে।

**Dopo trecento metri finalmente raggiunse Thornton.**

তিনশো গজ পর, অবশেষে সে থর্নটনে পৌঁছালো।

Thornton afferrò la coda di Buck, e Buck si diresse verso la riva.

থর্নটন বাকের লেজ ধরে ফেলল, আর বাক তীরের দিকে ঘুরে দাঁড়াল।

Nuotò con tutte le sue forze, lottando contro la forte resistenza dell'acqua.

সে পুরো শক্তি দিয়ে সাঁতার কাটল, জলের তীব্র টানের সাথে লড়াই করে।

Si spostarono verso valle più velocemente di quanto riuscissero a raggiungere la riva.

তারা তীরে পৌঁছানোর চেয়ে দ্রুততর গতিতে নদীর স্রোতে চলে গেল।

Più avanti, il fiume ruggiva più forte, precipitando in rapide mortali.

সামনে, নদীটি আরও জোরে গর্জন করছিল যখন এটি মারাত্মক দ্রুত স্রোতের সাথে আছড়ে পড়ছিল।

Le rocce fendevano l'acqua come i denti di un enorme pettine.

বিশাল চিরুনির দাঁতের মতো পাথরগুলো জলের মধ্য দিয়ে কেটে বেরিয়ে আসছে।

La forza di attrazione dell'acqua nei pressi del dislivello era selvaggia e ineluttabile.

ফোঁটার কাছে জলের টান ছিল বর্বর এবং অনিবার্য।

Thornton sapeva che non sarebbero mai riusciti a raggiungere la riva in tempo.

থর্নটন জানতেন যে তারা কখনই সময়মতো তীরে পৌঁছাতে পারবে না।

Raschiò una roccia, ne sbatté una seconda,

সে একটা পাথরের উপর দিয়ে ঘষে ঘষে, আরেকটা পাথর ভেঙে ফেলল,

Poi si schiantò contro una terza roccia, afferrandola con entrambe le mani.

আর তারপর সে তৃতীয় পাথরের সাথে ধাক্কা খেল, দুই হাতে ধরে।

Lasciò andare Buck e urlò sopra il ruggito: "Vai, Buck! Vai!"

সে বাককে ছেড়ে দিল এবং গর্জনের সাথে চিৎকার করে বলল, "যাও, বাক! যাও!"

Buck non riuscì a restare a galla e fu trascinato dalla corrente.

বাক ভেসে থাকতে পারল না এবং স্রোতের টানে ভেসে গেল।

Lottò con tutte le sue forze, cercando di girarsi, ma non fece alcun progresso.

সে কঠোর লড়াই করেছিল, ঘুরে দাঁড়ানোর জন্য সংগ্রাম করেছিল, কিন্তু কোনও অগ্রগতি করতে পারেনি।

Poi sentì Thornton ripetere il comando sopra il fragore del fiume.

তারপর সে শুনতে পেল থর্নটন নদীর গর্জনের উপর দিয়ে আদেশটি পুনরাবৃত্তি করছে।

Buck si impennò fuori dall'acqua e sollevò la testa come per dare un'ultima occhiata.

বাক জল থেকে উঠে এল, মাথা তুলল যেন শেষবারের মতো দেখার জন্য।

poi si voltò e obbedì, nuotando verso la riva con risolutezza.

তারপর ঘুরে দাঁড়ালো এবং বাধ্য হলো, দৃঢ় সংকল্পের সাথে তীরের দিকে সাঁতার কাটলো।

Pete e Hans lo tirarono a riva all'ultimo momento possibile.

পিট এবং হ্যান্স তাকে শেষ সম্ভাব্য মুহূর্তে তীরে টেনে আনলেন।

Sapevano che Thornton avrebbe potuto aggrapparsi alla roccia solo per pochi minuti.

তারা জানত থর্নটন মাত্র কয়েক মিনিটের জন্য পাথরের সাথে লেগে থাকতে পারবে।

Corsero su per la riva fino a un punto molto più in alto rispetto al punto in cui lui era appeso.

তারা দৌড়ে ব্যাংকের অনেক উপরে একটা জায়গায় উঠে গেল যেখানে সে ঝুলছিল।

**Legarono con cura la cima della barca al collo e alle spalle di Buck.**

তারা নৌকার দড়িটি বাকের ঘাড় এবং কাঁধে সাবধানে বেঁধে দিল।

**La corda era stretta ma abbastanza larga da permettere di respirare e muoversi.**

দড়িটি শক্ত ছিল কিন্তু শ্বাস-প্রশ্বাস এবং নড়াচড়ার জন্য যথেষ্ট ঢিলেঢালা ছিল।

**Poi lo gettarono di nuovo nel fiume impetuoso e mortale.**

তারপর তারা তাকে আবার তীব্র, প্রাণঘাতী নদীতে ফেলে দিল।

**Buck nuotò coraggiosamente ma non riuscì a prendere l'angolazione giusta per affrontare la forza della corrente.**

বাক সাহসের সাথে সাঁতার কাটল কিন্তু স্রোতের তীব্রতায় তার কোণ মিস করল।

**Si accorse troppo tardi che stava per superare Thornton.**

সে বুঝতে পেরেছিল যে সে থর্নটনের পাশ দিয়ে ভেসে যাবে।

**Hans tirò forte la corda, come se Buck fosse una barca che si capovolge.**

হ্যান্স দড়িটা শক্ত করে ঝাঁকিয়ে ধরল, যেন বাক একটা ডুবন্ত নৌকা।

**La corrente lo trascinò sott'acqua e lui scomparve sotto la superficie.**

স্রোত তাকে টেনে নিল, এবং সে ভূপৃষ্ঠের নীচে অদৃশ্য হয়ে গেল।

**Il suo corpo colpì la riva prima che Hans e Pete lo tirassero fuori.**

হ্যান্স এবং পিট তাকে টেনে বের করার আগেই তার দেহটি তীরে আঘাত করে।

**Era mezzo annegato e gli tolsero l'acqua dal corpo.**

সে আধ ডুবে ছিল, আর তারা তার শরীর থেকে পানি বের করে দিল।

**Buck si alzò, barcollò e crollò di nuovo a terra.**

বাক দাঁড়িয়ে রইল, টলমল করে আবার মাটিতে লুটিয়ে পড়ল।

**Poi udirono la voce di Thornton portata debolmente dal vento.**

তারপর তারা থর্নটনের কন্ঠস্বর শুনতে পেল, বাতাসের আওয়াজ মৃদুভাবে ভেসে যাচ্ছিল।

**Sebbene le parole non fossero chiare, sapevano che era vicino alla morte.**

যদিও কথাগুলো অস্পষ্ট ছিল, তারা জানত যে সে মৃত্যুর কাছাকাছি।

**Il suono della voce di Thornton colpì Buck come una scossa elettrica.**

থর্নটনের কন্ঠস্বরের শব্দ বাকের উপর বৈদ্যুতিক ঝাঁকুনির মতো আঘাত করল।

**Saltò in piedi e corse su per la riva, tornando al punto di partenza.**

সে লাফিয়ে উঠে তীরে উঠে গেল, লঞ্চ পয়েন্টে ফিরে এলো।

**Legarono di nuovo la corda a Buck, e di nuovo lui entrò nel fiume.**

আবার তারা বাকের সাথে দড়ি বেঁধে দিল, এবং সে আবার স্রোতে প্রবেশ করল।

**Questa volta nuotò direttamente e con decisione nell'acqua impetuosa.**

এবার, সে সরাসরি এবং দৃঢ়ভাবে তীব্র জলে সাঁতার কাটল।

**Hans lasciò scorrere la corda con regolarità, mentre Pete impediva che si aggrovigliasse.**

হ্যান্স দড়িটা ধীরে ধীরে ছেড়ে দিল, আর পিট দড়িটা জট পাকানো থেকে রক্ষা করল।

Buck nuotò con forza finché non si trovò allineato appena sopra Thornton.

বাক খুব জোরে সাঁতার কেটেছিল যতক্ষণ না সে থর্নটনের ঠিক উপরে লাইনে দাঁড়িয়ে ছিল।

Poi si voltò e si lanciò verso di lui come un treno a tutta velocità.

তারপর সে ঘুরে দাঁড়ালো এবং পুরো গতিতে ট্রেনের মতো নেমে এলো।

Thornton lo vide arrivare, si preparò e gli abbracciò il collo.

থর্নটন তাকে আসতে দেখে, শক্ত হয়ে গেল, এবং তার গলায় হাত বেঁধে নিল।

Hans legò saldamente la corda attorno a un albero mentre entrambi venivano tirati sott'acqua.

দুজনেই নিচে টেনে ধরা পড়ার সাথে সাথে হ্যান্স একটি গাছের সাথে দড়িটি শক্ত করে বেঁধে ফেলল।

Caddero sott'acqua, schiantandosi contro rocce e detriti del fiume.

তারা পানির নিচে পড়ে গেল, পাথর এবং নদীর ধ্বংসাবশেষে ধাক্কা খেল।

Un attimo prima Buck era in cima e un attimo dopo Thornton si alzava ansimando.

এক মুহূর্তে বাক উপরে ছিল, পরের মুহূর্তে থর্নটন হাঁপাতে হাঁপাতে উঠল।

Malconci e soffocati, si diressero verso la riva e si misero in salvo.

মারধর ও শ্বাসরোধের কারণে তারা ব্যাংক এবং নিরাপদ স্থানে পালিয়ে গেল।

Thornton riprese conoscenza mentre era sdraiato su un tronco alla deriva.

থর্নটন জ্ঞান ফিরে পেলেন, একটা ভেসে থাকা কাঠের উপর শুয়ে।

Hans e Pete lavorarono duramente per riportarlo a respirare e a vivere.

হ্যান্স এবং পিট তাকে নিঃশ্বাস এবং জীবন ফিরিয়ে আনার জন্য কঠোর পরিশ্রম করেছিল।

Il suo primo pensiero fu per Buck, che giaceva immobile e inerte.

তার প্রথম চিন্তা ছিল বাকের কথা, যে নিশ্চল এবং নিস্তেজ অবস্থায় পড়ে ছিল।

Nig ululò sul corpo di Buck e Skeet gli leccò delicatamente il viso.

নিগ বাকের শরীরের উপর চিৎকার করে উঠল, আর স্কিট আলতো করে তার মুখ চাটল।

Thornton, dolorante e contuso, esaminò Buck con mano attenta.

থর্নটন, ক্ষতবিক্ষত এবং ক্ষতবিক্ষত, সাবধানে হাতে বাককে পরীক্ষা করলেন।

Ha trovato tre costole rotte, ma il cane non presentava ferite mortali.

তিনি কুকুরটির তিনটি পাঁজর ভাঙা দেখতে পেলেন, কিন্তু কোনও মারাত্মক ক্ষত ছিল না।

"Questo è tutto", disse Thornton. "Ci accamperemo qui". E così fecero.

"এতেই সব ঠিক হয়ে যায়," থর্নটন বললেন। "আমরা এখানেই ক্যাম্প করি।" এবং তারা তা করল।

Rimasero lì finché le costole di Buck non guarirono e lui poté di nuovo camminare.

বাকের পাঁজর সেরে ওঠা এবং সে আবার হাঁটতে না পারা পর্যন্ত তারা সেখানেই ছিল।


Quell'inverno Buck compì un'impresa che accrebbe ulteriormente la sua fama.

সেই শীতে, বাক এমন একটি কীর্তি সম্পাদন করেছিলেন যা তার খ্যাতি আরও বাড়িয়ে দিয়েছিল।

Fu un gesto meno eroico del salvataggio di Thornton, ma altrettanto impressionante.

থর্নটনকে বাঁচানোর চেয়ে এটি কম বীরত্বপূর্ণ ছিল, কিন্তু ঠিক ততটাই চিত্তাকর্ষক ছিল।

A Dawson, i soci avevano bisogno di provviste per un viaggio lontano.

ডসনে, অংশীদারদের দূর ভ্রমণের জন্য সরবরাহের প্রয়োজন ছিল।

Volevano viaggiare verso est, in terre selvagge e incontaminate.

তারা পূর্ব দিকে, অস্পৃশ্য প্রান্তর ভূমিতে ভ্রমণ করতে চেয়েছিল।

Quel viaggio fu possibile grazie all'impresa compiuta da Buck nell'Eldorado Saloon.

এলডোরাডো সেলুনে বাকের কাজ সেই ভ্রমণকে সম্ভব করে তুলেছিল।

Tutto cominciò con degli uomini che si vantavano dei loro cani bevendo qualcosa.

এটি শুরু হয়েছিল পুরুষদের তাদের কুকুরদের পানীয় নিয়ে বড়াই করার মাধ্যমে।

La fama di Buck lo rese bersaglio di sfide e dubbi.

বাকের খ্যাতি তাকে চ্যালেঞ্জ এবং সন্দেহের লক্ষ্যবস্তুতে পরিণত করেছিল।

Thornton, fiero e calmo, rimase fermo nel difendere il nome di Buck.

গর্বিত এবং শান্ত থর্নটন বাকের নাম রক্ষায় দৃঢ়ভাবে দাঁড়িয়েছিলেন।

Un uomo ha affermato che il suo cane riusciva a trainare facilmente duecentocinquanta chili.

একজন লোক বললো যে তার কুকুরটি সহজেই পাঁচশো পাউন্ড ওজন তুলতে পারে।

Un altro disse seicento, e un terzo si vantò di settecento.

আরেকজন বলল ছয়শো, আর তৃতীয়জন বলল সাতশো।

"Pfft!" disse John Thornton, "Buck può trainare una slitta da mille libbre."

"ওহ!" জন থর্নটন বললেন, "বাক হাজার পাউন্ডের স্লেজ টানতে পারে।"

Matthewson, un Bonanza King, si sporse in avanti e lo sfidò.

ম্যাথিউসন, একজন বোনানজা রাজা, সামনে ঝুঁকে তাকে চ্যালেঞ্জ জানালেন।

"Pensi che possa spostare tutto quel peso?"

"তুমি কি মনে করো সে এত ওজন কাজে লাগাতে পারবে?"

"E pensi che riesca a sollevare il peso per cento metri?"

"আর তুমি কি মনে করো সে পুরো একশ গজ ওজন টানতে পারবে?"

Thornton rispose freddamente: "Sì. Buck è abbastanza cane da farlo."

থর্নটন শান্ত স্বরে উত্তর দিলেন, "হ্যাঁ। বাক এটা করার জন্য যথেষ্ট কুকুর।"

"Metterà in moto mille libbre e la tirerà per cento metri."

"সে এক হাজার পাউন্ড গতিতে চালাবে, এবং একশ গজ টেনে তুলবে।"

Matthewson sorrise lentamente e si assicurò che tutti gli uomini udissero le sue parole.

ম্যাথিউসন ধীরে ধীরে হাসলেন এবং নিশ্চিত করলেন যে সকল মানুষ তার কথাগুলো শুনছে।

"Ho mille dollari che dicono che non può. Eccoli."

"আমার কাছে এক হাজার ডলার আছে যা বলে যে সে পারবে না। এই তো।"

Sbatté sul bancone un sacco di polvere d'oro grande quanto una salsiccia.

সে সসেজের আকারের সোনার ধুলোর বস্তা বারের উপর ছুঁড়ে মারল।

Nessuno disse una parola. Il silenzio si fece pesante e teso intorno a loro.

কেউ একটা কথাও বলল না। তাদের চারপাশের নীরবতা ভারী ও উত্তেজনাপূর্ণ হয়ে উঠল।

**Il bluff di Thornton, se mai lo fu, era stato preso sul serio.**

থর্নটনের ধোঁকাবাজি—যদি তা হয়ে থাকে—তবে তা গুরুত্বের সাথে নেওয়া হয়েছিল।

**Sentì il calore salirgli al viso mentre il sangue gli affluiva alle guance.**

রক্ত তার গালে ছুটে যাওয়ার সাথে সাথে তার মুখে তাপ বেড়ে যেতে লাগল।

**In quel momento la sua lingua aveva preceduto la ragione.**

সেই মুহূর্তে তার জিহ্বা তার যুক্তির চেয়ে এগিয়ে গিয়েছিল।

**Non sapeva davvero se Buck sarebbe riuscito a spostare mille libbre.**

সে সত্যিই জানত না যে বাক হাজার পাউন্ড সরাতে পারবে কিনা।

**Mezza tonnellata! Solo la sua mole gli faceva sentire il cuore pesante.**

আধা টন! এর আকার দেখেই তার মন ভারী হয়ে উঠল।

**Aveva fiducia nella forza di Buck e lo riteneva capace.**

তার বাকের শক্তির উপর বিশ্বাস ছিল এবং সে তাকে সক্ষম বলে মনে করেছিল।

**Ma non aveva mai affrontato una sfida di questo tipo, non in questo modo.**

কিন্তু সে কখনও এই ধরণের চ্যালেঞ্জের মুখোমুখি হয়নি, এভাবেও নয়।

**Una dozzina di uomini lo osservavano in silenzio, in attesa di vedere cosa avrebbe fatto.**

এক ডজন লোক চুপচাপ তার দিকে তাকিয়ে ছিল, সে কী করে তা দেখার জন্য অপেক্ষা করছিল।

**Lui non aveva i soldi, e nemmeno Hans e Pete.**

তার কাছে টাকা ছিল না—হ্যান্স বা পিটের কাছেও ছিল না।

**"Ho una slitta fuori", disse Matthewson in modo freddo e diretto.**

"আমার বাইরে একটা স্লেজ আছে," ম্যাথিউসন ঠান্ডা এবং সরাসরি বললেন।

"È carico di venti sacchi, da cinquanta libbre ciascuno, tutti di farina.

"এতে বিশটি বস্তা বোঝাই, প্রতিটি পঞ্চাশ পাউন্ড, পুরোটাই ময়দা।

Quindi non lasciare che la scomparsa della slitta diventi la tua scusa", ha aggiunto.

তাই এখনই হারিয়ে যাওয়া স্লেজকে তোমার অজুহাত হতে দিও না," তিনি আরও যোগ করেন।

Thornton rimase in silenzio. Non sapeva che parole dire.

থর্নটন চুপ করে দাঁড়িয়ে রইল। সে বুঝতে পারছিল না কোন শব্দে কথা বলবে।

Guardò i volti intorno a sé senza vederli chiaramente.

সে মুখগুলোর দিকে তাকালো, কিন্তু স্পষ্ট দেখতে পেলো না।

Sembrava un uomo immerso nei suoi pensieri, che cercava di ripartire.

তাকে এমন একজন মানুষের মতো দেখাচ্ছিল যিনি চিন্তায় ডুবে আছেন, আবার শুরু করার চেষ্টা করছেন।

Poi incontrò Jim O'Brien, un amico dei tempi dei Mastodon.

তারপর সে জিম ও'ব্রায়ানের সাথে দেখা করল, মাস্টোডন যুগের বন্ধু।

Quel volto familiare gli diede un coraggio che non sapeva di avere.

সেই পরিচিত মুখটি তাকে এমন সাহস জুগিয়েছিল যা সে জানত না যে তার আছে।

Si voltò e chiese a bassa voce: "Puoi prestarmi mille dollari?"

সে ঘুরে নিচু স্বরে জিজ্ঞাসা করল, "তুমি কি আমাকে এক হাজার টাকা ধার দিতে পারবে?"

"Certo", disse O'Brien, lasciando cadere un pesante sacco vicino all'oro.

"অবশ্যই," ও'ব্রায়েন বললেন, সোনার কাছে একটা ভারী বস্তা ফেলে দিয়ে।

**"Ma sinceramente, John, non credo che la bestia possa fare questo."**

"কিন্তু সত্যি বলতে, জন, আমি বিশ্বাস করি না যে জন্তুটি এটা করতে পারে।"

**Tutti quelli presenti all'Eldorado Saloon si precipitarono fuori per assistere all'evento.**

এলডোরাডো সেলুনের সবাই অনুষ্ঠানটি দেখার জন্য বাইরে ছুটে গেল।

**Lasciarono tavoli e bevande e perfino le partite furono sospese.**

তারা টেবিল এবং পানীয় রেখে গেল, এমনকি খেলাগুলিও স্থগিত করা হল।

**Croupier e giocatori accorsero per assistere alla conclusione di questa audace scommessa.**

ডিলার এবং জুয়াড়িরা সাহসী বাজির শেষ দেখতে এসেছিল।

**Centinaia di persone si radunarono attorno alla slitta sulla strada ghiacciata.**

বরফের খোলা রাস্তায় স্লেজের চারপাশে শত শত লোক জড়ো হয়েছিল।

**La slitta di Matthewson era carica di un carico completo di sacchi di farina.**

ম্যাথিউসনের স্লেজটি আটার বস্তা ভর্তি করে দাঁড়িয়ে ছিল।

**La slitta era rimasta ferma per ore a temperature sotto lo zero.**

স্লেজটি মাইনাস তাপমাত্রায় ঘন্টার পর ঘন্টা ধরে বসে ছিল।

**I pattini della slitta erano congelati e incollati alla neve compatta.**

স্লেজের দৌড়বিদরা তুষারপাতের কারণে জমে গিয়েছিল।

Gli uomini scommettevano due a uno che Buck non sarebbe riuscito a spostare la slitta.

পুরুষরা দুই–একের ব্যবধানে অডস দিয়েছিল যে বাক স্লেজটি সরাতে পারবে না।

Scoppiò una disputa su cosa significasse realmente "break out".

"ব্রেক আউট" এর আসল অর্থ কী তা নিয়ে একটি বিতর্ক শুরু হয়েছিল।

O'Brien ha affermato che Thornton dovrebbe allentare la base ghiacciata della slitta.

ও'ব্রায়েন বললেন, থর্নটনের উচিত স্লেজের জমে থাকা ভিত্তিটি আলগা করা।

Buck potrebbe quindi "rompere" una partenza solida e immobile.

বাক তখন একটি দৃঢ়, গতিহীন শুরু থেকে "ভেঙে" যেতে পারে।

Matthewson sosteneva che anche il cane doveva liberare i corridori.

ম্যাথিউসন যুক্তি দিয়েছিলেন যে কুকুরটিকেও দৌড়বিদদের মুক্ত করতে হবে।

Gli uomini che avevano sentito la scommessa concordavano con Matthewson.

যারা বাজি শুনেছিলেন তারা ম্যাথিউসনের মতামতের সাথে একমত পোষণ করেছিলেন।

Con questa sentenza, le probabilità contro Buck salirono a tre a uno.

এই রায়ের সাথে সাথে, বাকের বিপক্ষে জয়ের সম্ভাবনা তিন–একে বেড়ে গেল।

Nessuno si fece avanti per accettare le crescenti quote di tre a uno.

তিন–একের ক্রমবর্ধমান সম্ভাবনা মেনে নিতে কেউ এগিয়ে আসেনি।

Nessuno credeva che Buck potesse compiere la grande impresa.

একজনও মানুষ বিশ্বাস করেনি যে বাক এই দুর্দান্ত কীর্তিটি সম্পাদন করতে পারবে।

Thornton era stato spinto a scommettere, pieno di dubbi.

থর্নটনকে তাড়াহুড়ো করে বাজি ধরতে হয়েছিল, সন্দেহে ভারাক্রান্ত।

Ora guardava la slitta e la muta di dieci cani accanto ad essa.

এবার সে স্লেজ আর তার পাশে থাকা দশ কুকুরের দলের দিকে তাকাল।

Vedere la realtà del compito lo faceva sembrare ancora più impossibile.

কাজের বাস্তবতা দেখে এটা আরও অসম্ভব মনে হলো।

In quel momento Matthewson era pieno di orgoglio e sicurezza.

সেই মুহূর্তে ম্যাথিউসন গর্ব এবং আত্মবিশ্বাসে পূর্ণ ছিলেন।

"Tre a uno!" urlò. "Ne scommetto altri mille, Thornton!

"তিনজন এক!" সে চিৎকার করে বলল। "আমি আরও হাজার টাকা বাজি ধরব, থর্নটন!

"Cosa dici?" aggiunse, abbastanza forte da farsi sentire da tutti.

"তুমি কী বলো?" সে আরও বলল, এত জোরে যে সবাই শুনতে পেল।

Il volto di Thornton esprimeva i suoi dubbi, ma il suo spirito era sollevato.

থর্নটনের মুখে তার সন্দেহ ফুটে উঠল, কিন্তু তার মনোবল জেগে উঠল।

Quello spirito combattivo ignorava le avversità e non temeva nulla.

সেই লড়াইয়ের মনোভাব প্রতিকূলতা উপেক্ষা করেছিল এবং কোনও কিছুরই ভয় পায়নি।

Chiamò Hans e Pete perché portassero tutti i loro soldi al tavolo.

সে হ্যান্স এবং পিটকে তাদের সমস্ত নগদ টাকা টেবিলে আনতে ডাকল।

Non gli era rimasto molto altro: solo duecento dollari in tutto.

তাদের কাছে খুব একটা অবশিষ্ট ছিল না—শুধুমাত্র দুইশ ডলার।

Questa piccola somma costituiva la loro intera fortuna nei momenti difficili.

কঠিন সময়ে এই সামান্য পরিমাণই ছিল তাদের মোট সম্পদ।

Ciononostante puntarono tutta la loro fortuna contro la scommessa di Matthewson.

তবুও, তারা ম্যাথিউসনের বাজির বিরুদ্ধে সমস্ত ভাগ্য বিসর্জন দিয়েছিল।

La muta composta da dieci cani venne sganciata e allontanata dalla slitta.

দশ কুকুরের দলটি অক্ষত ছিল এবং স্লেজ থেকে দূরে সরে গিয়েছিল।

Buck venne messo alle redini, indossando la sua consueta imbracatura.

বাককে তার পরিচিত জোতা পরে লাগাম টেনে বসানো হয়েছিল।

Aveva colto l'energia della folla e ne aveva percepito la tensione.

সে ভিড়ের শক্তি বুঝতে পেরেছিল এবং উত্তেজনা অনুভব করেছিল।

In qualche modo sapeva che doveva fare qualcosa per John Thornton.

কোনওভাবে, সে জানত জন থর্নটনের জন্য তাকে কিছু করতে হবে।

La gente mormorava ammirata di fronte alla figura fiera del cane.

কুকুরটির গর্বিত অবয়ব দেখে লোকেরা প্রশংসায় বিড়বিড় করতে লাগল।

Era magro e forte, senza un solo grammo di carne in più.

সে রোগা এবং শক্তিশালী ছিল, এক পাউন্ডও অতিরিক্ত মাংস ছিল না।

Il suo peso di centocinquanta chili era sinonimo di potenza e resistenza.

তার পুরো একশো পঞ্চাশ পাউন্ড ওজন ছিল শক্তি এবং সহনশীলতা।

Il mantello di Buck brillava come la seta, denso di salute e forza.

বাকের কোটটি রেশমের মতো চকচক করছিল, স্বাস্থ্য এবং শক্তিতে পুরু।

La pelliccia sul collo e sulle spalle sembrava sollevarsi e drizzarsi.

তার ঘাড় এবং কাঁধের পশমগুলো উঁচু হয়ে উঠছিল এবং ঝাঁকুনি দিচ্ছিল।

La sua criniera si muoveva leggermente, ogni capello era animato dalla sua grande energia.

তার কেশর সামান্য নড়ছিল, প্রতিটি চুল তার প্রচণ্ড শক্তিতে সজীব ছিল।

Il suo petto ampio e le sue gambe forti si sposavano bene con la sua corporatura pesante e robusta.

তার প্রশস্ত বুক এবং শক্তিশালী পা তার ভারী, শক্ত দেহের সাথে মিলে গেল।

I muscoli si tesero sotto il cappotto, tesi e sodi come ferro legato.

তার কোটের নীচে পেশীগুলো ঢেউ খেলানো, আবদ্ধ লোহার মতো শক্ত এবং শক্ত।

Gli uomini lo toccavano e giuravano che era fatto come una macchina d'acciaio.

লোকেরা তাকে স্পর্শ করেছিল এবং শপথ করেছিল যে সে একটি ইস্পাত যন্ত্রের মতো তৈরি।

Le probabilità contro il grande cane sono scese leggermente a due a uno.

দুর্দান্ত কুকুরটির বিপক্ষে জয়ের সম্ভাবনা কিছুটা কমে দুই-একে নেমে এসেছে।

Un uomo dei banchi di Skookum si fece avanti balbettando.

স্কুকুম বেঞ্চের একজন লোক তোতলাতে তোতলাতে এগিয়ে গেল।

"Bene, signore! Offro ottocento per lui... prima della prova, signore!"

"ভালো, স্যার! আমি ওর জন্য আটশো টাকা দিচ্ছি—পরীক্ষার আগে, স্যার!"

"Ottocento, così com'è adesso!" insistette l'uomo.

"আটশ, এখন যেমন সে দাঁড়িয়ে আছে!" লোকটি জোর দিয়ে বলল।

Thornton fece un passo avanti, sorrise e scosse la testa con calma.

থর্নটন এগিয়ে এলেন, হাসলেন, এবং শান্তভাবে মাথা নাড়লেন।

Matthewson intervenne rapidamente con tono ammonitore e aggrottando la fronte.

ম্যাথিউসন দ্রুত সতর্কীকরণ স্বরে এবং ভ্রু কুঁচকে ভেতরে প্রবেশ করলেন।

"Devi allontanarti da lui", disse. "Dagli spazio."

"তোমাকে তার কাছ থেকে দূরে সরে যেতে হবে," সে বলল। "ওকে জায়গা দাও।"

La folla tacque; solo i giocatori continuavano a offrire due a uno.

জনতা চুপ করে গেল; কেবল জুয়াড়িরা তখনও দুই-একটি অফার করছিল।

Tutti ammiravano la corporatura di Buck, ma il carico sembrava troppo pesante.

সবাই বাকের গঠনের প্রশংসা করেছিল, কিন্তু বোঝাটা খুব দারুন লাগছিল।

**Venti sacchi di farina, ciascuno del peso di cinquanta libbre, sembravano decisamente troppi.**

বিশ বস্তা ময়দা—প্রতিটি পঞ্চাশ পাউন্ড ওজনের—অনেক বেশি মনে হচ্ছিল।

**Nessuno era disposto ad aprire la borsa e a rischiare i propri soldi.**

কেউ তাদের থলি খুলে টাকা ঝুঁকি নিতে রাজি ছিল না।

**Thornton si inginocchiò accanto a Buck e gli prese la testa tra entrambe le mani.**

থর্নটন বাকের পাশে হাঁটু গেড়ে বসে তার মাথা দুই হাতে ধরলেন।

**Premette la guancia contro quella di Buck e gli parlò all'orecchio.**

সে বাকের গালে তার গাল চেপে ধরে তার কানে কথা বলল।

**Non c'erano più né scossoni giocosi né insulti affettuosi sussurrati.**

এখন আর কোন কৌতুকপূর্ণ কাঁপুনি বা ফিসফিসিয়ে বলা প্রেমময় অপমান ছিল না।

**Mormorò solo dolcemente: "Quanto mi ami, Buck."**

সে কেবল মৃদুস্বরে বিড়বিড় করল, "তুমি আমাকে যতটা ভালোবাসো, বাক।"

**Buck emise un gemito sommesso, trattenendo a stento la sua impazienza.**

বাক একটা মৃদু আর্তনাদ করলো, তার আগ্রহটা খুব একটা দমন করতে পারলো না।

**Gli astanti osservavano con curiosità la tensione che aleggiava nell'aria.**

দর্শকরা কৌতূহলবশত তা দেখছিল, যখন বাতাসে উত্তেজনা ছড়িয়ে পড়েছিল।

**Quel momento sembrava quasi irreale, qualcosa che trascendeva la ragione.**

মুহূর্তটি প্রায় অবাস্তব মনে হচ্ছিল, যুক্তির বাইরে কিছু একটা।

**Quando Thornton si alzò, Buck gli prese delicatamente la mano tra le fauci.**

থর্নটন যখন দাঁড়ালেন, বাক আলতো করে তার হাত তার চোয়ালের মধ্যে ধরলেন।

**Premette con i denti, poi lasciò andare lentamente e delicatamente.**

সে দাঁত দিয়ে চেপে ধরল, তারপর ধীরে ধীরে ছেড়ে দিল।

**Fu una risposta silenziosa d'amore, non detta, ma compresa.**

এটা ছিল ভালোবাসার নীরব উত্তর, মুখে বলা হয়নি, কিন্তু বোঝা গেছে।

**Thornton si allontanò di molto dal cane e diede il segnale.**

থর্নটন কুকুরটির কাছ থেকে বেশ কিছুটা পিছিয়ে এসে সংকেত দিল।

**"Ora, Buck", disse, e Buck rispose con calma concentrata.**

"এখন, বাক," সে বলল, এবং বাক মনোযোগী শান্ত স্বরে উত্তর দিল।

**Buck tese le corde, poi le allentò di qualche centimetro.**

বাক চিহ্নগুলো শক্ত করে ধরল, তারপর কয়েক ইঞ্চি আলগা করে দিল।

**Questo era il metodo che aveva imparato; il suo modo per rompere la slitta.**

এই পদ্ধতিটিই সে শিখেছিল; স্লেজ ভাঙার তার উপায়।

**"Caspita!" urlò Thornton, con voce acuta nel silenzio pesante.**

"জি!" থর্নটন চিৎকার করে উঠল, ভারী নীরবতার মধ্যে তার কন্ঠস্বর তীক্ষ্ণ।

**Buck si girò verso destra e si lanciò con tutto il suo peso.**

বাক ডানদিকে ঘুরে তার সমস্ত ওজন নিয়ে ঝাঁপিয়ে পড়ল।

**Il gioco svanì e tutta la massa di Buck colpì le timonerie strette.**

ঢিলেঢালা ভাবটা অদৃশ্য হয়ে গেল, আর বাকের পুরো ভর শক্ত চিহ্নগুলিতে আঘাত করল।

La slitta tremò e i pattini produssero un suono secco e scoppiettante.

স্লেজটি কাঁপছিল, আর দৌড়বিদরা একটা তীব্র কর্কশ শব্দ করছিল।

"Haw!" ordinò Thornton, cambiando di nuovo direzione a Buck.

"হা!" থর্নটন আদেশ দিলেন, আবার বাকের দিক পরিবর্তন করলেন।

Buck ripeté la mossa, questa volta tirando bruscamente verso sinistra.

বাক আবারও একই পদক্ষেপ নিল, এবার তীব্রভাবে বাম দিকে টান দিল।

La slitta scricchiolava più forte, i pattini schioccavano e si spostavano.

স্লেজটি আরও জোরে জোরে ফেটে গেল, দৌড়বিদরা ঝাঁপিয়ে পড়ল এবং নড়তে লাগল।

Il pesante carico scivolò leggermente di lato sulla neve ghiacciata.

ভারী বোঝাটি জমে থাকা তুষারের উপর দিয়ে সামান্য এদিক-ওদিক সরে গেল।

La slitta si era liberata dalla presa del sentiero ghiacciato!

স্লেজটি বরফের পথের কবল থেকে মুক্ত হয়ে গেছে!

Gli uomini trattennero il respiro, inconsapevoli di non stare nemmeno respirando.

পুরুষরা তাদের নিঃশ্বাস আটকে রেখেছিল, তারা জানত না যে তারা শ্বাসও নিচ্ছে না।

"Ora, TIRA!" gridò Thornton nel silenzio glaciale.

"এখন, টান!" থর্নটন হিমায়িত নীরবতা জুড়ে চিৎকার করে উঠল।

Il comando di Thornton risuonò netto, come lo schiocco di una frusta.

থর্নটনের আদেশ তীব্রভাবে বেজে উঠল, চাবুকের শব্দের মতো।

Buck si lanciò in avanti con un affondo violento e violento.

বাক এক প্রচণ্ড এবং ঝাঁকুনিপূর্ণ ঝাঁকুনি দিয়ে নিজেকে সামনের দিকে ঝাঁপিয়ে পড়ল।

Tutto il suo corpo si irrigidì e si contrasse sotto l'enorme sforzo.

প্রচণ্ড চাপের জন্য তার পুরো শরীর টানটান হয়ে গেল।

I muscoli si muovevano sotto la pelliccia come serpenti che prendevano vita.

তার পশমের নীচে পেশীগুলো সাপের মতো দুলছিল, যেন জীবন্ত হয়ে উঠছিল।

Il suo grande petto era basso e la testa era protesa in avanti verso la slitta.

তার বিশাল বুক নিচু ছিল, মাথাটা স্লেজের দিকে সামনের দিকে প্রসারিত ছিল।

Le sue zampe si muovevano come fulmini e gli artigli fendevano il terreno ghiacciato.

তার থাবা বিদ্যুতের মতো নড়ছিল, নখরগুলো হিমায়িত মাটি কেটে ফেলছিল।

I solchi erano profondi mentre lottava per ogni centimetro di trazione.

প্রতি ইঞ্চি আকর্ষণের জন্য লড়াই করার সময় খাঁজগুলি গভীরভাবে কাটা হয়েছিল।

La slitta ondeggiò, tremò e cominciò a muoversi lentamente e in modo inquieto.

স্লেজটি দুলতে লাগল, কাঁপতে লাগল, এবং ধীরে ধীরে, অস্বস্তিকর গতিতে চলতে শুরু করল।

Un piede scivolò e un uomo tra la folla gemette ad alta voce.

একজন পা পিছলে গেল, আর ভিড়ের মধ্যে একজন লোক জোরে কান্নাকাটি করল।

Poi la slitta si lanciò in avanti con un movimento brusco e a scatti.

তারপর স্লেজটি একটা ঝাঁকুনি দিয়ে সামনের দিকে ঝাঁপিয়ে পড়ল।

Non si fermò più: mezzo pollice...un pollice...cinque pollici in più.

এটা আর থামেনি—আধ ইঞ্চি...এক ইঞ্চি...আরও দুই ইঞ্চি।

Gli scossoni si fecero più lievi man mano che la slitta cominciava ad acquistare velocità.

স্লেজটি গতি বাড়ানোর সাথে সাথে ঝাঁকুনিগুলি ছোট হয়ে গেল।

Presto Buck cominciò a tirare con una potenza fluida e uniforme.

শীঘ্রই বাক মসৃণ, সমান, ঘূর্ণায়মান শক্তিতে টানতে শুরু করল।

Gli uomini sussultarono e finalmente si ricordarono di respirare di nuovo.

পুরুষরা হাঁপাতে হাঁপাতে অবশেষে আবার শ্বাস নেওয়ার কথা মনে পড়ল।

Non si erano accorti che il loro respiro si era fermato per lo stupore.

তারা টেরই পায়নি যে তাদের নিঃশ্বাস বিস্ময়ে বন্ধ হয়ে গেছে।

Thornton gli corse dietro, gridando comandi brevi e allegri.

থর্নটন পেছনে দৌড়ে গেল, ছোট ছোট, প্রফুল্ল আদেশ দিল।

Davanti a noi c'era una catasta di legna da ardere che segnava la distanza.

সামনে ছিল কাঠের স্তূপ যা দূরত্ব চিহ্নিত করেছিল।

Mentre Buck si avvicinava al mucchio, gli applausi diventavano sempre più forti.

বাক যতই স্তূপের কাছে এগোতে লাগল, আনন্দের ধ্বনি আরও জোরে জোরে বাড়তে লাগল।

Gli applausi crebbero fino a diventare un boato quando Buck superò il traguardo.

বাক যখন শেষ বিন্দু অতিক্রম করল, তখন উল্লাসধ্বনি গর্জনে পরিণত হল।

Gli uomini saltarono e gridarono, perfino Matthewson sorrise.

লোকেরা লাফিয়ে লাফিয়ে চিৎকার করতে লাগল, এমনকি ম্যাথিউসনও হেসে উঠলেন।

I cappelli volavano in aria e i guanti venivano lanciati senza pensarci o mirare.

টুপিগুলো বাতাসে উড়ে গেল, চিন্তাভাবনা বা লক্ষ্য ছাড়াই মিটেনগুলো ছুঁড়ে ফেলা হল।

Gli uomini si afferrarono e si strinsero la mano senza sapere chi.

পুরুষরা একে অপরকে জড়িয়ে ধরে করমর্দন করল, কে তা না জেনেই।

Tutta la folla era in delirio, in un tripudio di gioia e di entusiasmo.

পুরো জনতা উচ্ছ্বসিত, আনন্দময় উদযাপনে মুখরিত হয়ে উঠল।

Thornton cadde in ginocchio accanto a Buck con le mani tremanti.

থর্নটন কাঁপা হাতে বাকের পাশে হাঁটু গেড়ে বসল।

Premette la testa contro quella di Buck e lo scosse delicatamente avanti e indietro.

সে বাকের মাথার উপর মাথা চেপে ধরল এবং তাকে আলতো করে এদিক-ওদিক নাড়াল।

Chi si avvicinava lo sentiva maledire il cane con amore silenzioso.

যারা কাছে এসেছিল তারা তাকে শান্ত ভালোবাসায় কুকুরটিকে অভিশাপ দিতে শুনতে পেল।

Imprecò a lungo contro Buck, con dolcezza, calore, emozione.

সে অনেকক্ষণ ধরে বাককে গালি দিল—মৃদুস্বরে, উষ্ণভাবে, আবেগের সাথে।

"Bene, signore! Bene, signore!" esclamò di corsa il re della panchina di Skookum.

"ভালো, স্যার! ভালো, স্যার!" স্কুকুম বেঞ্চ রাজা তাড়াহুড়ো করে চিৎকার করে উঠলেন।

"Le darò mille, anzi milleduecento, per quel cane, signore!"

"আমি তোমাকে ওই কুকুরের জন্য এক হাজার দেব—না, বারোশো—স্যার!"

Thornton si alzò lentamente in piedi, con gli occhi brillanti di emozione.

থর্নটন ধীরে ধীরে উঠে দাঁড়ালো, তার চোখ আবেগে জ্বলজ্বল করছিল।

Le lacrime gli rigavano le guance senza alcuna vergogna.

লজ্জা ছাড়াই তার গাল বেয়ে অশ্রুধারা বইতে লাগল।

"Signore", disse al re della panchina di Skookum, con fermezza e fermezza

"স্যার," সে স্কুকুম বেঞ্চ রাজাকে বলল, অবিচল এবং দৃঢ়ভাবে।

"No, signore. Può andare all'inferno, signore. Questa è la mia risposta definitiva."

"না, স্যার। আপনি নরকে যেতে পারেন, স্যার। এটাই আমার শেষ উত্তর।"

Buck afferrò delicatamente la mano di Thornton tra le sue forti mascelle.

বাক তার শক্ত চোয়ালে আলতো করে থর্নটনের হাত ধরল।

Thornton lo scosse scherzosamente; il loro legame era più profondo che mai.

থর্নটন তাকে কৌতুকপূর্ণভাবে নাড়া দিলেন, তাদের বন্ধন আগের মতোই গভীর।

La folla, commossa dal momento, fece un passo indietro in silenzio.

মুহূর্তের মধ্যে উত্তেজিত জনতা নীরবে পিছিয়ে গেল।

Da quel momento in poi nessuno osò più interrompere un affetto così sacro.

তারপর থেকে, কেউ এই পবিত্র স্নেহকে বাধা দেওয়ার সাহস করেনি।

## Il suono della chiamata
### ডাকের শব্দ

Buck aveva guadagnato milleseicento dollari in cinque minuti.

বাক পাঁচ মিনিটে ষোলশো ডলার আয় করেছিল।

Il denaro permise a John Thornton di saldare alcuni dei suoi debiti.

এই টাকা জন থর্নটনকে তার কিছু ঋণ পরিশোধ করতে সাহায্য করেছিল।

Con il resto del denaro si diresse verso est insieme ai suoi soci.

বাকি টাকা দিয়ে সে তার সঙ্গীদের সাথে পূর্ব দিকে রওনা দিল।

Cercarono una leggendaria miniera perduta, antica quanto il paese stesso.

তারা একটি কল্পিত হারিয়ে যাওয়া খনি খুঁজছিল, যা দেশের মতোই পুরনো।

Molti uomini avevano cercato la miniera, ma pochi l'avevano trovata.

অনেক লোক খনিটি খুঁজছিল, কিন্তু খুব কম লোকই এটি খুঁজে পেয়েছিল।

Molti uomini erano scomparsi durante la pericolosa ricerca.

বিপজ্জনক অনুসন্ধানের সময় কয়েকজনেরও বেশি লোক নিখোঁজ হয়ে গিয়েছিল।

Questa miniera perduta era avvolta nel mistero e nella vecchia tragedia.

এই হারানো খনিটি রহস্য এবং পুরনো ট্র্যাজেডি উভয়ের মধ্যেই মোড়া ছিল।

Nessuno sapeva chi fosse stato il primo uomo a scoprire la miniera.

কেউ জানত না যে খনিটি আবিষ্কারকারী প্রথম ব্যক্তি কে ছিলেন।

Le storie più antiche non menzionano nessuno per nome.

প্রাচীনতম গল্পগুলিতে কারও নাম উল্লেখ করা হয় না।

Lì c'era sempre stata una vecchia capanna fatiscente.

সেখানে সবসময়ই একটি প্রাচীন ভগ্নাংশের কেবিন ছিল।

I moribondi avevano giurato che vicino a quella vecchia capanna ci fosse una miniera.

মৃত ব্যক্তিরা শপথ করেছিল যে সেই পুরানো কেবিনের পাশে একটি খনি ছিল।

Hanno dimostrato le loro storie con un oro che non ha eguali altrove.

তারা তাদের গল্পগুলিকে এমন সোনার প্রমাণ দিয়ে প্রমাণ করেছে যা অন্য কোথাও পাওয়া যায়নি।

Nessuna anima viva aveva mai saccheggiato il tesoro da quel luogo.

কোন জীবন্ত প্রাণী কখনও সেই স্থান থেকে ধন লুট করেনি।

I morti erano morti e i morti non raccontano storie.

মৃতরা মৃত ছিল, আর মৃতরা কোন গল্প বলে না।

Così Thornton e i suoi amici si diressero verso Est.

তাই থর্নটন এবং তার বন্ধুরা পূর্ব দিকে রওনা হলেন।

Si unirono a noi Pete e Hans, portando con sé Buck e sei cani robusti.

পিট এবং হ্যান্স যোগ দিলেন, বাক এবং ছয়টি শক্তিশালী কুকুর নিয়ে এলেন।

Si avviarono lungo un sentiero sconosciuto dove altri avevano fallito.

তারা এমন এক অজানা পথে যাত্রা শুরু করল যেখানে অন্যরা ব্যর্থ হয়েছিল।

Percorsero in slitta settanta miglia lungo il fiume Yukon ghiacciato.

তারা হিমায়িত ইউকন নদীর সত্তর মাইল উপরে স্লেজ চালিয়েছিল।

Girarono a sinistra e seguirono il sentiero verso lo Stewart.

তারা বাম দিকে ঘুরল এবং স্টুয়ার্টের পথ অনুসরণ করল।

Superarono il Mayo e il McQuestion e proseguirono oltre.

তারা মায়ো এবং ম্যাককুয়েস্টনকে পাশ করে আরও এগিয়ে গেল।

Lo Stewart si restringeva fino a diventare un ruscello, infilandosi tra cime frastagliate.

স্টুয়ার্টটি খাঁজকাটা চূড়া বেয়ে স্রোতে সঙ্কুচিত হয়ে পড়ল।

Queste vette aguzze rappresentavano la spina dorsale del continente.

এই তীক্ষ্ণ শৃঙ্গগুলি মহাদেশের মেরুদণ্ডকে চিহ্নিত করেছিল।

John Thornton pretendeva poco dagli uomini e dalla terra selvaggia.

জন থর্নটন মানুষ বা বন্য ভূমির কাছ থেকে খুব কমই দাবি করতেন।

Non temeva nulla della natura e affrontava la natura selvaggia con disinvoltura.

তিনি প্রকৃতিতে কোনও কিছুকে ভয় পাননি এবং সহজেই বন্যের মুখোমুখি হয়েছিলেন।

Con solo del sale e un fucile poteva viaggiare dove voleva.

শুধুমাত্র লবণ এবং একটি রাইফেল নিয়ে, তিনি যেখানে ইচ্ছা ভ্রমণ করতে পারতেন।

Come gli indigeni, durante il viaggio cacciava per procurarsi il cibo.

স্থানীয়দের মতো, তিনি ভ্রমণের সময় খাবার শিকার করতেন।

Se non prendeva nulla, continuava ad andare avanti, confidando nella fortuna che lo attendeva.

যদি সে কিছু না ধরত, তবুও সে এগিয়ে যেতে থাকত, সামনের ভাগ্যের উপর ভরসা করে।

Durante questo lungo viaggio, la carne era l'alimento principale di cui si nutrivano.

এই দীর্ঘ যাত্রায়, মাংসই ছিল তাদের প্রধান খাবার।

La slitta trasportava attrezzi e munizioni, ma non c'era un orario preciso.

স্লেজে সরঞ্জাম এবং গোলাবারুদ ছিল, কিন্তু কোনও নির্দিষ্ট সময়সূচী ছিল না।

Buck amava questo vagabondare, la caccia e la pesca senza fine.

বাক এই ঘোরাঘুরি খুব পছন্দ করত; অবিরাম শিকার এবং মাছ ধরা।

Per settimane viaggiarono senza sosta, giorno dopo giorno.

সপ্তাহের পর সপ্তাহ ধরে তারা দিনের পর দিন ভ্রমণ করে আসছিল।

Altre volte si accampavano e restavano fermi per settimane.

অন্য সময় তারা ক্যাম্প তৈরি করত এবং সপ্তাহের পর সপ্তাহ ধরে স্থির থাকত।

I cani riposarono mentre gli uomini scavavano nel terreno ghiacciato.

কুকুরগুলো বিশ্রাম নিচ্ছিল, আর পুরুষরা জমে থাকা মাটি খুঁড়ছিল।

Scaldavano le padelle sul fuoco e cercavano l'oro nascosto.

তারা আগুনের উপর পাত্র গরম করত এবং লুকানো সোনার সন্ধান করত।

C'erano giorni in cui pativano la fame, altri in cui banchettavano.

কিছু দিন তারা অনাহারে থাকত, আর কিছু দিন তারা ভোজ করত।

Il loro pasto dipendeva dalla selvaggina e dalla fortuna della caccia.

তাদের খাবার নির্ভর করত শিকার এবং শিকারের ভাগ্যের উপর।

Con l'arrivo dell'estate, uomini e cani caricavano carichi sulle spalle.

গ্রীষ্ম এলে পুরুষ এবং কুকুররা তাদের পিঠে বোঝা চাপিয়ে নিত।

Fecero rafting sui laghi azzurri nascosti nelle foreste di montagna.

তারা পাহাড়ি বনে লুকিয়ে থাকা নীল হ্রদ পেরিয়ে ভেসে বেড়াচ্ছিল।

Navigavano su imbarcazioni sottili su fiumi che nessun uomo aveva mai mappato.

তারা এমন নদীতে পাতলা নৌকা চালিয়েছিল যেগুলো কখনও মানুষ মানচিত্রে দেখেনি।

Quelle barche venivano costruite con gli alberi che avevano segato in natura.

সেই নৌকাগুলো বনে কাটা গাছ দিয়ে তৈরি করা হয়েছিল।

Passarono i mesi e loro viaggiarono attraverso terre selvagge e sconosciute.

মাস কেটে গেল, এবং তারা বন্য অজানা জমির মধ্য দিয়ে ঘুরে বেড়াল।

Non c'erano uomini lì, ma vecchie tracce lasciavano intendere che alcuni di loro fossero presenti.

সেখানে কোন পুরুষ ছিল না, তবুও পুরানো চিহ্নগুলি ইঙ্গিত দিচ্ছিল যে পুরুষরা সেখানে ছিল।

Se la Capanna Perduta fosse esistita davvero, allora altre persone in passato erano passate da lì.

যদি হারানো কেবিনটি সত্যিকারের হত, তাহলে অন্যরা একবার এই পথে এসেছিল।

Attraversavano passi alti durante le bufere di neve, anche d'estate.

গ্রীষ্মকালেও, তুষারঝড়ের মধ্যেও তারা উঁচু গিরিপথ অতিক্রম করেছে।

Rabbrividivano sotto il sole di mezzanotte sui pendii brulli delle montagne.

খালি পাহাড়ের ঢালে মধ্যরাতের রোদের নীচে তারা কাঁপছিল।

Tra il limite degli alberi e i campi di neve, salivano lentamente.

গাছের রেখা এবং তুষারক্ষেত্রের মাঝখানে, তারা ধীরে ধীরে উপরে উঠল।

Nelle valli calde, scacciavano nuvole di moscerini e mosche.

উষ্ণ উপত্যকায়, তারা মশা এবং মাছির মেঘের উপর ঝাঁপিয়ে পড়েছিল।

Raccolsero bacche dolci vicino ai ghiacciai nel pieno della fioritura estiva.

গ্রীষ্মের পূর্ণ প্রস্ফুটিত অবস্থায় তারা হিমবাহের কাছে মিষ্টি বেরি কুড়িয়েছিল।

I fiori che trovarono erano belli quanto quelli del Southland.

তারা যে ফুলগুলো পেয়েছিলো সেগুলো সাউথল্যান্ডের ফুলগুলোর মতোই সুন্দর ছিল।

Quell'autunno giunsero in una regione solitaria piena di laghi silenziosi.

সেই শরৎকালে তারা নীরব হ্রদে ভরা এক নির্জন অঞ্চলে পৌঁছেছিল।

La terra era triste e vuota, un tempo brulicava di uccelli e animali.

জমিটি ছিল বিষণ্ণ এবং শূন্য, একসময় পাখি এবং পশুপাখিতে পরিপূর্ণ ছিল।

Ora non c'era più vita, solo il vento e il ghiaccio che si formava nelle pozze.

এখন আর কোন জীবন ছিল না, শুধু পুকুরে বাতাস আর বরফ তৈরি হচ্ছিল।

Le onde lambivano le rive deserte con un suono dolce e lugubre.

ঢেউগুলো মৃদু, শোকাবহ শব্দে শূন্য তীরে আছড়ে পড়ল।

Arrivò un altro inverno e loro seguirono di nuovo deboli e vecchi sentieri.

আবার শীত এলো, আর তারা আবার ক্ষীণ, পুরনো পথ অনুসরণ করলো।

Erano le tracce di uomini che avevano cercato molto prima di loro.

এগুলো ছিল তাদের পথ যারা তাদের অনেক আগে থেকেই খুঁজেছিল।

Una volta trovarono un sentiero che si inoltrava nel profondo della foresta oscura.

একবার তারা অন্ধকার জঙ্গলের গভীরে একটি পথ খুঁজে পেল।

Era un vecchio sentiero e sentivano che la baita perduta era vicina.

এটি একটি পুরানো পথ ছিল, এবং তারা অনুভব করেছিল যে হারিয়ে যাওয়া কেবিনটি কাছে এসে গেছে।

Ma il sentiero non portava da nessuna parte e si perdeva nel fitto del bosco.

কিন্তু পথটি কোথাও গেল না এবং ঘন জঙ্গলে মিশে গেল।

Nessuno sapeva chi avesse tracciato il sentiero e perché lo avesse fatto.

কে পথটি তৈরি করেছিল, এবং কেন তারা এটি করেছিল, কেউ জানত না।

Più tardi trovarono i resti di una capanna nascosta tra gli alberi.

পরে, তারা গাছের মধ্যে লুকানো একটি লজের ধ্বংসাবশেষ খুঁজে পায়।

Coperte marce erano sparse dove un tempo qualcuno aveva dormito.

পচা কম্বলগুলো ছড়িয়ে ছিটিয়ে পড়ে আছে যেখানে কেউ একবার ঘুমিয়েছিল।

John Thornton trovò sepolto all'interno un fucile a pietra focaia a canna lunga.

জন থর্নটন ভেতরে পুঁতে রাখা একটি লম্বা ব্যারেলযুক্ত চকমকি পাথর দেখতে পান।

Sapeva fin dai primi tempi che si trattava di un cannone della Hudson Bay.

তিনি প্রথম দিকের ব্যবসার দিন থেকেই জানতেন যে এটি একটি হাডসন বে বন্দুক।

A quei tempi, tali armi venivano barattate con pile di pelli di castoro.

সেই সময়ে এই ধরনের বন্দুকের বিনিময়ে বিভারের চামড়ার স্তূপ বিক্রি করা হত।

Questo era tutto: non rimaneva alcuna traccia dell'uomo che aveva costruito la loggia.

এইটুকুই ছিল—লজটি কে তৈরি করেছিল তার কোনও চিহ্নই অবশিষ্ট ছিল না।


Arrivò di nuovo la primavera e non trovarono traccia della Capanna Perduta.

আবার বসন্ত এলো, এবং তারা হারিয়ে যাওয়া কেবিনের কোন চিহ্ন খুঁজে পেল না।

Invece trovarono un'ampia valle con un ruscello poco profondo.

পরিবর্তে তারা একটি প্রশস্ত উপত্যকা খুঁজে পেল যেখানে একটি অগভীর স্রোত বয়ে চলেছে।

L'oro si stendeva sul fondo della pentola come burro giallo e liscio.

মসৃণ, হলুদ মাখনের মতো প্যানের তলা জুড়ে সোনা ছড়িয়ে আছে।

Si fermarono lì e non cercarono oltre la cabina.

তারা সেখানেই থামল এবং কেবিনের আর খোঁজ করল না।

Ogni giorno lavoravano e ne trovavano migliaia di pezzi in polvere d'oro.

প্রতিদিন তারা কাজ করত এবং হাজার হাজার সোনার ধুলো খুঁজে পেত।

Confezionarono l'oro in sacchi di pelle di alce, da cinquanta libbre ciascuno.

তারা সোনাগুলো মুস-চামড়ার বস্তায় ভরে রাখল, প্রতিটি পঞ্চাশ পাউন্ড ওজনের।

I sacchi erano accatastati come legna da ardere fuori dal loro piccolo rifugio.

তাদের ছোট্ট লজের বাইরে ব্যাগগুলো কাঠের মতো স্তূপীকৃত ছিল।

Lavoravano come giganti e i giorni trascorrevano veloci come sogni.

তারা দৈত্যদের মতো কাজ করত, আর দিনগুলো দ্রুত স্বপ্নের মতো কেটে যেত।

Accumularono tesori mentre gli infiniti giorni trascorrevano rapidamente.

অবিরাম দিনগুলো দ্রুত এগিয়ে যাওয়ার সাথে সাথে তারা ধন-সম্পদ জমা করতে লাগল।

I cani avevano ben poco da fare, se non trasportare la carne di tanto in tanto.

মাঝে মাঝে মাংস টেনে আনা ছাড়া কুকুরদের আর কিছুই করার ছিল না।

Thornton cacciò e uccise la selvaggina, mentre Buck si sdraiò accanto al fuoco.

থর্নটন শিকার করে শিকার করে মেরে ফেলল, আর বাক আগুনের পাশে শুয়ে রইল।

Trascorse lunghe ore in silenzio, perso nei pensieri e nei ricordi.

সে দীর্ঘ সময় নীরবে কাটিয়েছে, চিন্তা ও স্মৃতিতে হারিয়ে গেছে।

L'immagine dell'uomo peloso tornava sempre più spesso alla mente di Buck.

বাকের মনে লোমশ লোকটির ছবি আরও ঘন ঘন ভেসে উঠত।

Ora che il lavoro scarseggiava, Buck sognava mentre sbatteva le palpebre verso il fuoco.

এখন সেই কাজ দুষ্প্রাপ্য ছিল, বাক আগুনের দিকে চোখ বুলিয়ে স্বপ্ন দেখছিল।

**In quei sogni, Buck vagava con l'uomo in un altro mondo.**

সেই স্বপ্নগুলিতে, বাক লোকটির সাথে অন্য জগতে ঘুরে বেড়াত।

**La paura sembrava il sentimento più forte in quel mondo lontano.**

ভয় সেই দূরবর্তী পৃথিবীর সবচেয়ে শক্তিশালী অনুভূতি বলে মনে হচ্ছিল।

**Buck vide l'uomo peloso dormire con la testa bassa.**

বাক দেখল লোমশ লোকটি মাথা নিচু করে ঘুমাচ্ছে।

**Aveva le mani giunte e il suo sonno era agitato e interrotto.**

তার হাত দুটো আঁকড়ে ধরেছিল, আর তার ঘুম অস্থির ও ভেঙে গিয়েছিল।

**Si svegliava di soprassalto e fissava il buio con timore.**

সে ঘুম থেকে উঠে ভয়ে অন্ধকারের দিকে তাকিয়ে থাকত।

**Poi aggiungeva altra legna al fuoco per mantenere viva la fiamma.**

তারপর সে আগুনের শিখা উজ্জ্বল রাখার জন্য আগুনের উপর আরও কাঠ ছুঁড়ে মারত।

**A volte camminavano lungo una spiaggia in riva a un mare grigio e infinito.**

কখনও কখনও তারা ধূসর, অন্তহীন সমুদ্রের ধারে সৈকত ধরে হেঁটে যেত।

**L'uomo peloso raccolse i frutti di mare e li mangiò mentre camminava.**

লোমশ লোকটি হাঁটার সময় ঝিনুক কুড়িয়ে খেয়ে ফেলল।

**I suoi occhi cercavano sempre pericoli nascosti nell'ombra.**

তার চোখ সবসময় ছায়ার মধ্যে লুকিয়ে থাকা বিপদের সন্ধান করত।

**Le sue gambe erano sempre pronte a scattare al primo segno di minaccia.**

তার পা সবসময় হুমকির প্রথম লক্ষণেই দৌড়ানোর জন্য প্রস্তুত ছিল।

Avanzavano furtivamente nella foresta, silenziosi e cauti, uno accanto all'altro.

তারা বনের মধ্য দিয়ে চুপচাপ এবং সতর্কভাবে পাশাপাশি হেঁটে গেল।

Buck lo seguì alle calcagna, ed entrambi rimasero all'erta.

বাক তার পিছু পিছু চলল, আর দুজনেই সতর্ক রইল।

Le loro orecchie si muovevano e si contraevano, i loro nasi fiutavano l'aria.

তাদের কান কাঁপছিল এবং নড়ছিল, তাদের নাক বাতাস শুঁকেছিল।

L'uomo riusciva a sentire e ad annusare la foresta in modo altrettanto acuto quanto Buck.

লোকটি বাকের মতোই তীব্রভাবে বনের গন্ধ শুনতে এবং শুনতে পেত।

L'uomo peloso si lanciò tra gli alberi a velocità improvvisa.

লোমশ লোকটি হঠাৎ দ্রুত গতিতে গাছের মধ্য দিয়ে ঝাঁপিয়ে পড়ল।

Saltava da un ramo all'altro senza mai perdere la presa.

সে এক ডাল থেকে অন্য ডালে লাফিয়ে বেড়াত, কখনও তার হাতছাড়া করত না।

Si muoveva con la stessa rapidità con cui si muoveva sopra e sopra il terreno.

সে মাটির উপর দিয়ে যত দ্রুত গতিতে এগোচ্ছিল, ঠিক তত দ্রুতই উপরেও এগোচ্ছিল।

Buck ricordava le lunghe notti passate sotto gli alberi a fare la guardia.

বাকের মনে পড়ল গাছের নিচে দীর্ঘ রাত পাহারা দেওয়ার কথা।

L'uomo dormiva appollaiato sui rami, aggrappandosi forte.

লোকটি ডালে বাসা বেঁধে ঘুমাচ্ছিল, শক্ত করে আঁকড়ে ধরে।

Questa visione dell'uomo peloso era strettamente legata al richiamo profondo.

লোমশ লোকটির এই দৃষ্টি গভীর আহ্বানের সাথে ঘনিষ্ঠভাবে জড়িত ছিল।

Il richiamo risuonava ancora nella foresta con una forza inquietante.

সেই ডাকটি তখনও বনের মধ্য দিয়ে ভুতুড়ে শক্তিতে ভেসে আসছিল।

La chiamata riempì Buck di desiderio e di un inquieto senso di gioia.

এই ডাকে বাক আকুল হয়ে উঠল এবং আনন্দের এক অস্থির অনুভূতিতে ভরে উঠল।

Sentì strani impulsi e stimoli a cui non riusciva a dare un nome.

সে অদ্ভুত কিছু তাড়না এবং উত্তেজনা অনুভব করছিল যার নাম সে বলতে পারছিল না।

A volte seguiva la chiamata inoltrandosi nel silenzio dei boschi.

মাঝে মাঝে সে ডাকটি অনুসরণ করতো নিরিবিলি বনের গভীরে।

Cercava il richiamo, abbaiando piano o bruscamente mentre camminava.

সে ডাকটা খুঁজছিল, যেতে যেতে মৃদু বা তীব্রভাবে ঘেউ ঘেউ করছিল।

Annusò il muschio e il terreno nero dove cresceva l'erba.

সে ঘাস জন্মানো শ্যাওলা এবং কালো মাটির গন্ধ শুঁকে নিল।

Sbuffò di piacere sentendo i ricchi odori della terra profonda.

গভীর মাটির সুগন্ধে সে আনন্দে নাক ডাকল।

Rimase accovacciato per ore dietro i tronchi ricoperti di funghi.

ছত্রাক ঢাকা কাণ্ডের আড়ালে সে ঘন্টার পর ঘন্টা কুঁকড়ে থাকত।

**Rimase immobile, ascoltando con gli occhi sgranati ogni minimo rumore.**

সে চুপ করে রইল, চোখ বড় বড় করে প্রতিটি ক্ষুদ্র শব্দ শুনছিল।

**Forse sperava di sorprendere la cosa che aveva emesso la chiamata.**

যে জিনিসটা ফোন দিয়েছিল তাকে সে অবাক করে দেবে বলে আশা করেছিল।

**Non sapeva perché si comportava in quel modo: lo faceva e basta.**

সে জানত না কেন সে এইভাবে আচরণ করেছে - সে কেবল তাই করেছে।

**Questi impulsi provenivano dal profondo, al di là del pensiero o della ragione.**

এই তাগিদগুলো ভেতরের গভীর থেকে এসেছিল, চিন্তা বা যুক্তির বাইরে।

**Buck fu colto da impulsi irresistibili, senza preavviso o motivo.**

কোনও সতর্কীকরণ বা কারণ ছাড়াই অপ্রতিরোধ্য তাড়না বাককে আঁকড়ে ধরে।

**A volte sonnecchiava pigramente nell'accampamento, sotto il caldo di mezzogiorno.**

মাঝে মাঝে দুপুরের প্রচণ্ড গরমে ক্যাম্পে সে অলসভাবে ঘুমাচ্ছিল।

**All'improvviso sollevò la testa e le sue orecchie si drizzarono in allerta.**

হঠাৎ, তার মাথা উঁচু হয়ে গেল এবং তার কান সজাগ হয়ে উঠল।

**Poi balzò in piedi e si lanciò nella natura selvaggia senza fermarsi.**

তারপর সে লাফিয়ে উঠে থেমে না গিয়ে বনের দিকে ঝাঁপিয়ে পড়ল।

Corse per ore attraverso sentieri forestali e spazi aperti.

সে বনের পথ এবং খোলা জায়গায় ঘন্টার পর ঘন্টা দৌড়াদৌড়ি করত।

Amava seguire i letti asciutti dei torrenti e spiare gli uccelli sugli alberi.

সে শুকনো খালের ধার অনুসরণ করতে এবং গাছে পাখিদের উপর নজর রাখতে ভালোবাসত।

Poteva restare nascosto tutto il giorno, osservando le pernici che si pavoneggiavano in giro.

সে সারাদিন লুকিয়ে থাকতে পারত, আর তিতির পাখিদের ঘুরে বেড়ানো দেখতে পারত।

Suonavano i tamburi e marciavano, ignari della presenza immobile di Buck.

তারা ঢোল বাজালো এবং মিছিল করলো, বাকের উপস্থিতি সম্পর্কে অজ্ঞ।

Ma ciò che amava di più era correre al crepuscolo estivo.

কিন্তু তার সবচেয়ে বেশি ভালো লাগত গ্রীষ্মের গোধূলিতে দৌড়ানো।

La luce fioca e i suoni assonnati della foresta lo riempivano di gioia.

আবছা আলো আর ঘুমন্ত বনের শব্দ তাকে আনন্দে ভরিয়ে দিল।

Leggeva i cartelli della foresta con la stessa chiarezza con cui un uomo legge un libro.

একজন মানুষ যেমন বই পড়ে, সে বনের চিহ্নগুলো স্পষ্টভাবে পড়ে ফেলল।

E cercava sempre la strana cosa che lo chiamava.

আর সে সবসময় সেই অদ্ভুত জিনিসটার খোঁজ করতো যে তাকে ডাকছে।

Quella chiamata non si è mai fermata: lo raggiungeva sia da sveglio che nel sonno.

সেই ডাক কখনও থামেনি – এটি তার কাছে পৌঁছেছিল জেগে থাকা অবস্থায় অথবা ঘুমন্ত অবস্থায়।

Una notte si svegliò di soprassalto, con gli occhi acuti e le orecchie tese.

এক রাতে, সে ঘুম থেকে উঠল, চোখ তীক্ষ্ণ আর কান উঁচু।

Le sue narici si contrassero mentre la sua criniera si rizzava in onde.

ঢেউয়ের মতো তার কেশর দাঁড়িয়ে থাকায় তার নাকের ছিদ্র কাঁপছিল।

Dal profondo della foresta giunse di nuovo quel suono, il vecchio richiamo.

গভীর বন থেকে আবার সেই পুরনো ডাকের শব্দ ভেসে এলো।

Questa volta il suono risuonò chiaro, un ululato lungo, inquietante e familiare.

এবার শব্দটা স্পষ্টভাবে ভেসে এলো, একটা দীর্ঘ, ভুতুড়ে, পরিচিত চিৎকার।

Era come il verso di un husky, ma dal tono strano e selvaggio.

এটা ছিল একটা হাস্কির কান্নার মতো, কিন্তু স্বরে অদ্ভুত এবং বন্য।

Buck riconobbe subito quel suono: lo aveva già sentito molto tempo prima.

বাক তৎক্ষণাৎ শব্দটা চিনতে পারল—সে অনেক আগেই ঠিক শব্দটি শুনেছিল।

Attraversò con un balzo l'accampamento e scomparve rapidamente nel bosco.

সে শিবিরের মধ্য দিয়ে লাফিয়ে পড়ে এবং দ্রুত বনের মধ্যে অদৃশ্য হয়ে যায়।

Avvicinandosi al suono, rallentò e si mosse con cautela.

শব্দের কাছাকাছি আসতেই সে ধীর গতিতে এগিয়ে গেল এবং সাবধানে এগিয়ে গেল।

Presto raggiunse una radura tra fitti pini.

শীঘ্রই সে ঘন পাইন গাছের মাঝখানে একটি পরিষ্কার জায়গায় পৌঁছে গেল।

Lì, ritto sulle zampe posteriori, sedeva un lupo grigio alto e magro.

সেখানে, তার খাঁচার উপর সোজা হয়ে, একটি লম্বা, রোগা কাঠের নেকড়ে বসেছিল।

Il naso del lupo puntava verso il cielo, continuando a riecheggiare il richiamo.

নেকড়েটির নাক আকাশের দিকে তাক করে, এখনও ডাকটি প্রতিধ্বনিত হচ্ছে।

Buck non aveva emesso alcun suono, eppure il lupo si fermò e ascoltò.

বাক কোন শব্দ করলো না, তবুও নেকড়েটা থেমে শুনলো।

Percependo qualcosa, il lupo si irrigidì e scrutò l'oscurità.

কিছু একটা টের পেয়ে, নেকড়েটা চেপে ধরল, অন্ধকারের দিকে তাকিয়ে রইল।

Buck si fece avanti furtivamente, con il corpo basso e i piedi ben appoggiati al terreno.

বাক হঠাৎ দৃষ্টির সামনে এসে দাঁড়াল, শরীর নিচু করে, পা মাটিতে নীরব।

La sua coda era dritta e il suo corpo era teso e teso.

তার লেজ সোজা ছিল, তার শরীর টানটানভাবে পেঁচিয়ে যাচ্ছিল।

Manifestava sia un atteggiamento minaccioso che una sorta di rude amicizia.

সে হুমকি এবং এক ধরণের রুক্ষ বন্ধুত্ব দুটোই দেখিয়েছিল।

Era il saluto cauto tipico delle bestie selvatiche.

এটি ছিল বন্য পশুদের দ্বারা ভাগ করা সতর্ক অভিবাদন।

Ma il lupo si voltò e fuggì non appena vide Buck.

কিন্তু বাককে দেখার সাথে সাথে নেকড়েটি ঘুরে পালিয়ে গেল।

**Buck si lanciò all'inseguimento, saltando selvaggiamente, desideroso di raggiungerlo.**

বাক তাড়া করল, লাফিয়ে লাফিয়ে, ধরে ফেলতে আগ্রহী হয়ে।

**Seguì il lupo in un ruscello secco bloccato da un ingorgo di tronchi.**

সে নেকড়েটিকে অনুসরণ করে কাঠের জ্যামে আটকে থাকা শুকনো খালে প্রবেশ করল।

**Messo alle strette, il lupo si voltò e rimase fermo.**

কোণঠাসা হয়ে, নেকড়েটি ঘুরে দাঁড়াল এবং তার অবস্থান স্থির রাখল।

**Il lupo ringhiò e schioccò i denti come un husky intrappolato in una rissa.**

নেকড়েটা ঝগড়ায় আটকা পড়া তুষারকুকুরের মতো ঘেউ ঘেউ করে ডাকল।

**I denti del lupo schioccarono rapidamente e il suo corpo si irrigidì per la furia selvaggia.**

নেকড়েটার দাঁত দ্রুত ঠকঠক করছিল, তার শরীর হিংস্র ক্রোধে ছটফট করছিল।

**Buck non attaccò, ma girò intorno al lupo con attenta cordialità.**

বাক আক্রমণ করেনি বরং সাবধানে বন্ধুত্বপূর্ণ আচরণের সাথে নেকড়েটিকে ঘিরে ধরেছে।

**Cercò di bloccargli la fuga con movimenti lenti e innocui.**

সে ধীর, নিরীহ নড়াচড়া করে তার পালানোর পথ আটকাতে চেষ্টা করেছিল।

**Il lupo era cauto e spaventato: Buck lo superava di peso tre volte.**

নেকড়েটি সতর্ক এবং ভীত ছিল - বাক তাকে তিনবার ছাড়িয়ে গেল।

La testa del lupo arrivava a malapena all'altezza della spalla massiccia di Buck.

নেকড়েটির মাথাটি সবেমাত্র বাকের বিশাল কাঁধের কাছে পৌঁছেছিল।

Il lupo, attento a individuare un varco, si lanciò e l'inseguimento ricominciò.

একটু ফাঁক করার জন্য, নেকড়েটি লাফিয়ে উঠল এবং আবার তাড়া শুরু হল।

Buck lo mise alle strette più volte e la danza si ripeté.

বেশ কয়েকবার বাক তাকে কোণঠাসা করে ফেলল, এবং নাচের পুনরাবৃত্তি হল।

Il lupo era magro e debole, altrimenti Buck non avrebbe potuto catturarlo.

নেকড়েটি রোগা এবং দুর্বল ছিল, নইলে বাক তাকে ধরতে পারত না।

Ogni volta che Buck si avvicinava, il lupo si girava di scatto e lo affrontava spaventato.

যতবার বাক কাছে আসত, নেকড়েটি ভয়ে ঘুরতে ঘুরতে তার মুখোমুখি হত।

Poi, alla prima occasione, si precipitò di nuovo nel bosco.

তারপর প্রথম সুযোগেই, সে আবার বনের দিকে ছুটে গেল।

Ma Buck non si arrese e alla fine il lupo imparò a fidarsi di lui.

কিন্তু বাক হাল ছাড়েননি, এবং অবশেষে নেকড়ে তাকে বিশ্বাস করতে শুরু করে।

Annusò il naso di Buck e i due diventarono giocosi e attenti.

সে বাকের নাক শুঁকে নিল, আর দুজনে খেলাধুলাপূর্ণ এবং সতর্ক হয়ে উঠল।

Giocavano come animali selvaggi, feroci ma timidi nella loro gioia.

তারা বন্য পশুর মতো খেলছিল, হিংস্র কিন্তু আনন্দে লাজুক।

Dopo un po' il lupo trotterellò via con calma e decisione.

কিছুক্ষণ পর, নেকড়েটি শান্তভাবে হেঁটে চলে গেল।

Dimostrò chiaramente a Buck che intendeva essere seguito.
সে স্পষ্টভাবে বাককে দেখিয়ে দিল যে সে অনুসরণ করতে চাইছে।

Correvano fianco a fianco nel buio della sera.
গোধূলির অন্ধকারে তারা পাশাপাশি দৌড়াচ্ছিল।

Seguirono il letto del torrente fino alla gola rocciosa.
তারা খালের ধার ধরে পাথুরে গিরিখাতে উঠে গেল।

Attraversarono un freddo spartiacque nel punto in cui aveva avuto origine il fiume.
তারা একটি ঠান্ডা বিভাজন অতিক্রম করল যেখানে স্রোত শুরু হয়েছিল।

Sul pendio più lontano trovarono un'ampia foresta e molti corsi d'acqua.
দূর ঢালে তারা বিস্তৃত বন এবং অনেক ঝর্ণা দেখতে পেল।

Corsero per ore senza fermarsi attraverso quella terra immensa.
এই বিশাল ভূখণ্ডের মধ্য দিয়ে তারা ঘন্টার পর ঘন্টা ছুটেছে, থেমে নেই।

Il sole saliva sempre più alto, l'aria si faceva calda, ma loro continuavano a correre.
সূর্য আরও উপরে উঠল, বাতাস উষ্ণ হয়ে উঠল, কিন্তু তারা দৌড়াতে থাকল।

Buck era pieno di gioia: sapeva di aver risposto alla sua chiamata.
বাক আনন্দে ভরে উঠল—সে জানত যে সে তার ডাকে সাড়া দিচ্ছে।

Corse accanto al fratello della foresta, più vicino alla fonte della chiamata.
সে তার বন ভাইয়ের পাশে দৌড়ে গেল, ডাকের উৎসের কাছে।

I vecchi sentimenti ritornano, potenti e difficili da ignorare.

পুরনো অনুভূতিগুলো ফিরে এলো, শক্তিশালী এবং উপেক্ষা করা কঠিন।

Queste erano le verità nascoste nei ricordi dei suoi sogni.
এই ছিল তার স্বপ্নের স্মৃতির পেছনের সত্য।

Tutto questo lo aveva già fatto in un mondo lontano e oscuro.
সে এর আগেও এক দূরবর্তী ও ছায়াময় পৃথিবীতে এই সব করেছিল।

Questa volta lo fece di nuovo, scatenandosi con il cielo aperto sopra di lui.
এখন সে আবার এটা করল, খোলা আকাশের দিকে তাকিয়ে দৌড়াচ্ছিল।

Si fermarono presso un ruscello per bere l'acqua fredda che scorreva.
তারা ঠান্ডা প্রবাহমান জল পান করার জন্য একটি স্রোতের ধারে থামল।

Mentre beveva, Buck si ricordò improvvisamente di John Thornton.
পান করার সময় বাকের হঠাৎ জন থর্নটনের কথা মনে পড়ে গেল।

Si sedette in silenzio, lacerato dal sentimento di lealtà e dalla chiamata.
আনুগত্যের টান আর আহ্বানে ছিন্নভিন্ন হয়ে সে চুপচাপ বসে রইল।

Il lupo continuò a trottare, ma tornò indietro per incitare Buck ad andare avanti.
নেকড়েটি হেঁটে এগিয়ে গেল, কিন্তু ফিরে এসে বাককে এগিয়ে যাওয়ার জন্য তাড়া করল।

Gli annusò il naso e cercò di convincerlo con gesti gentili.
সে তার নাক শুঁকে মৃদু ভঙ্গিমায় তাকে প্ররোচিত করার চেষ্টা করল।

Ma Buck si voltò e riprese a tornare indietro per la strada da cui era venuto.

কিন্তু বাক ঘুরে দাঁড়ালো এবং যে পথে এসেছিল সেভাবেই ফিরে যেতে লাগলো।

*Il lupo gli corse accanto per molto tempo, guaindo piano.*
নেকড়েটি অনেকক্ষণ ধরে তার পাশে দৌড়ে গেল, নিঃশব্দে কাঁদতে কাঁদতে।

*Poi si sedette, alzò il naso ed emise un lungo ululato.*
তারপর সে বসে পড়ল, নাক উঁচু করে একটা লম্বা চিৎকার করল।

*Era un grido lugubre, che si addolcì mentre Buck si allontanava.*
বাক চলে যাওয়ার সময় এটি ছিল শোকের কান্না, যা নরম হয়ে উঠছিল।

*Buck ascoltò mentre il suono del grido svaniva lentamente nel silenzio della foresta.*
বাক শুনতে পেল যখন কান্নার শব্দ ধীরে ধীরে বনের নীরবতায় মিশে গেল।

*John Thornton stava cenando quando Buck irruppe nell'accampamento.*
জন থর্নটন রাতের খাবার খাচ্ছিলেন, ঠিক তখনই বাক ক্যাম্পে ঢুকে পড়ল।

*Buck gli saltò addosso selvaggiamente, leccandolo, mordendolo e facendolo rotolare.*
বাক তার উপর ঝাঁপিয়ে পড়ল, চাটতে লাগল, কামড় দিল, আর তাকে গুঁড়িয়ে দিল।

*Lo fece cadere, gli saltò sopra e gli baciò il viso.*
সে তাকে ধাক্কা দিল, তার উপর চেপে ধরল, আর তার মুখে চুমু খেল।

*Thornton lo definì con affetto "fare il buffone".*
থর্নটন স্নেহের সাথে এটিকে "সাধারণ বোকা বানান" বলে অভিহিত করেছিলেন।

*Nel frattempo, imprecava dolcemente contro Buck e lo scuoteva avanti e indietro.*

এই সব সময় সে বাককে আলতো করে অভিশাপ দিল এবং তাকে এদিক-ওদিক নাড়াল।

**Per due interi giorni e due notti, Buck non lasciò l'accampamento nemmeno una volta.**

পুরো দুই দিন ও রাত ধরে, বাক একবারও ক্যাম্প ছেড়ে যাননি।

**Si teneva vicino a Thornton e non lo perdeva mai di vista.**

সে থর্নটনের খুব কাছেই থাকত এবং তাকে কখনোই তার দৃষ্টির আড়াল হতে দিত না।

**Lo seguiva mentre lavorava e lo osservava mentre mangiava.**

সে যখন কাজ করছিল তখন সে তার পিছু পিছু আসত এবং যখন সে খাচ্ছিল তখন তার দিকে নজর রাখত।

**Di notte vedeva Thornton avvolto nelle sue coperte e ogni mattina lo vedeva uscire.**

সে রাতে থর্নটনকে তার কম্বলে এবং প্রতিদিন সকালে বাইরে থাকতে দেখত।

**Ma presto il richiamo della foresta ritornò, più forte che mai.**

কিন্তু শীঘ্রই বনের ডাক ফিরে এলো, আগের চেয়েও জোরে।

**Buck si sentì di nuovo irrequieto, agitato dal pensiero del lupo selvatico.**

বাক আবার অস্থির হয়ে উঠল, বুনো নেকড়ের চিন্তায় উদ্বিগ্ন হয়ে উঠল।

**Ricordava la terra aperta e le corse fianco a fianco.**

তার মনে পড়ল খোলা জমি আর পাশাপাশি দৌড়ানোর কথা।

**Ricominciò a vagare nella foresta, solo e vigile.**

সে আবারও একা এবং সতর্ক অবস্থায় বনের মধ্যে ঘুরে বেড়াতে শুরু করল।

**Ma il fratello selvaggio non tornò e l'ululato non fu udito.**

কিন্তু বন্য ভাইটি ফিরে এলো না, আর চিৎকারও শোনা গেল না।

Buck cominciò a dormire all'aperto, restando lontano anche per giorni interi.

বাক বাইরে ঘুমাতে শুরু করল, কয়েকদিন ধরে দূরে থাকল।

Una volta attraversò l'alto spartiacque dove aveva origine il torrente.

একবার সে উঁচু বিভাজন অতিক্রম করল যেখানে খালটি শুরু হয়েছিল।

Entrò nella terra degli alberi scuri e dei grandi corsi d'acqua.

সে অন্ধকার কাঠ এবং প্রশস্ত প্রবাহমান নদীর দেশে প্রবেশ করল।

Vagò per una settimana alla ricerca di tracce del fratello selvaggio.

এক সপ্তাহ ধরে সে ঘুরে বেড়ালো, বন্য ভাইয়ের চিহ্ন খুঁজতে খুঁজতে।

Uccideva la propria carne e viaggiava a passi lunghi e instancabili.

সে নিজের মাংস নিজেই মেরে ফেলল এবং দীর্ঘ, অক্লান্ত পদক্ষেপে ভ্রমণ করল।

Pescò salmoni in un ampio fiume che arrivava fino al mare.

সে সমুদ্রের সাথে মিশে থাকা প্রশস্ত নদীতে স্যামন মাছ ধরত।

Lì lottò e uccise un orso nero reso pazzo dagli insetti.

সেখানে, সে পোকামাকড়ের দ্বারা উন্মাদ একটি কালো ভালুকের সাথে লড়াই করে তাকে হত্যা করে।

L'orso stava pescando e corse alla cieca tra gli alberi.

ভালুকটি মাছ ধরছিল এবং অন্ধভাবে গাছের মধ্য দিয়ে দৌড়ে যাচ্ছিল।

La battaglia fu feroce e risvegliò il profondo spirito combattivo di Buck.

যুদ্ধটি ছিল ভয়াবহ, যা বাকের গভীর লড়াইয়ের মনোবলকে জাগিয়ে তুলেছিল।

**Due giorni dopo, Buck tornò e trovò dei ghiottoni nei pressi della sua preda.**

দুই দিন পর, বাক তার শিকারের কাছে উলভারিন খুঁজে পেতে ফিরে আসে।

**Una dozzina di loro litigarono furiosamente e rumorosamente per la carne.**

তাদের মধ্যে এক ডজন লোক মাংস নিয়ে তীব্র ক্রোধে ঝগড়া করেছিল।

**Buck caricò e li disperse come foglie al vento.**

বাক জোরে জোরে সেগুলোকে ছড়িয়ে দিল, যেমন বাতাসে পাতা উড়ে গেল।

**Due lupi rimasero indietro: silenziosi, senza vita e immobili per sempre.**

দুটি নেকড়ে পিছনে রয়ে গেল - নীরব, প্রাণহীন, এবং চিরতরে অচল।

**La sete di sangue divenne più forte che mai.**

রক্তের তৃষ্ণা আগের চেয়ে আরও তীব্র হয়ে উঠল।

**Buck era un cacciatore, un assassino, che si nutriva di creature viventi.**

বাক ছিল একজন শিকারী, খুনি, জীবন্ত প্রাণীদের খাওয়াত।

**Sopravvisse da solo, affidandosi alla sua forza e ai suoi sensi acuti.**

সে একাই বেঁচে ছিল, তার শক্তি এবং তীক্ষ্ণ ইন্দ্রিয়ের উপর নির্ভর করে।

**Prosperava nella natura selvaggia, dove solo i più forti potevano sopravvivere.**

সে বনে বেড়ে উঠত, যেখানে কেবল সবচেয়ে কঠিন লোকেরাই বাস করতে পারত।

**Da ciò nacque un grande orgoglio che riempì tutto l'essere di Buck.**

এই থেকে, এক বিরাট অহংকার জেগে উঠল এবং বাকের সমগ্র অস্তিত্বকে ভরে দিল।

Il suo orgoglio traspariva da ogni passo, dal fremito di ogni muscolo.

তার প্রতিটি পদক্ষেপে, প্রতিটি পেশীর তরঙ্গে তার গর্ব ফুটে উঠল।

Il suo orgoglio era evidente, come si vedeva dal suo comportamento.

তার গর্ব কথার মতো স্পষ্ট ছিল, সে কীভাবে নিজেকে বহন করত তাতে স্পষ্ট ছিল।

Persino il suo spesso mantello appariva più maestoso e splendeva di più.

এমনকি তার মোটা কোটটি আরও জাঁকজমকপূর্ণ এবং উজ্জ্বল দেখাচ্ছিল।

Buck avrebbe potuto essere scambiato per un lupo grigio gigante.

বাককে একটা বিশাল কাঠের নেকড়ে ভেবে ভুল করা যেতে পারে।

A parte il marrone sul muso e le macchie sopra gli occhi.

তার মুখের বাদামী অংশ এবং চোখের উপরে দাগ ছাড়া।

E la striscia bianca di pelo che gli correva lungo il centro del petto.

আর তার বুকের মাঝখান দিয়ে সাদা পশমের রেখা বেয়ে নেমে গেল।

Era addirittura più grande del più grande lupo di quella feroce razza.

সে ছিল সেই হিংস্র জাতের সবচেয়ে বড় নেকড়ের চেয়েও বড়।

Suo padre, un San Bernardo, gli ha trasmesso la stazza e la corporatura robusta.

তার বাবা, একজন সেন্ট বার্নার্ড, তাকে আকার এবং ভারী দেহ দিয়েছিলেন।

Sua madre, una pastorella, plasmò quella mole conferendole la forma di un lupo.

তার মা, একজন রাখাল, সেই বিশাল অংশটিকে নেকড়ের মতো আকার দিয়েছিলেন।

**Aveva il muso lungo di un lupo, anche se più pesante e largo.**

তার মুখটা নেকড়ের মতো লম্বা ছিল, যদিও তা ভারী এবং প্রশস্ত ছিল।

**La sua testa era quella di un lupo, ma di dimensioni enormi e maestose.**

তার মাথাটি ছিল নেকড়ের, কিন্তু বিশাল, মহিমান্বিত স্কেলে তৈরি।

**L'astuzia di Buck era l'astuzia del lupo e della natura selvaggia.**

বাকের ধূর্ততা ছিল নেকড়ে এবং বন্যের ধূর্ততার মতো।

**La sua intelligenza gli venne sia dal Pastore Tedesco che dal San Bernardo.**

তার বুদ্ধিমত্তা জার্মান শেফার্ড এবং সেন্ট বার্নার্ড উভয়ের কাছ থেকেই এসেছিল।

**Tutto ciò, unito alla dura esperienza, lo rese una creatura temibile.**

এই সব, এবং কঠোর অভিজ্ঞতা, তাকে একটি ভয়ঙ্কর প্রাণী করে তুলেছিল।

**Era formidabile quanto qualsiasi animale che vagasse nelle terre selvagge del nord.**

সে উত্তরের বন্য অঞ্চলে ঘুরে বেড়ানো যেকোনো জন্তুর মতোই ভয়ঙ্কর ছিল।

**Nutrendosi solo di carne, Buck raggiunse l'apice della sua forza.**

শুধুমাত্র মাংস খেয়ে বেঁচে থাকার কারণে, বাক তার শক্তির পূর্ণ শিখরে পৌঁছেছিল।

**Trasudava potenza e forza maschile in ogni fibra del suo corpo.**

তার প্রতিটি কোষে শক্তি এবং পুরুষালি শক্তি পরিপূর্ণ ছিল।

Quando Thornton gli accarezzò la schiena, i peli brillarono di energia.

থর্নটন যখন তার পিঠে হাত বুলিয়ে দিচ্ছিল, তখন তার চুলগুলো শক্তিতে ঝলমল করছিল।

Ogni capello scricchiolava, carico del tocco di un magnetismo vivente.

প্রতিটি চুল ফাটল ধরছিল, জীবন্ত চুম্বকের স্পর্শে অভিভূত।

Il suo corpo e il suo cervello erano sintonizzati sulla tonalità più fine possibile.

তার শরীর এবং মস্তিষ্ক সর্বোত্তম সম্ভাব্য গতিতে সুরক্ষিত ছিল।

Ogni nervo, ogni fibra e ogni muscolo lavoravano in perfetta armonia.

প্রতিটি স্নায়ু, তন্তু এবং পেশী নিখুঁত সামঞ্জস্যের সাথে কাজ করছিল।

A qualsiasi suono o visione che richiedesse un intervento, rispondeva immediatamente.

যেকোনো শব্দ বা দৃশ্যের প্রতি, যেখানে পদক্ষেপ নেওয়ার প্রয়োজন ছিল, তিনি তাৎক্ষণিকভাবে সাড়া দিতেন।

Se un husky saltava per attaccare, Buck poteva saltare due volte più velocemente.

যদি একটি হাস্কি আক্রমণ করার জন্য লাফিয়ে পড়ে, বাক দ্বিগুণ দ্রুত লাফিয়ে উঠতে পারে।

Reagì più rapidamente di quanto gli altri potessero vedere o sentire.

অন্যরা যত দ্রুত দেখতে বা শুনতে পেত, তার চেয়েও দ্রুত সে প্রতিক্রিয়া দেখাত।

Percezione, decisione e azione avvennero tutte in un unico, fluido istante.

উপলব্ধি, সিদ্ধান্ত এবং কর্ম সবকিছুই এক সাবলীল মুহূর্তে এসেছিল।

In realtà si tratta di atti separati, ma troppo rapidi per essere notati.

সত্যি বলতে, এই কাজগুলি আলাদা ছিল, কিন্তু খুব দ্রুত নজরে পড়েনি।

Gli intervalli tra questi atti erano così brevi che sembravano uno solo.

এই কাজগুলোর মধ্যে ব্যবধান এতটাই সংক্ষিপ্ত ছিল যে, মনে হচ্ছিল যেন এক।

I suoi muscoli e il suo essere erano come molle strettamente avvolte.

তার পেশী এবং সত্তা ছিল শক্তভাবে কুণ্ডলীবদ্ধ স্প্রিংসের মতো।

Il suo corpo traboccava di vita, selvaggia e gioiosa nella sua potenza.

তার শরীর প্রাণের উচ্ছ্বাসে ভরে উঠল, প্রাণের শক্তিতে উজ্জীবিত এবং আনন্দিত।

A volte aveva la sensazione che la forza stesse per esplodere completamente dentro di lui.

মাঝে মাঝে তার মনে হতো যেন শক্তিটা তার ভেতর থেকে পুরোপুরি বেরিয়ে আসবে।

"Non c'è mai stato un cane simile", disse Thornton un giorno tranquillo.

"এমন কুকুর কখনও ছিল না," থর্নটন একদিন শান্ত স্বরে বললেন।

I soci osservarono Buck uscire fiero dall'accampamento.

সঙ্গীরা বাককে গর্বের সাথে ক্যাম্প থেকে বেরিয়ে আসতে দেখল।

"Quando è stato creato, ha cambiato il modo in cui un cane può essere", ha detto Pete.

"যখন তাকে তৈরি করা হয়েছিল, তখন সে কুকুর কী হতে পারে তা বদলে দিয়েছে," পিট বললেন।

"Per Dio! Lo penso anch'io", concordò subito Hans.

"যীশুর কসম! আমি নিজেও তাই মনে করি," হ্যান্স দ্রুত রাজি হয়ে গেল।

Lo videro allontanarsi, ma non il cambiamento che avvenne dopo.

তারা তাকে চলে যেতে দেখেছিল, কিন্তু তার পরে আসা পরিবর্তনটি দেখেনি।

Non appena entrò nel bosco, Buck si trasformò completamente.

জঙ্গলে প্রবেশ করার সাথে সাথেই বাক সম্পূর্ণরূপে রূপান্তরিত হয়ে গেল।

Non marciava più, ma si muoveva come uno spettro selvaggio tra gli alberi.

সে আর অগ্রসর হল না, বরং গাছের মধ্যে বুনো ভূতের মতো ঘুরে বেড়াল।

Divenne silenzioso, come un gatto, un bagliore che attraversava le ombre.

সে চুপ করে রইল, বিড়ালের মতো, ছায়ার মধ্য দিয়ে ঝিকিমিকি করে এগিয়ে যাচ্ছিল।

Usava la copertura con abilità, strisciando sulla pancia come un serpente.

সে দক্ষতার সাথে আড়াল ব্যবহার করত, সাপের মতো পেটের উপর হামাগুড়ি দিত।

E come un serpente, sapeva balzare in avanti e colpire in silenzio.

আর সাপের মতো, সে সামনের দিকে লাফিয়ে নীরবে আঘাত করতে পারত।

Potrebbe rubare una pernice bianca direttamente dal suo nido nascosto.

সে সরাসরি তার লুকানো বাসা থেকে একটি পাখি চুরি করতে পারত।

Uccideva i conigli addormentati senza emettere alcun suono.

সে ঘুমন্ত খরগোশদের মেরে ফেলল কোন শব্দ ছাড়াই।

Riusciva a catturare gli scoiattoli a mezz'aria anche se fuggivano troppo lentamente.

সে চিপমাঙ্কগুলিকে আকাশে ধরতে পারত কারণ তারা খুব ধীরে পালিয়ে যেত।

Nemmeno i pesci nelle pozze riuscivano a sfuggire ai suoi attacchi improvvisi.

পুকুরের মাছও তার আকস্মিক আঘাত থেকে বাঁচতে পারেনি।

Nemmeno i furbi castori impegnati a riparare le dighe erano al sicuro da lui.

বাঁধ মেরামতকারী চালাক বিভাররাও তার হাত থেকে নিরাপদ ছিল না।

Uccideva per nutrirsi, non per divertirsi, ma preferiva uccidere le proprie vittime.

সে খাবারের জন্য হত্যা করত, মজা করার জন্য নয়— কিন্তু নিজের হত্যাই তার সবচেয়ে বেশি পছন্দ ছিল।

Eppure, un umorismo subdolo permeava alcune delle sue cacce silenziose.

তবুও, তার কিছু নীরব শিকারের মধ্যে একটা ধূর্ত রসবোধ ছড়িয়ে পড়েছিল।

Si avvicinò furtivamente agli scoiattoli, solo per lasciarli scappare.

সে কাঠবিড়ালিদের কাছে লাফিয়ে লাফিয়ে ছুটে গেল, কিন্তু তাদের পালাতে দিল।

Stavano per fuggire tra gli alberi, chiacchierando con rabbia e paura.

তারা ভয়ে ক্রোধে বকবক করতে করতে গাছে পালিয়ে যাচ্ছিল।

Con l'arrivo dell'autunno, le alci cominciarono ad apparire in numero maggiore.

শরৎ আসার সাথে সাথে, মুস আরও বেশি সংখ্যায় দেখা দিতে শুরু করে।

Si spostarono lentamente verso le basse valli per affrontare l'inverno.

শীতকাল কাটানোর জন্য তারা ধীরে ধীরে নিচু উপত্যকায় চলে গেল।

Buck aveva già abbattuto un giovane vitello randagio.

বাক ইতিমধ্যেই একটি ছোট, পথভ্রষ্ট বাছুরকে মেরে ফেলেছে।

Ma lui desiderava ardentemente affrontare prede più grandi e pericolose.

কিন্তু সে আরও বড়, আরও বিপজ্জনক শিকারের মুখোমুখি হতে চেয়েছিল।

Un giorno, sul crinale, alla sorgente del torrente, trovò la sua occasione.

একদিন, খালের মাথায়, সে সুযোগ খুঁজে পেল।

Una mandria di venti alci era giunta da terre boscose.

বনভূমি থেকে বিশটি ইঁদুরের একটি পাল এসেছিল।

Tra loro c'era un possente toro, il capo del gruppo.

তাদের মধ্যে ছিল একটি শক্তিশালী ষাঁড়; দলের নেতা।

Il toro era alto più di due metri e mezzo e appariva feroce e selvaggio.

ষাঁড়টি ছয় ফুটেরও বেশি লম্বা ছিল এবং দেখতে হিংস্র এবং বন্য ছিল।

Lanciò le sue grandi corna, le cui quattordici punte si diramavano verso l'esterno.

সে তার চওড়া শিংগুলো ছুঁড়ে মারল, চৌদ্দটি শাখা বাইরের দিকে প্রসারিত।

Le punte di quelle corna si estendevano per due metri.

সেই শিংগুলোর ডগা সাত ফুট পর্যন্ত বিস্তৃত ছিল।

I suoi piccoli occhi ardevano di rabbia quando vide Buck lì vicino.

বাককে কাছে দেখতে পেয়ে তার ছোট ছোট চোখ রাগে জ্বলে উঠল।

Emise un ruggito furioso, tremando di rabbia e dolore.

সে একটা তীব্র গর্জন করলো, ক্রোধ আর যন্ত্রণায় কাঁপছিল।

Vicino al suo fianco spuntava la punta di una freccia, appuntita e piumata.

তার পাঁজরের কাছে একটি তীরের ডগা বেরিয়ে ছিল, পালকযুক্ত এবং ধারালো।

Questa ferita contribuì a spiegare il suo umore selvaggio e amareggiato.

এই ক্ষত তার বর্বর, তিক্ত মেজাজ ব্যাখ্যা করতে সাহায্য করেছিল।

Buck, guidato dall'antico istinto di caccia, fece la sua mossa.

প্রাচীন শিকারের প্রবৃত্তি দ্বারা পরিচালিত হয়ে বাক তার পদক্ষেপ নিল।

Il suo obiettivo era separare il toro dal resto della mandria.

সে ষাঁড়টিকে বাকি পাল থেকে আলাদা করার লক্ষ্য রেখেছিল।

Non era un compito facile: richiedeva velocità e una grande astuzia.

এটা কোন সহজ কাজ ছিল না—এর জন্য দ্রুততা এবং প্রচণ্ড চালাকির প্রয়োজন ছিল।

Abbaiava e danzava vicino al toro, appena fuori dalla sua portata.

সে ঘেউ ঘেউ করে ষাঁড়টির কাছে নাচতে লাগল, ঠিক তার নাগালের বাইরে।

L'alce si lanciò con enormi zoccoli e corna mortali.

মুসটি বিশাল খুর এবং মারাত্মক শিং দিয়ে লাফাচ্ছিল।

Un colpo avrebbe potuto porre fine alla vita di Buck in un batter d'occhio.

একটি আঘাতেই বাকের জীবন হৃদস্পন্দনে শেষ হয়ে যেতে পারত।

Incapace di abbandonare la minaccia, il toro si infuriò.

হুমকি ত্যাগ করতে না পেরে, ষাঁড়টি রেগে গেল।

Lui caricava con furia, ma Buck riusciva sempre a sfuggirgli.

সে রেগে আক্রমণ করল, কিন্তু বাক সবসময় পালিয়ে যেত।

Buck finse di essere debole, allontanandosi ulteriormente dalla mandria.

বাক দুর্বলতার ভান করে, তাকে পশুপাল থেকে দূরে সরিয়ে দিল।

Ma i giovani tori sarebbero tornati alla carica per proteggere il capo.

কিন্তু ছোট ষাঁড়গুলো নেতাকে রক্ষা করার জন্য পাল্টা আক্রমণ করতে যাচ্ছিল।

Costrinsero Buck a ritirarsi e il toro a ricongiungersi al gruppo.

তারা বাককে পিছু হটতে এবং ষাঁড়টিকে আবার দলে যোগ দিতে বাধ্য করে।

C'è una pazienza nella natura selvaggia, profonda e inarrestabile.

বন্যের মধ্যে এক ধৈর্য আছে, গভীর এবং অপ্রতিরোধ্য।

Un ragno resta immobile nella sua tela per innumerevoli ore.

একটি মাকড়সা তার জালে অগণিত ঘন্টা ধরে স্থিরভাবে অপেক্ষা করে।

Un serpente si avvolge su se stesso senza contrarsi e aspetta il momento giusto.

একটি সাপ নড়চড় না করেই কুণ্ডলী পাকিয়ে যায়, এবং সময় না আসা পর্যন্ত অপেক্ষা করে।

Una pantera è in agguato, finché non arriva il momento.

একটি প্যান্থার ওৎ পেতে থাকে, যতক্ষণ না মুহূর্তটি আসে।

Questa è la pazienza dei predatori che cacciano per sopravvivere.

এটি শিকারিদের ধৈর্য যারা বেঁচে থাকার জন্য শিকার করে।

La stessa pazienza ardeva dentro Buck mentre gli restava accanto.

বাক যখন কাছে ছিল, তখন তার ভেতরেও একই ধৈর্য জ্বলে উঠল।

Rimase vicino alla mandria, rallentandone la marcia e incutendo timore.

সে পালের কাছেই রইল, তাদের অগ্রযাত্রা ধীর করে দিল এবং ভয় জাগিয়ে তুলল।

Provocava i giovani tori e molestava le mucche madri.

সে ছোট ষাঁড়গুলোকে জ্বালাতন করত এবং মা গরুগুলোকে উৎপীড়ন করত।

Spinse il toro ferito in una rabbia ancora più profonda e impotente.

সে আহত ষাঁড়টিকে আরও গভীর, অসহায় ক্রোধে ঠেলে দিল।

Per mezza giornata il combattimento si trascinò senza alcuna tregua.

অর্ধেক দিন ধরে, লড়াইটা চলতেই থাকল, কোনও বিশ্রাম ছাড়াই।

Buck attaccò da ogni angolazione, veloce e feroce come il vento.

বাক বাতাসের মতো দ্রুত এবং প্রচণ্ড, প্রতিটি কোণ থেকে আক্রমণ করল।

Impedì al toro di riposare o di nascondersi con la mandria.

সে ষাঁড়টিকে তার পালের সাথে বিশ্রাম নিতে বা লুকিয়ে থাকতে বাধা দিত।

Buck logorò la volontà dell'alce più velocemente del suo corpo.

বাক তার শরীরের চেয়েও দ্রুত মুসের ইচ্ছাশক্তি নষ্ট করে দিল।

Il giorno passò e il sole tramontò basso nel cielo a nord-ovest.

দিন কেটে গেল এবং সূর্য উত্তর-পশ্চিম আকাশে ডুবে গেল।

I giovani tori tornarono più lentamente per aiutare il loro capo.

ছোট ষাঁড়গুলো তাদের নেতাকে সাহায্য করার জন্য আরও ধীরে ধীরে ফিরে এল।

Erano tornate le notti autunnali e il buio durava ormai sei ore.

শরতের রাত ফিরে এসেছিল, এবং অন্ধকার এখন ছয় ঘন্টা স্থায়ী ছিল।

L'inverno li spingeva verso valli più sicure e calde.

শীত তাদেরকে নিরাপদ, উষ্ণ উপত্যকার দিকে ঠেলে দিচ্ছিল।

Ma non riuscirono comunque a sfuggire al cacciatore che li tratteneva.

কিন্তু তবুও তারা সেই শিকারীর হাত থেকে পালাতে পারেনি যে তাদের আটকে রেখেছিল।

Era in gioco solo una vita: non quella del branco, ma quella del loro capo.

শুধুমাত্র একটি জীবন ঝুঁকির মধ্যে ছিল—পালের নয়, কেবল তাদের নেতার।

Ciò rendeva la minaccia lontana e non una loro preoccupazione urgente.

এর ফলে হুমকি দূরবর্তী হয়ে গেল এবং তাদের তাৎক্ষণিক উদ্বেগের বিষয় ছিল না।

Col tempo accettarono questo prezzo e lasciarono che Buck prendesse il vecchio toro.

সময়ের সাথে সাথে, তারা এই খরচ মেনে নেয় এবং বাককে বুড়ো ষাঁড়টি নিতে দেয়।

Mentre calava il crepuscolo, il vecchio toro rimase in piedi con la testa bassa.

গোধূলি ঘনিয়ে আসার সাথে সাথে, বৃদ্ধ ষাঁড়টি মাথা নিচু করে দাঁড়িয়ে রইল।

Guardò la mandria che aveva guidato svanire nella luce morente.

সে দেখল তার পরিচালিত পালটি ম্লান আলোর দিকে অদৃশ্য হয়ে যাচ্ছে।

C'erano mucche che aveva conosciuto, vitelli che un tempo aveva generato.

তার পরিচিত গরু ছিল, তার একসময় জন্ম নেওয়া বাছুর ছিল।

C'erano tori più giovani con cui aveva combattuto e che aveva dominato nelle stagioni passate.

গত মরশুমে সে ছোট ষাঁড়দের সাথে লড়াই করেছিল এবং শাসন করেছিল।

Non poteva seguirli, perché davanti a lui era di nuovo accovacciato Buck.

সে তাদের অনুসরণ করতে পারল না—কারণ তার আগে বাক আবার কুঁকড়ে গেল।

Il terrore spietato e zannuto gli bloccava ogni via che potesse percorrere.

নির্মম উন্মত্ত সন্ত্রাস তার প্রতিটি পথই রুদ্ধ করে দিয়েছিল।

Il toro pesava più di trecento chili di potenza densa.

ষাঁড়টির ওজন ছিল তিনশোরও বেশি ঘন শক্তির।

Aveva vissuto a lungo e lottato duramente in un mondo di difficoltà.

তিনি দীর্ঘকাল বেঁচে ছিলেন এবং সংগ্রামের জগতে কঠোর লড়াই করেছিলেন।

Eppure, alla fine, la morte gli venne commessa da una bestia molto più bassa di lui.

তবুও, শেষ পর্যন্ত, মৃত্যু তার অনেক নীচের একটি জন্তুর কাছ থেকে এসেছিল।

La testa di Buck non arrivò nemmeno alle enormi ginocchia noccate del toro.

বাকের মাথা ষাঁড়ের বিশাল হাঁটুর কাছেও ওঠেনি।

Da quel momento in poi, Buck rimase con il toro notte e giorno.

সেই মুহূর্ত থেকে, বাক দিনরাত ষাঁড়টির সাথেই থাকল।

Non gli dava mai tregua, non gli permetteva mai di brucare o bere.

তিনি তাকে কখনও বিশ্রাম দেননি, কখনও চরতে বা পান করতে দেননি।

**Il toro cercò di mangiare giovani germogli di betulla e foglie di salice.**

ষাঁড়টি বার্চ গাছের কচি কান্ড এবং উইলো পাতা খাওয়ার চেষ্টা করেছিল।

**Ma Buck lo scacciò, sempre all'erta e sempre all'attacco.**

কিন্তু বাক তাকে তাড়িয়ে দিল, সবসময় সতর্ক এবং সর্বদা আক্রমণাত্মক।

**Anche nei torrenti che scorrevano, Buck bloccava ogni assetato tentativo.**

এমনকি ঝর্ণাধারার স্রোতেও, বাক প্রতিটি তৃষ্ণার্ত প্রচেষ্টাকে বাধাগ্রস্ত করেছিল।

**A volte, in preda alla disperazione, il toro fuggiva a tutta velocità.**

কখনও কখনও, হতাশায়, ষাঁড়টি পূর্ণ গতিতে পালিয়ে যেত।

**Buck lo lasciò correre, avanzando tranquillamente dietro di lui, senza mai allontanarsi troppo.**

বাক তাকে দৌড়াতে দিল, শান্তভাবে পিছনে পিছনে হেঁটে গেল, কখনও দূরে নয়।

**Quando l'alce si fermò, Buck si sdraiò, ma rimase pronto.**

যখন ইঁদুরটি থামল, বাক শুয়ে পড়ল, কিন্তু প্রস্তুত রইল।

**Se il toro provava a mangiare o a bere, Buck colpiva con tutta la sua furia.**

যদি ষাঁড়টি খেতে বা পান করার চেষ্টা করত, বাক পুরো ক্রোধে আঘাত করত।

**La grande testa del toro si abbassava sotto le enormi corna.**

ষাঁড়টির বিশাল মাথাটি তার বিশাল শিংগুলির নীচে ঝুলে পড়ল।

**Il suo passo rallentò, il trotto divenne pesante, un'andatura barcollante.**

তার গতি ধীর হয়ে গেল, হাঁটা ভারী হয়ে উঠল; হোঁচট খাওয়ার মতো।

Spesso restava immobile con le orecchie abbassate e il naso rivolto verso il terreno.

তিনি প্রায়ই মাটিতে কান ও নাক ঝুলিয়ে দাঁড়িয়ে থাকতেন।

In quei momenti Buck si prese del tempo per bere e riposare.

সেই মুহূর্তগুলিতে, বাক পানীয় এবং বিশ্রামের জন্য সময় বের করেছিলেন।

Con la lingua fuori e gli occhi fissi, Buck sentì che la terra stava cambiando.

জিহ্বা বের করে, চোখ স্থির করে, বাক বুঝতে পারল জমি বদলে যাচ্ছে।

Sentì qualcosa di nuovo muoversi nella foresta e nel cielo.

সে বন এবং আকাশের মধ্য দিয়ে নতুন কিছুর নড়াচড়া অনুভব করল।

Con il ritorno delle alci tornarono anche altre creature selvatiche.

মুস ফিরে আসার সাথে সাথে বন্য প্রাণীরাও ফিরে এল।

La terra sembrava viva di una presenza invisibile ma fortemente nota.

ভূমিটি উপস্থিতিতে জীবন্ত অনুভূত হয়েছিল, অদৃশ্য কিন্তু দৃঢ়ভাবে পরিচিত।

Buck non lo sapeva tramite l'udito, la vista o l'olfatto.

বাক শব্দ, দৃষ্টি, গন্ধ দ্বারা এটি জানতেন না।

Un sentimento più profondo gli diceva che nuove forze erano in movimento.

গভীর অনুভূতি তাকে জানালো যে নতুন শক্তি এগিয়ে আসছে।

Una strana vita si agitava nei boschi e lungo i corsi d'acqua.

বন এবং নদীর ধারে অদ্ভুত জীবন আলোড়ন তুলেছিল।

Decise di esplorare questo spirito una volta completata la caccia.

শিকার শেষ হওয়ার পর, সে এই আত্মাকে অন্বেষণ করার সংকল্প করল।

**Il quarto giorno, Buck riuscì finalmente a catturare l'alce.**

চতুর্থ দিনে, বাক অবশেষে মুসটিকে নামিয়ে আনল।

**Rimase nei pressi della preda per un giorno e una notte interi, nutrendosi e riposandosi.**

সে পুরো দিনরাত বন্দীদশায় ছিল, খাবার দিত এবং বিশ্রাম নিত।

**Mangiò, poi dormì, poi mangiò ancora, finché non fu forte e sazio.**

সে খায়, তারপর ঘুমায়, তারপর আবার খায়, যতক্ষণ না সে শক্তিশালী এবং পেট ভরা হয়।

**Quando fu pronto, tornò indietro verso l'accampamento e Thornton.**

যখন সে প্রস্তুত হল, সে ক্যাম্প এবং থর্নটনের দিকে ফিরে গেল।

**Con passo costante iniziò il lungo viaggio di ritorno verso casa.**

স্থির গতিতে, সে দীর্ঘ বাড়ি ফেরার যাত্রা শুরু করল।

**Correva con la sua andatura instancabile, ora dopo ora, senza mai smarrirsi.**

সে তার অক্লান্ত লোপ ধরে ঘন্টার পর ঘন্টা দৌড়েছে, একবারও পথভ্রষ্ট হয়নি।

**Attraverso terre sconosciute, si muoveva dritto come l'ago di una bussola.**

অজানা জমির মধ্য দিয়ে, সে কম্পাসের সূঁচের মতো সোজা এগিয়ে গেল।

**Il suo senso dell'orientamento faceva sembrare deboli, al confronto, l'uomo e la mappa.**

তার দিকনির্দেশনার বোধ মানুষ এবং মানচিত্রকে তুলনামূলকভাবে দুর্বল বলে মনে করেছিল।

**Mentre Buck correva, sentiva sempre più forte l'agitazione nella terra selvaggia.**

বাক যখন দৌড়াচ্ছিল, তখন সে বন্য ভূমিতে আরও তীব্রভাবে আলোড়ন অনুভব করল।

Era un nuovo tipo di vita, diverso da quello dei tranquilli mesi estivi.

এটি ছিল এক নতুন ধরণের জীবন, শান্ত গ্রীষ্মের মাসগুলির থেকে ভিন্ন।

Questa sensazione non giungeva più come un messaggio sottile o distante.

এই অনুভূতি আর কোনও সূক্ষ্ম বা দূরবর্তী বার্তা হিসেবে আসেনি।

Ora gli uccelli parlavano di questa vita e gli scoiattoli chiacchieravano.

এখন পাখিরা এই জীবনের কথা বলছিল, আর কাঠবিড়ালিরা এটা নিয়ে কথা বলছিল।

Persino la brezza sussurrava avvertimenti tra gli alberi silenziosi.

এমনকি বাতাসও নীরব গাছগুলির মধ্য দিয়ে ফিসফিসিয়ে সতর্কবার্তা দিচ্ছিল।

Più volte si fermò ad annusare l'aria fresca del mattino.

বেশ কয়েকবার সে থেমে সকালের তাজা বাতাস শুঁকে নিল।

Lì lesse un messaggio che lo fece fare un balzo in avanti più velocemente.

সে সেখানে একটি বার্তা পড়েছিল যা তাকে দ্রুত এগিয়ে যেতে বাধ্য করেছিল।

Fu pervaso da un forte senso di pericolo, come se qualcosa fosse andato storto.

একটা প্রচণ্ড বিপদের অনুভূতি তাকে ঘিরে ধরল, যেন কিছু একটা ভুল হয়ে গেছে।

Temeva che la calamità stesse per arrivare, o che fosse già arrivata.

সে ভয় পেল যে বিপর্যয় আসছে—অথবা ইতিমধ্যেই এসে গেছে।

Superò l'ultima cresta ed entrò nella valle sottostante.

সে শেষ পাহাড়টি পেরিয়ে নীচের উপত্যকায় প্রবেশ করল।

Si muoveva più lentamente, attento e cauto a ogni passo.

সে আরও ধীরে ধীরে এগোতে লাগল, প্রতিটি পদক্ষেপে সতর্ক এবং সতর্কভাবে।

Dopo tre miglia trovò una pista fresca che lo fece irrigidire.

তিন মাইল দূরে সে একটা নতুন পথ পেল যা তাকে শক্ত করে তুলেছিল।

I peli sul collo si rizzarono e si rizzarono in segno di allarme.

তার ঘাড়ের চুলগুলো আতঙ্কে ঢেউ খেলানো এবং ঝাঁকুনি দিয়ে উঠল।

Il sentiero portava dritto all'accampamento dove Thornton aspettava.

পথটি সোজা সেই ক্যাম্পের দিকে চলে গেল যেখানে থর্নটন অপেক্ষা করছিল।

Buck ora si muoveva più velocemente, con passi silenziosi e rapidi.

বাক এখন আরও দ্রুত এগিয়ে গেল, তার পদক্ষেপ নীরব এবং দ্রুত উভয়ই।

I suoi nervi si irrigidirono mentre leggeva segnali che altri non avrebbero notato.

অন্যরা যে লক্ষণগুলি মিস করবে তা পড়তে পড়তে তার স্নায়ু শক্ত হয়ে গেল।

Ogni dettaglio del percorso raccontava una storia, tranne l'ultimo pezzo.

পথের প্রতিটি বিবরণ একটি গল্প বলেছিল—শেষ অংশটি ছাড়া।

Il suo naso gli raccontò della vita che aveva trascorso lì.

তার নাক তাকে এইভাবে কেটে যাওয়া জীবনের কথা বলেছিল।

L'odore gli fornì un'immagine mutevole mentre lo seguiva da vicino.

সে যখন খুব কাছ থেকে পিছনে পিছনে যাচ্ছিল, তখন গন্ধটা তাকে একটা বদলে যাওয়া ছবি দেখাচ্ছিল।

Ma la foresta stessa era diventata silenziosa, innaturalmente immobile.

কিন্তু বন নিজেই শান্ত হয়ে গিয়েছিল; অস্বাভাবিকভাবে স্থির।

Gli uccelli erano scomparsi, gli scoiattoli erano nascosti, silenziosi e immobili.

পাখিরা অদৃশ্য হয়ে গিয়েছিল, কাঠবিড়ালিরা লুকিয়ে ছিল, নীরব এবং স্থির।

Vide solo uno scoiattolo grigio, sdraiato su un albero morto.

সে কেবল একটি ধূসর কাঠবিড়ালি দেখতে পেল, একটি মৃত গাছের উপর সমতলভাবে।

Lo scoiattolo si mimetizzava, rigido e immobile come una parte della foresta.

কাঠবিড়ালিটি মিশে গেল, বনের এক অংশের মতো শক্ত এবং গতিহীন।

Buck si muoveva come un'ombra, silenzioso e sicuro tra gli alberi.

বাক ছায়ার মতো নীরবে এবং নিশ্চিতভাবে গাছের মধ্য দিয়ে নীরবে চলে গেল।

Il suo naso si mosse di lato come se fosse stato tirato da una mano invisibile.

তার নাকটা যেন একপাশে ঝাঁকুনি দিয়ে উঠল, যেন কোন অদৃশ্য হাত তাকে টেনে ধরেছে।

Si voltò e seguì il nuovo odore nel profondo di un boschetto.

সে ঘুরে নতুন গন্ধের পিছনে পিছনে ঝোপের গভীরে গেল।

Lì trovò Nig, steso morto, trafitto da una freccia.

সেখানে সে নিগকে মৃত অবস্থায় পড়ে থাকতে দেখতে পেল, তার তীরের আঘাতে তার দেহ বিদ্ধ হয়ে গেছে।

La freccia gli attraversò il corpo, lasciando ancora visibili le piume.

তার শরীরের মধ্য দিয়ে খাদটি স্পষ্টভাবে চলে গেছে, পালকগুলি এখনও দেখা যাচ্ছে।

Nig si era trascinato fin lì, ma era morto prima di riuscire a raggiungere i soccorsi.

নিগ নিজেকে সেখানে টেনে নিয়ে গিয়েছিল, কিন্তু সাহায্য পৌঁছানোর আগেই মারা গিয়েছিল।

Cento metri più avanti, Buck trovò un altro cane da slitta.

একশ গজ দূরে, বাক আরেকটি স্লেজ কুকুর দেখতে পেল।

Era un cane che Thornton aveva comprato a Dawson City.

এটি ছিল একটি কুকুর যা থর্নটন ডসন সিটি থেকে কিনেছিলেন।

Il cane lottava con tutte le sue forze, dimenandosi violentemente sul sentiero.

কুকুরটি মৃত্যুর সাথে লড়াই করছিল, পথ ধরে প্রচণ্ড মারধর করছিল।

Buck gli passò accanto senza fermarsi, con gli occhi fissi davanti a sé.

বাক তার পাশ দিয়ে হেঁটে গেল, থামল না, চোখ স্থির করে সামনে।

Dalla direzione dell'accampamento proveniva un canto lontano e ritmico.

ক্যাম্পের দিক থেকে দূর থেকে একটা ছন্দময় মন্ত্র ভেসে এলো।

Le voci si alzavano e si abbassavano con un tono strano, inquietante, cantilenante.

অদ্ভুত, ভৌতিক, গানের সুরে কণ্ঠস্বর উপরে উঠছিল এবং নেমে আসছিল।

Buck strisciò in silenzio fino al limite della radura.

বাক নীরবে ক্লিয়ারিং এর ধারে এগিয়ে গেল।

Lì vide Hans disteso a faccia in giù, trafitto da numerose frecce.

সেখানে সে দেখতে পেল হ্যান্স উপুড় হয়ে শুয়ে আছে, অনেক তীরের আঘাতে বিদ্ধ।

**Il suo corpo sembrava quello di un porcospino, irto di penne.**

তার শরীর দেখতে সজারুদের মতো, পালকযুক্ত থাদে ঝাঁকুনি।

**Nello stesso momento, Buck guardò verso la capanna in rovina.**

ঠিক সেই মুহূর্তে, বাক ধ্বংসপ্রাপ্ত লজের দিকে তাকাল।

**Quella vista gli fece rizzare i capelli sul collo e sulle spalle.**

এই দৃশ্য দেখে তার ঘাড় এবং কাঁধের চুলগুলো শক্ত হয়ে গেল।

**Un'ondata di rabbia selvaggia travolse tutto il corpo di Buck.**

বাকের সারা শরীরে এক তীব্র ক্রোধের ঝড় বয়ে গেল।

**Ringhiò forte, anche se non ne era consapevole.**

সে জোরে গর্জন করল, যদিও সে জানত না যে তার গর্জন হয়েছে।

**Il suono era crudo, pieno di una furia terrificante e selvaggia.**

শব্দটা ছিল কড়া, ভয়াবহ, বর্বর ক্রোধে ভরা।

**Per l'ultima volta nella sua vita, Buck perse la ragione a causa delle emozioni.**

জীবনের শেষবারের মতো, বাক আবেগের কাছে যুক্তি হারিয়ে ফেললেন।

**Fu l'amore per John Thornton a spezzare il suo attento controllo.**

জন থর্নটনের প্রতি ভালোবাসাই তার সতর্ক নিয়ন্ত্রণ ভেঙে ফেলেছিল।

**Gli Yeehats ballavano attorno alla baita in legno di abete rosso distrutta.**

ইয়েহাটরা ধ্বংসপ্রাপ্ত স্প্রুস লজের চারপাশে নাচছিল।

**Poi si udì un ruggito e una bestia sconosciuta si lanciò verso di loro.**

তারপর একটা গর্জন শোনা গেল—আর একটা অজানা জন্তু তাদের দিকে ছুটে এল।

Era Buck: una furia in movimento, una tempesta vivente di vendetta.

এটা ছিল বাক; চলমান এক ক্রোধ; প্রতিশোধের এক জীবন্ত ঝড়।

Si gettò in mezzo a loro, folle di voglia di uccidere.

সে তাদের মাঝে ঝাঁপিয়ে পড়ল, হত্যার তাড়নায় ক্ষিপ্ত হয়ে।

Si lanciò contro il primo uomo, il capo Yeehat, e colpì nel segno.

সে প্রথম ব্যক্তি, ইয়েহাট প্রধানের দিকে ঝাঁপিয়ে পড়ল এবং সত্যিকার অর্থেই আঘাত করল।

La sua gola era squarciata e il sangue schizzava a fiotti.

তার গলা ফেটে গিয়েছিল, এবং রক্তের ধারা বইছিল।

Buck non si fermò, ma con un balzo squarciò la gola dell'uomo successivo.

বাক থামেনি, বরং এক লাফে পরের লোকটির গলা ছিঁড়ে ফেলে।

Era inarrestabile: squarciava, tagliava, non si fermava mai a riposare.

সে অপ্রতিরোধ্য ছিল—ছিঁড়ে ফেলছিল, কেটে ফেলছিল, কখনও বিশ্রাম নেওয়ার জন্য থামছিল না।

Si lanciò e balzò così velocemente che le loro frecce non riuscirono a toccarlo.

সে এত দ্রুত ঝাঁপিয়ে পড়ল যে তাদের তীরগুলো তাকে স্পর্শ করতে পারল না।

Gli Yeehats erano in preda al panico e alla confusione.

ইয়েহাটরা তাদের নিজস্ব আতঙ্ক এবং বিভ্রান্তিতে আটকা পড়েছিল।

Le loro frecce non colpirono Buck e si colpirono tra loro.

তাদের তীরগুলি বাককে লক্ষ্যভ্রষ্ট করে এবং একে অপরকে আঘাত করে।

Un giovane scagliò una lancia contro Buck e colpì un altro uomo.

এক যুবক বাকের দিকে বর্শা ছুঁড়ে মারল এবং অন্য একজনকে আঘাত করল।

La lancia gli trapassò il petto e la punta gli trafisse la schiena.

বর্শাটি তার বুক ভেদ করে বিদ্ধ হলো, বিন্দুটি তার পিঠ ভেদ করে দিল।

Il terrore travolse gli Yeehats, che si diedero alla ritirata.

ইয়েহাটদের উপর আতঙ্ক ছড়িয়ে পড়ে এবং তারা সম্পূর্ণ পশ্চাদপসরণে বাধ্য হয়।

Urlarono allo Spirito Maligno e fuggirono nelle ombre della foresta.

তারা অশুভ আত্মার চিৎকারে বনের ছায়ায় পালিয়ে গেল।

Buck era davvero come un demone mentre inseguiva gli Yeehats.

সত্যিই, ইয়েহাটদের তাড়া করার সময় বাক একজন রাক্ষসের মতো ছিলেন।

Li inseguì attraverso la foresta, abbattendoli come cervi.

সে বনের মধ্য দিয়ে তাদের ধাওয়া করে, হরিণের মতো তাদের টেনে নামিয়ে আনে।

Divenne un giorno di destino e terrore per gli spaventati Yeehats.

ভীত ইয়েহাটদের জন্য এটি ভাগ্য এবং আতঙ্কের দিন হয়ে ওঠে।

Si dispersero sul territorio, fuggendo in ogni direzione.

তারা দেশজুড়ে ছড়িয়ে ছিটিয়ে পড়ল, সব দিকে পালিয়ে গেল।

Passò un'intera settimana prima che gli ultimi sopravvissuti si incontrassero in una valle.

শেষ বেঁচে যাওয়া ব্যক্তিরা একটি উপত্যকায় মিলিত হওয়ার আগে পুরো এক সপ্তাহ কেটে গেল।

Solo allora contarono le perdite e raccontarono quanto accaduto.

কেবল তখনই তারা তাদের ক্ষতির হিসাব করল এবং কী
ঘটেছিল তা বলল।

Buck, stanco dell'inseguimento, ritornò all'accampamento in
rovina.

তাড়া করতে করতে ক্লান্ত হয়ে বাক ধ্বংসপ্রাপ্ত শিবিরে ফিরে
এলেন।

Trovò Pete, ancora avvolto nelle coperte, ucciso nel primo
attacco.

তিনি প্রথম আক্রমণে নিহত পিটকে তার কম্বলের মধ্যে
দেখতে পান।

I segni dell'ultima lotta di Thornton erano visibili nella terra
lì vicino.

থর্নটনের শেষ সংগ্রামের চিহ্নগুলি কাছাকাছি ময়লায় চিহ্নিত
ছিল।

Buck seguì ogni traccia, annusando ogni segno fino al punto
finale.

বাক প্রতিটি চিহ্ন অনুসরণ করল, প্রতিটি চিহ্ন শুঁকে শেষ
বিন্দু পর্যন্ত।

Sul bordo di una profonda pozza trovò il fedele Skeet,
immobile.

একটা গভীর পুকুরের ধারে, সে বিশ্বস্ত স্কিটকে স্থির
অবস্থায় পড়ে থাকতে দেখতে পেল।

La testa e le zampe anteriori di Skeet erano nell'acqua,
immobili nella morte.

স্কিটের মাথা এবং সামনের পাঞ্জা পানিতে ডুবে ছিল, মৃত্যুর
সাথে সাথে নড়ছিল না।

La piscina era fangosa e contaminata dai liquidi di scarico
delle chiuse.

পুলটি কর্দমাক্ত ছিল এবং স্লুইস বক্স থেকে আসা জলে
ময়লা ছিল।

La sua superficie torbida nascondeva ciò che si trovava sotto,
ma Buck conosceva la verità.

এর মেঘলা পৃষ্ঠ নীচের জিনিসগুলিকে লুকিয়ে রেখেছিল, কিন্তু বাক সত্যটি জানত।

**Seguì l'odore di Thornton nella piscina, ma non lo portò da nessun'altra parte.**

সে পুলের ভেতরে থর্নটনের গন্ধ পেল—কিন্তু সেই গন্ধ অন্য কোথাও গেল না।

**Non c'era alcun odore che provenisse, solo il silenzio dell'acqua profonda.**

কোন গন্ধ বের হচ্ছিল না—শুধু গভীর জলের নীরবতা।

**Buck rimase tutto il giorno vicino alla piscina, camminando avanti e indietro per l'accampamento, addolorato.**

সারাদিন বাক পুলের কাছেই রইল, শোকে শিবিরে ঘুরে বেড়াল।

**Vagava irrequieto o sedeva immobile, immerso nei suoi pensieri.**

সে অস্থিরভাবে ঘুরে বেড়াত অথবা নীরবে বসে থাকত, ভারী চিন্তায় ডুবে থাকত।

**Conosceva la morte, la fine della vita, la scomparsa di ogni movimento.**

তিনি মৃত্যু জানতেন; জীবনের সমাপ্তি; সমস্ত গতির বিলীন হওয়া।

**Capì che John Thornton se n'era andato e non sarebbe mai più tornato.**

সে বুঝতে পারল যে জন থর্নটন চলে গেছে, আর কখনও ফিরে আসবে না।

**La perdita lasciò in lui un vuoto che pulsava come la fame.**

এই হার তার মনে একটা শূন্যতা তৈরি করে দিল যা ক্ষুধার মতো কাঁপছিল।

**Ma questa era una fame che il cibo non riusciva a placare, non importava quanto ne mangiasse.**

কিন্তু এই খাবারটা এমন একটা ক্ষুধা ছিল যা সে যতই খাক না কেন, কমাতে পারত না।

A volte, mentre guardava i cadaveri di Yeehats, il dolore si attenuava.

মাঝে মাঝে, যখন সে মৃত ইয়েহাটদের দিকে তাকাত, তখন ব্যথা ম্লান হয়ে যেত।

E poi dentro di lui nacque uno strano orgoglio, feroce e totale.

আর তখনই তার ভেতরে এক অদ্ভুত অহংকার জেগে উঠল, তীব্র এবং পূর্ণ।

Aveva ucciso l'uomo, la preda più alta e pericolosa di tutte.

সে মানুষকে হত্যা করেছিল, সবচেয়ে উঁচু এবং বিপজ্জনক খেলা।

Aveva ucciso in violazione dell'antica legge del bastone e della zanna.

সে প্রাচীন কাঠুরিয়া ও ফ্যাং আইনের লঙ্ঘন করে হত্যা করেছিল।

Buck annusò i loro corpi senza vita, curioso e pensieroso.

বাক কৌতূহলী এবং চিন্তাশীল হয়ে তাদের প্রাণহীন দেহ শুঁকে নিল।

Erano morti così facilmente, molto più facilmente di un husky in combattimento.

তারা এত সহজেই মারা গিয়েছিল – লড়াইয়ে ভুষির চেয়ে অনেক সহজ।

Senza le armi non avrebbero avuto vera forza né avrebbero rappresentato una minaccia.

অস্ত্র ছাড়া তাদের কোন প্রকৃত শক্তি বা হুমকি ছিল না।

Buck non avrebbe più avuto paura di loro, a meno che non fossero stati armati.

বাক আর কখনও তাদের ভয় পাবে না, যদি না তারা সশস্ত্র থাকত।

Stava attento solo quando portavano clave, lance o frecce.

যখন তারা লাঠি, বর্শা, বা তীর বহন করত, কেবল তখনই সে সাবধান থাকত।

Calò la notte e la luna piena spuntò alta sopra le cime degli alberi.

রাত নেমে এলো, আর গাছের মাথার উপরে পূর্ণিমার চাঁদ উঠলো।

La pallida luce della luna avvolgeva la terra in un tenue e spettrale chiarore, come se fosse giorno.

চাঁদের মৃদু আলোয় পৃথিবীটা দিনের মতো নরম, ভুতুড়ে আলোয় ভেসে উঠল।

Mentre la notte avanzava, Buck continuava a piangere presso la pozza silenziosa.

রাত যত গভীর হচ্ছিল, বাক তখনও নীরব পুলের ধারে শোক প্রকাশ করছিল।

Poi si accorse di un diverso movimento nella foresta.

তারপর সে বনের মধ্যে এক ভিন্ন আলোড়ন অনুভব করল।

L'agitazione non proveniva dagli Yeehats, ma da qualcosa di più antico e profondo.

আলোড়নটি ইয়েহাটদের কাছ থেকে ছিল না, বরং পুরোনো এবং গভীর কিছু থেকে ছিল।

Si alzò in piedi, drizzò le orecchie e tastò con attenzione la brezza con il naso.

সে উঠে দাঁড়ালো, কান উঁচু করে, নাক দিয়ে সাবধানে বাতাস পরীক্ষা করছিলো।

Da lontano giunse un debole e acuto grido che squarciò il silenzio.

অনেক দূর থেকে একটা মৃদু, তীক্ষ্ণ চিৎকার ভেসে এলো, যা নীরবতাকে ভেদ করে।

Poi un coro di grida simili seguì subito dopo il primo.

তারপর প্রথমটির ঠিক পিছনে একই রকম কান্নার সুর ভেসে এলো।

Il suono si avvicinava sempre di più, diventando sempre più forte con il passare dei minuti.

শব্দটা আরও কাছে আসতে লাগলো, প্রতিটি মুহূর্তের সাথে সাথে আরও জোরে জোরে।

Buck conosceva quel grido: proveniva da quell'altro mondo nella sua memoria.

বাক এই কান্নাটা জানত—এটা তার স্মৃতিতে থাকা অন্য জগৎ থেকে এসেছিল।

Si recò al centro dello spazio aperto e ascoltò attentamente.

সে খোলা জায়গার মাঝখানে হেঁটে গেল এবং মনোযোগ সহকারে শুনল।

L'appello risuonò più forte che mai, più sentito e più potente che mai.

ডাকটা বেজে উঠল, অনেক বেশি সুপরিচিত এবং আগের চেয়েও বেশি শক্তিশালী।

E ora, più che mai, Buck era pronto a rispondere alla sua chiamata.

আর এখন, আগের চেয়েও বেশি, বাক তার ডাকে সাড়া দিতে প্রস্তুত।

John Thornton era morto e in lui non era rimasto alcun legame con l'uomo.

জন থর্নটন মারা গেছেন, এবং মানুষের সাথে তার কোন বন্ধন অবশিষ্ট নেই।

L'uomo e tutte le pretese umane erano svaniti: era finalmente libero.

মানুষ এবং মানুষের সমস্ত দাবি শেষ হয়ে গেল – অবশেষে সে মুক্ত হল।

Il branco di lupi era a caccia di carne, proprio come un tempo avevano fatto gli Yeehats.

নেকড়েদের দলটি ইয়েহাটদের মতোই মাংসের পিছনে ছুটছিল।

Avevano seguito le alci mentre scendevano dalle terre boscose.

তারা কাঠের জমি থেকে ইঁদুরের পিছু পিছু নেমে এসেছিল।

Ora, selvaggi e affamati di prede, attraversarono la sua valle.

এখন, বন্য এবং শিকারের জন্য ক্ষুধার্ত, তারা তার উপত্যকায় প্রবেশ করল।

Giunsero nella radura illuminata dalla luna, scorrendo come acqua argentata.

চাঁদের আলোয় ঢাকা পরিষ্কার জায়গায় তারা এসেছিল, রুপালী জলের মতো প্রবাহিত হচ্ছিল।

Buck rimase immobile al centro, in attesa.

বাক মাঝখানে স্থির দাঁড়িয়ে ছিল, নিশ্চল এবং তাদের জন্য অপেক্ষা করছিল।

La sua presenza calma e imponente lasciò il branco senza parole, tanto da farlo restare per un breve periodo in silenzio.

তার শান্ত, বিশাল উপস্থিতি পুরো দলটিকে এক সংক্ষিপ্ত নীরবতায় স্তব্ধ করে দিল।

Allora il lupo più audace gli saltò addosso senza esitazione.

তারপর সবচেয়ে সাহসী নেকড়েটি দ্বিধা ছাড়াই সরাসরি তার দিকে ঝাঁপিয়ে পড়ল।

Buck colpì rapidamente e spezzò il collo del lupo con un solo colpo.

বাক দ্রুত আঘাত করল এবং এক আঘাতেই নেকড়েটির ঘাড় ভেঙে দিল।

Rimase di nuovo immobile mentre il lupo morente si contorceva dietro di lui.

মরণশীল নেকড়েটি তার পিছনে ঘুরতে ঘুরতে সে আবার স্থির হয়ে দাঁড়ালো।

Altri tre lupi attaccarono rapidamente, uno dopo l'altro.

আরও তিনটি নেকড়ে দ্রুত আক্রমণ করল, একের পর এক।

Ognuno di loro si ritrasse sanguinante, con la gola o le spalle tagliate.

প্রত্যেকেই রক্তক্ষরণে পিছু হটেছিল, তাদের গলা বা কাঁধ কেটে ফেলা হয়েছিল।

**Ciò fu sufficiente a scatenare una carica selvaggia da parte dell'intero branco.**

পুরো দলটিকে এক ভয়াবহ আক্রমণে ট্রিগার করার জন্য এটি যথেষ্ট ছিল।

**Si precipitarono tutti insieme, troppo impazienti e troppo ammassati per colpire bene.**

তারা একসাথে ছুটে গেল, খুব আগ্রহী এবং ভিড়ের মধ্যে, ভালোভাবে আঘাত করার জন্য।

**La velocità e l'abilità di Buck gli permisero di anticipare l'attacco.**

বাকের গতি এবং দক্ষতা তাকে আক্রমণে এগিয়ে থাকতে সাহায্য করেছিল।

**Girò sulle zampe posteriori, schioccando i denti e colpendo in tutte le direzioni.**

সে তার পেছনের পায়ে ঘুরছিল, সব দিকেই ঝাঁকুনি দিচ্ছিল এবং আঘাত করছিল।

**Ai lupi sembrò che la sua difesa non si fosse mai aperta o avesse vacillato.**

নেকড়েদের কাছে মনে হয়েছিল যেন তার প্রতিরক্ষা কখনও খোলা বা বিচলিত হয়নি।

**Si voltò e colpì così velocemente che non riuscirono a raggiungerlo alle spalle.**

সে ঘুরে দাঁড়ালো এবং এত দ্রুত আঘাত করলো যে তারা তার পিছনে যেতে পারলো না।

**Ciononostante, il loro numero lo costrinse a cedere terreno e a ritirarsi.**

তবুও, তাদের সংখ্যা তাকে হাল ছেড়ে দিতে এবং পিছিয়ে আসতে বাধ্য করেছিল।

**Superò la piscina e scese nel letto roccioso del torrente.**

সে পুকুর পেরিয়ে পাথুরে খালের তলায় নেমে গেল।

**Lì si imbatté in un ripido pendio di ghiaia e terra.**

সেখানে সে কাঁকর আর মাটির খাড়া এক পাড়ের মুখোমুখি হল।

**Si è infilato in un angolo scavato durante i vecchi scavi dei minatori.**

খনি শ্রমিকদের পুরনো খননের সময় সে একটি কোণায় কাটা জায়গায় আঘাত পায়।

**Ora, protetto su tre lati, Buck si trovava di fronte solo al lupo frontale.**

এখন, তিন দিক থেকে সুরক্ষিত, বাক কেবল সামনের নেকড়েটির মুখোমুখি হয়েছিল।

**Lì rimase in attesa, pronto per la successiva ondata di assalto.**

সেখানে, সে উপসাগরে দাঁড়িয়ে ছিল, পরবর্তী আক্রমণের জন্য প্রস্তুত।

**Buck mantenne la posizione con tanta ferocia che i lupi indietreggiarono.**

বাক এতটাই শক্তভাবে চেপে ধরল যে নেকড়েরা পিছু হটল।

**Dopo mezz'ora erano sfiniti e visibilmente sconfitti.**

আধ ঘন্টা পর, তারা ক্লান্ত হয়ে পড়েছিল এবং দৃশ্যত পরাজিত হয়েছিল।

**Le loro lingue pendevano fuori e le loro zanne bianche brillavano alla luce della luna.**

তাদের জিভগুলো ঝুলে ছিল, তাদের সাদা দাঁতগুলো চাঁদের আলোয় ঝিকিমিকি করছিল।

**Alcuni lupi si sdraiano, con la testa alzata e le orecchie dritte verso Buck.**

কিছু নেকড়ে শুয়ে আছে, মাথা উঁচু করে, কান বাকের দিকে ঠেলে।

**Altri rimasero immobili, attenti e osservarono ogni suo movimento.**

অন্যরা স্থির হয়ে দাঁড়িয়ে রইল, সতর্ক হয়ে তার প্রতিটি পদক্ষেপ লক্ষ্য করছিল।

**Qualcuno si avvicinò alla piscina e bevve l'acqua fredda.**

কয়েকজন পুকুরে ঘুরে বেড়িয়ে ঠান্ডা জল পান করল।

**Poi un lupo grigio, lungo e magro, si fece avanti furtivamente, con passo gentile.**

তারপর একটা লম্বা, রোগা ধূসর নেকড়ে মৃদু ভঙ্গিতে সামনের দিকে এগিয়ে গেল।

**Buck lo riconobbe: era il fratello selvaggio di prima.**

বাক তাকে চিনতে পারল—এটা ছিল আগের সেই বন্য ভাই।

**Il lupo grigio uggiolò dolcemente e Buck rispose con un guaito.**

ধূসর নেকড়েটি মৃদুভাবে কাঁদল, আর বাক কাঁদতে কাঁদতে উত্তর দিল।

**Si toccarono il naso, silenziosamente, senza timore o minaccia.**

তারা নাক স্পর্শ করল, নীরবে এবং কোনও হুমকি বা ভয় ছাড়াই।

**Poi venne un lupo più anziano, scarno e segnato dalle numerose battaglie.**

এরপর এলো একটি বয়স্ক নেকড়ে, অনেক যুদ্ধের ফলে দুর্বল এবং ক্ষতবিক্ষত।

**Buck cominciò a ringhiare, ma si fermò e annusò il naso del vecchio lupo.**

বাক ঘেউ ঘেউ করতে শুরু করল, কিন্তু থেমে গেল এবং বুড়ো নেকড়ের নাক শুঁকে নিল।

**Il vecchio si sedette, alzò il naso e ululò alla luna.**

বৃদ্ধটি বসে পড়ল, নাক উঁচু করে চাঁদের দিকে তাকিয়ে চিৎকার করল।

**Il resto del branco si sedette e si unì al lungo ululato.**

বাকি দলটি বসে পড়ল এবং দীর্ঘ চিৎকারে যোগ দিল।

**E ora la chiamata giunse a Buck, inequivocabile e forte.**

আর এখন ডাক এল বাকের কাছে, স্পষ্ট এবং জোরালো।

**Si sedette, alzò la testa e ululò insieme agli altri.**

সে বসে পড়ল, মাথা তুলল, এবং অন্যদের সাথে চিৎকার করল।

Quando l'ululato cessò, Buck uscì dal suo riparo roccioso.

যখন চিৎকার শেষ হলো, বাক তার পাথুরে আশ্রয়স্থল থেকে বেরিয়ে এলো।

Il branco si strinse attorno a lui, annusando con gentilezza e cautela.

প্যাকটি তার চারপাশে ঘেরাও করে, সদয় এবং সতর্কভাবে শুঁকে।

Allora i capi lanciarono un grido e si precipitarono nella foresta.

তারপর নেতারা চিৎকার করে বনের দিকে ছুটে গেল।

Gli altri lupi li seguirono, guaendo in coro, selvaggi e veloci nella notte.

অন্য নেকড়েরাও পিছু পিছু গেল, সমবেতভাবে চিৎকার করতে করতে, রাতে উন্মত্ত এবং দ্রুত।

Buck corse con loro, accanto al suo selvaggio fratello, ululando mentre correva.

বাক তাদের সাথে দৌড়ে গেল, তার বন্য ভাইয়ের পাশে, সে দৌড়ানোর সময় চিৎকার করছিল।


Qui la storia di Buck giunge al termine.

এখানেই, বাকের গল্পের সমাপ্তি ভালোভাবেই ঘটছে।

Negli anni a seguire, gli Yeehats notarono degli strani lupi.

পরবর্তী বছরগুলিতে, ইয়েহাটরা অদ্ভুত নেকড়েদের লক্ষ্য করেছিল।

Alcuni avevano la testa e il muso marroni e il petto bianco.

কারো কারো মাথায় এবং মুখের উপর বাদামী, বুকে সাদা।

Ma ancora di più temevano la presenza di una figura spettrale tra i lupi.

কিন্তু তার চেয়েও বেশি, তারা নেকড়েদের মধ্যে একটি ভৌতিক ব্যক্তিত্বকে ভয় পেত।

Parlavano a bassa voce del Cane Fantasma, il capo del branco.

তারা ফিসফিসিয়ে কথা বলছিল, দলটির নেতা ঘোস্ট ডগের কথা।

Questo Ghost Dog era più astuto del più audace cacciatore di Yeehat.

এই ভূত কুকুরটির সবচেয়ে সাহসী ইয়েহাট শিকারীর চেয়েও বেশি ধূর্ততা ছিল।

Il cane fantasma rubava dagli accampamenti nel cuore dell'inverno e faceva a pezzi le loro trappole.

প্রচণ্ড শীতে ভূতের কুকুরটি ক্যাম্প থেকে চুরি করে তাদের ফাঁদ ছিঁড়ে ফেলে।

Il cane fantasma uccise i loro cani e sfuggì alle loro frecce senza lasciare traccia.

ভূত কুকুরটি তাদের কুকুরগুলিকে মেরে ফেলে এবং তাদের তীরের কোনও চিহ্ন ছাড়াই পালিয়ে যায়।

Perfino i guerrieri più coraggiosi avevano paura di affrontare questo spirito selvaggio.

এমনকি তাদের সাহসী যোদ্ধারাও এই বন্য আত্মার মুখোমুখি হতে ভয় পেত।

No, la storia diventa ancora più oscura con il passare degli anni trascorsi nella natura selvaggia.

না, বছরের পর বছর ধরে অস্থিরতার সাথে সাথে গল্পটি আরও অন্ধকার হয়ে ওঠে।

Alcuni cacciatori scompaiono e non fanno più ritorno ai loro accampamenti lontani.

কিছু শিকারী নিখোঁজ হয়ে যায় এবং আর কখনও তাদের দূরবর্তী শিবিরে ফিরে আসে না।

Altri vengono trovati con la gola squarciata, uccisi nella neve.

অন্যদের গলা কাটা অবস্থায়, তুষারে ডুবে মারা অবস্থায় পাওয়া যায়।

Intorno ai loro corpi ci sono delle impronte più grandi di quelle che un lupo potrebbe mai lasciare.

তাদের শরীরের চারপাশে দাগ রয়েছে—যে কোনও নেকড়ে যতটা বড় করে তুলতে পারে তার চেয়েও বড়।

**Ogni autunno, gli Yeehats seguono le tracce dell'alce.**

প্রতি শরতে, ইয়েহাটরা মুসের পথ অনুসরণ করে।

**Ma evitano una valle perché la paura è scolpita nel profondo del loro cuore.**

কিন্তু তারা এমন একটি উপত্যকা এড়িয়ে চলে যেখানে তাদের হৃদয়ের গভীরে ভয় গেঁথে আছে।

**Si dice che la valle sia stata scelta dallo Spirito Maligno come sua dimora.**

তারা বলে যে উপত্যকাটি তার বাসস্থানের জন্য শয়তান আত্মা দ্বারা বেছে নেওয়া হয়েছে।

**E quando la storia viene raccontata, alcune donne piangono accanto al fuoco.**

আর যখন গল্পটি বলা হয়, তখন কিছু মহিলা আগুনের পাশে কাঁদে।

**Ma d'estate, c'è un visitatore che giunge in quella valle sacra e silenziosa.**

কিন্তু গ্রীষ্মকালে, একজন দর্শনার্থী সেই শান্ত, পবিত্র উপত্যকায় আসেন।

**Gli Yeehats non lo conoscono e non potrebbero capirlo.**

ইয়েহাতরা তাকে চেনে না, আর বুঝতেও পারে না।

**Il lupo è un animale grandioso, ricoperto di gloria, come nessun altro della sua specie.**

নেকড়েটি একটি মহান, গৌরবে আচ্ছন্ন, তার ধরণের অন্য কারো মতো নয়।

**Lui solo attraversa il bosco verde ed entra nella radura della foresta.**

সে একাই সবুজ কাঠের উপর দিয়ে পার হয়ে বনের ঝাড়ে প্রবেশ করে।

**Lì, la polvere dorata contenuta nei sacchi di pelle d'alce si infiltra nel terreno.**

সেখানে, ইঁদুরের চামড়ার বস্তা থেকে সোনালী ধুলো মাটিতে মিশে যায়।

**L'erba e le foglie vecchie hanno nascosto il giallo del sole.**

ঘাস এবং পুরাতন পাতাগুলি সূর্যের আলো থেকে হলুদ রঙ লুকিয়ে রেখেছে।

**Qui il lupo resta in silenzio, pensando e ricordando.**

এখানে, নেকড়েটি নীরবে দাঁড়িয়ে আছে, ভাবছে এবং স্মরণ করছে।

**Urla una volta sola, a lungo e lugubremente, prima di girarsi e andarsene.**

সে একবার কাঁদে—দীর্ঘ এবং শোকাহত—যাওয়ার আগে।

**Ma non è sempre solo nella terra del freddo e della neve.**

তবুও ঠান্ডা এবং তুষারের দেশে সে সবসময় একা থাকে না।

**Quando le lunghe notti invernali scendono sulle valli più basse.**

যখন দীর্ঘ শীতের রাতগুলি নিম্ন উপত্যকায় নেমে আসে।

**Quando i lupi seguono la selvaggina attraverso il chiaro di luna e il gelo.**

যখন নেকড়েরা চাঁদের আলো এবং তুষারপাতের মধ্য দিয়ে শিকার অনুসরণ করে।

**Poi corre in testa al gruppo, saltando in alto e in modo selvaggio.**

তারপর সে পালের মাথার দিকে দৌড়ায়, উঁচুতে লাফিয়ে লাফিয়ে।

**La sua figura svetta sulle altre, la sua gola risuona di canto.**

তার আকৃতি অন্যদের থেকেও উঁচু, তার গলা গানে প্রাণবন্ত।

**È il canto del mondo più giovane, la voce del branco.**

এটি তরুণ বিশ্বের গান, প্যাকের কন্ঠস্বর।

**Canta mentre corre: forte, libero e per sempre selvaggio.**

সে দৌড়ানোর সময় গান গায়—শক্তিশালী, মুক্ত, এবং চিরকাল বন্য।

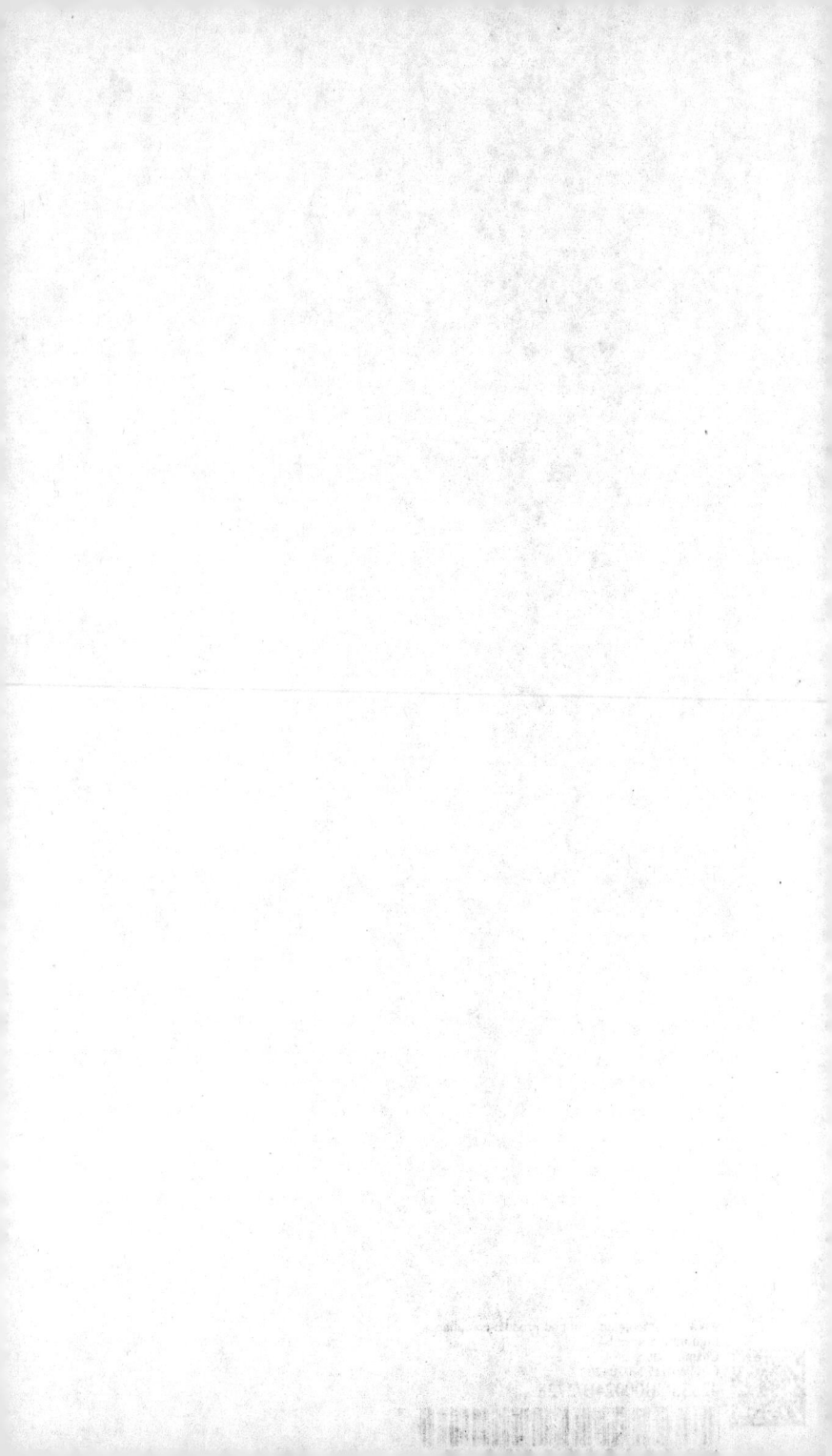

www.ingramcontent.com/pod-product-compliance
Lightning Source LLC
Chambersburg PA
CBHW011724020426
42333CB00024B/2728